L'histoire oubliée de la contribution des esclaves et soldats noirs à l'édification du Canada (1604-1945)

Amadou BA

L'histoire oubliée de la contribution des esclaves et soldats noirs à l'édification du Canada (1604-1945)

Les éditions AFRIKANA

Dépôt légal – 4e trimestre 2019

Direction générale du patrimoine publié.
Bibliothèque et Archives Canada / Gouvernement du Canada
Bibliothèque et Archives nationales du Québec, 2019.

Photos de couverture du livre : Richard Pierpoint héros de la guerre de 1812, immortalisé. Source : Encyclopedia Canada (en ligne).

Montréal, Québec
CANADA

ISBN : 978-2-924928-06-6

Dernières parutions aux Éditions Afrikana :

- *À la croisée du bonheur*, de Dioucka Gningue, juin 2019.
- *La gouvernance du balai : Le Nigeria sous Buhari : entre diversification économique et fédéralisme social*, de Alioune Ndiaye, janvier 2019.
- *Une brève histoire de l'Afrique noire*, de Landing Savané, novembre 2018.
- *Contestations islamisées : Le Sénégal entre diplomatie d'influence et islam politique*, de Bakary Sambe, octobre 2018.
- *El Hadj Djily Mbaye : La saga d'un sage milliardaire*, de Mansour Gaye, septembre 2018.
- *L'état déballe tout !* de Bosse Ndoye, août 2018.
- *Ah ! nos maris, ces grands inconnus !: Histoires vraies de femmes qui ont en commun le chagrin*, de Safiatou BA, septembre 2019.

Je dédie ce livre à mes deux adorables filles Dieynaba et Aysata et au nouveau né Madiba Jr Ba.
Papa vous aime infiniment.

REMERCIEMENTS

Que soient remerciés ici tous ceux et toutes celles qui, chercheurs ou bibliothécaires, professeurs ou militants de la question des Noirs au Canada, ont facilité mon travail de recherche et la réalisation de cet ouvrage. Mes remerciements les plus sincères à tous ceux et toutes celles qui m'ont aidé à la réalisation de ce livre par la mise à ma disposition d'ouvrages, de documents ou par des informations, des orientations et conseils utiles. Kathy Grant, une chercheure sur la question des Afro-Canadiens dans les Maritimes (basée à Halifax en Nouvelle-Écosse) en fait partie. Elle m'a donné de précieux documents sur la participation des Noirs de la Nouvelle-Écosse à la Première Guerre mondiale, ainsi qu'une entrevue d'un vétéran de la Seconde Guerre mondiale. Elle m'a aussi fourni des sources numériques sur l'histoire des Noirs au Canada contenant des articles de chercheurs et universitaires. Merci Kathy.

Merci à Aurélie Lacassagne, Professeure au département de Science politique à l'Université Laurentienne de Sudbury en Ontario. Aurélie a très tôt manifesté un intérêt particulier à mes recherches sur les Noirs au Canada.

Je remercie également mon petit frère Alassane Abou Ba (Master en Anglais à l'Université Cheikh Anta Diop de Dakar) pour la traduction des citations de l'anglais au français. Je n'oublie pas d'associer à mes remerciements mon ami, l'écrivain Boss Ndoye (Montréal) pour le temps consacré à la relecture de mon manuscrit, les conseils et suggestions qu'il a apportés à mon travail.

Ma reconnaissance va aussi aux membres du département d'histoire de Nipissing University (North Bay Ontario) en particulier à Robin Gendron qui m'a offert l'opportinuté de présenter mes recherches dans leurs séminaires en présence des professeurs et d'étudiants.

Je n'oublie pas d'associer à mes remerciements Anna Pearson de l'école élémentaire Sunset Park à North Bay et tous les enseignants et enseignantes des écoles élémentaires et secondaires qui m'ont demandé de faire des présentations pour leurs élèves dans le cadre du Mois de l'Histoire des Noirs au Canada. Enfin, merci Lise Juillette Landriault pour le soutien.

« Black history is Canadian history » (Traduction : L'histoire des Noirs est l'histoire canadienne), Justin Trudeau, Premier ministre du Canada le 1er février 2018, lors de son discours inaugural à l'occasion de la célébration du Mois de l'Histoire des Noirs).

Les belles paroles ne suffisent pas. Il faut des actes concrets, car cette déclaration du Premier ministre canadien est en décallage avec la perception canadienne de l'histoire du pays. Un énorme travail est à faire !

PRÉFACE

Aurélie Lacassagne
Professeure agrégée
Département de science politique, Université Laurentienne

L'histoire de la longue présence historique des Afro-Canadiens au Canada demeure encore largement méconnue. Pis encore, le grand roman national canadien n'atteste réellement leur présence qu'à partir de la deuxième moitié du XIX^{e}siècle avec l'arrivée des esclaves "fugitifs" afro-américains via le chemin de fer clandestin. Par là-même, le Canada projette son image préférée de pays accueillant. Ce discours amnésique passe sous silence l'esclavage des Noirs qui commence sous le régime de la Nouvelle-France et perdure sous le régime anglais jusqu'à son abolition en 1833. C'est également une façon de jeter aux oubliettes de l'Histoire le fait que nombre de ces réfugiés aient été victimes de discrimination, de racisme et de ségrégation institutionnalisée une fois arrivés au Canada. La première partie de cet ouvrage comble ce vide en racontant l'histoire de l'esclavage des Noirs au Canada, les arrivées et l'établissement de différentes générations de Noirs dans toutes les provinces et villes du pays au fil des siècles.

Par ailleurs, l'originalité de ce livre tient au fait qu'Amadou Ba, dans la deuxième partie de son livre, décortique et analyse la présence des Afro-Canadiens dans les armées et guerres canadiennes. Il s'agit là d'une contribution capitale au développement d'une littérature scientifique émergente quant à l'histoire et aux apports des Noirs dans notre pays. En effet, c'est un fait peu connu que les Afro-Canadiens, au même titre que les Autochtones, se sont enrôlés massivement aux côtés des forces armées, pensant pouvoir alors gagner le respect de leurs compatriotes canadiens. Hélas, on s'aperçoit que cela ne changea pas leur statut de citoyens de deuxième classe.

Force est de constater, au regard des indicateurs socioéconomiques des Afro-Canadiens, que ce statut n'a pas beaucoup changé. Systématiquement, les Noirs se retrouvent en bas de classement avec les

Autochtones. Peu importe leur diplôme, leur profession, les écarts avec leurs concitoyens, blancs ou issus d'autres minorités dites visibles, demeurent importants et troublants. Ils font l'objet d'un racisme systémique de la part des institutions qu'elles soient scolaires, judiciaires ou policières. Peut-être de façon symptomatique, le Canada s'est senti fier et ému du premier gouvernement formé par le Premier Ministre Justin Trudeau en 2015, gouvernement paritaire et multiculturel. Ni le public, ni les médias, ni les politiciens, aucune voix ne s'est élevée pour souligner le fait qu'aucun Noir ne faisait partie de ce gouvernement. L'invisibilité de cette minorité « visible » était une fois encore frappante. Cette invisibilité se retrouve au Musée canadien des droits de la personne de Winnipeg où l'on peine à voir la présence historique des Noirs au Canada et où le silence règne quant à l'esclavage ; elle se retrouve également dans les manuels et curriculums scolaires. Cette invisibilité crée une ignorance crasse qui fait que, chaque jour, les Canadiens noirs se font demander « d'où ils viennent », comme s'ils ne venaient pas d'ici pour nombre d'entre eux, comme si leurs ancêtres n'avaient pas habité ce territoire depuis finalement plus longtemps que beaucoup de Canadiens. Il semble que tous soient condamnés à être des immigrants pour toujours. Alors bien sûr le Canada, qui construit quotidiennement son mythe national, ne peut pas totalement ignorer la présence depuis le XVIIe siècle des Noirs sur ce territoire et l'ostracisme auquel ils ont dû – doivent – faire face. La seule réparation à date consiste en l'édification de symboles dont l'icône est sans conteste Viola Desmond, comme si une image sur un billet suffisait comme mea culpa sur un passé rempli d'exploitation, d'humiliation et d'exclusion.

Pourtant le rétablissement des faits historiques et l'éducation sont les prérequis nécessaires dans la lutte contre le racisme anti-noir et ce livre, en langue française, apporte son concours à cet effet. Tout comme la société canadienne vient de commencer à le faire pour les Autochtones, elle doit regarder objectivement le passé, faire son aggiornamento, afin de créer les conditions qui permettront aux Afro-Canadiens d'être pleinement citoyens. En analysant comment les Afro-Canadiens ont pleinement contribué par leur force de travail, leur sang et leur engagement à l'édification de ce que le Canada est aujourd'hui, et ce malgré le racisme et les discriminations continus dont ils ont fait l'objet au fil des siècles, ce livre se trouve au cœur de cette démarche de réconciliation des Canadiens avec leur histoire.

AVANT-PROPOS

Le 2 mars 2018, j'ai animé une conférence pour des élèves de la 3e à la 6eannée dans une école à North Bay en Ontario au Canada sur *L'immigration des Noirs au Canada depuis Mathieu Da Costa, premier noir arrivé au pays en 1604 jusqu'à nos jours*. La même journée, j'ai fait une autre conférence à l'université Nipissing toujours à North Bay sur *La contribution militaire des Noirs à l'édification du Canada de 1812 à 1945*, en présence d'étudiants et de professeurs du département d'histoire. Dix jours plus tard, j'ai présenté ce même sujet à des étudiants du département de Science Politique de l'université Laurentienne à Sudbury en Ontario. Malgré la différence d'âges et de niveaux entre les publics, le constat est le même : zéro connaissance sur l'histoire des Noirs au Canada aussi bien chez les élèves et leurs enseignants que chez les étudiants et leurs professeurs. Ceci est assez gênant et anormal pour un pays comme le Canada. À la sortie de ces conférences, j'ai compris que l'histoire des Noirs au Canada est très méconnue. J'ai surtout compris qu'il faut agir. Il faut faire quelque chose contre cette situation, contre cette méconnaissance de l'histoire en faisant comprendre à ceux et celles qui m'écouteront ou qui me liront que les Noirs sont loin d'être des citoyens de seconde zone au Canada, encore moins des immigrants de dernière heure. Il est plus que temps de faire comprendre aux habitants de notre pays que parmi toutes les dizaines, voire la centaine de minorités qu'il compte aujourd'hui, les Noirs sont avec les Autochtones[1]

[1] Le terme Autochtone désigne les premiers peuples de l'Amérique du Nord ainsi que leurs descendants. Les Amérindiens et les Inuits sont considérés comme des Autochtones. La Loi constitutionnelle de 1982 inclus les Métis dans ce groupe, bien qu'ils soient le résultat du métissage entre Blancs (les Euro-canadiens) et Amérindiens. Amérindien est un terme utilisé par les Anthropologues pour désigner les Indiens d'Amérique. Toutefois, les Amérindiens du Canada préfèrent de plus en plus être désignées en tant que membres des Premières Nations. Le terme exclut les Inuits et les Métis. Les Inuits sont arrivés en Amérique du nord des millénaires après les Amérindiens. Dans ce travail le terme autochtone et amérindien sont utilisés pour désigner les

les seuls qui ont contribué véritablement à sa création à la sueur de leur front, par leur sang et leur amour pour ce pays. Contrairement à ce que laissent entendre certains auteurs, les Noirs ne figurent pas parmi les groupes ethniques dits « récents »; en d'autres termes, ils ne sont pas ceux dont on ne peut pas retracer les origines qu'immédiatement ou longtemps après la bataille des Plaines d'Abraham. (Daniel Gay, 1899, p. 32). Comme le rappellent Potter et Hill (cité par Paul-André Comeau, René Durocher et Jean Claude Robert, 1979, chap. 3, p. 86), les Noirs sont présents au Canada depuis le début du XVIIe siècle. Malgré cette ancienneté, ils ont toujours été marginalisés. En effet, après avoir contribué à façonner une économie canadienne du XVIIe siècle qui reposait aussi sur l'esclavage jusqu'en 1833, les Noirs se sont engagés très tôt dans les armées et dans les guerres qui ont failli compromettre l'existence à jamais du Canada surtout avant la Confédération. Des milliers d'entre eux sont morts pour la défense du pays, d'autres ont souffert pour lui et d'autres encore sont devenus des personnes handicapées à vie ou ont tout donné à cette patrie qu'ils considéraient la leur. Pour cela, on doit connaitre leur histoire, leur apport et l'enseigner aux Canadiennes et Canadiens.

Dans ce travail, j'utiliserai beaucoup le terme afro-canadien pour désigner la communauté noire du Canada. Les appellations Canadiens noirs ou Afro-Canadiens ou même Africains-Canadiens[2], désignent les personnes d'ascendance africaine du Canada. Cette catégorie concerne plusieurs sous-groupes : des Canadiens nés de descendants de Noirs qui sont venus du temps de l'esclavage – parce qu'il y a eu plus de 200 ans d'esclavage au Canada notamment au Québec et dans le reste de la Nouvelle-France[3]-, des personnes venues des Caraïbes et des États-Unis tout au long des XVIIIe et XIXe siècles : les descendants de loyalistes

---

mêmes individus. Je préciserai quand il s'agira de parler des Métis, par contre les Inuits ne font pas partis des Autochtones dont je parle ici.

[2] Les Anglphones du Canada utilisent beaucoup le terme African-Canadian pour nommer les Noirs du Canada.

[3] L'histoire de la présence de la France comme puissance coloniale en Amérique du Nord s'étend du début du XVIe siècle, à l'époque des grandes découvertes européennes et des voyages de pêche, jusqu'au début du XIXe siècle alors que Napoléon Bonaparte vend la Louisiane aux États-Unis d'Amérique. J'y reviendrai plus en détail dans la première partie du travail.

noirs, des réfugiés, des "fugitifs"[4] et d'autres. Elle inclut aussi d'autres immigrants originaires des Caraïbes et de l'Afrique après la Seconde Guerre mondiale à la recherche d'une vie meilleure.

Aujourd'hui la population noire du Canada est estimée à environ 1,1 million de personnes, soit plus de 3% de la population totale du pays. C'est le 4e groupe minoritaire après les Asiatiques du Sud-est, les Chinois et les Autochtones. Mais les Noirs du Canada sont de loin avec les Autochtones, une des plus anciennes minorités établies du pays. Ils sont parmi ceux qui se ont le plus fourni d'efforts pour que ce pays puisse voir le jour. La population afro-canadienne est répartie pratiquement sur toutes les provinces et grandes villes du pays mais de manière inégale. La grande majorité, soit plus de 60% vit aujourd'hui en Ontario (539204 personnes environ 5% de la population de la province. Ce chiffre équivaut quasimment à celui des Franco-Ontariens estimé à environ 600000 personnes). Ensuite, ils sont nombreux au Québec avec un total d'environ 250000 habitants, soit un peu moins de 4% de la population de la belle province). Ils sont aussi présents en Alberta avec une population estimée à environ 75000 habitants (2,5% de la province); à la Colombie Britannique avec environ 34000 habitants soit 1% de la population de cette province; à la Nouvelle-Ecosse avec un nombre estimé à environ 21000 personnes soit 2.5% de la population de la province. Et enfin, on les retrouve aussi au Nouveau-Brunswick; en Saskatchewan, au Manitoba; à Terre-Neuve et Labrador et même dans la petite et isolée province des Îles du Prince-Édouard[5]. C'est seulement dans les territoires du grand nord[6] pratiquement vide mais qui couvrent la majorité de la superficie du Canada, qu'on ne mentionne pas la présence ancienne et significative de Noirs. Bien que la population d'origine africaine du Canada ne puisse pas être comparée à celle venue d'Europe, elle est quasiment égale aujourd'hui à la population autochtone estimée à environ 1,4 millions d'individus. Les Autochtones, les Euro-canadiens et les Afro-Canadiens sont les véritables populations qui ont façonné le Canada et ont protégé ce pays contre les nombreuses menaces

[4] Nous préférons le terme de *freedom seekers* (chercheurs de la liberté), ou celui de *freedom runners* (ceux qui courent pour être libres). Le mot fugitif sous-entend un comportement criminel alors que ces termes expriment mieux leur dignité et le courage dont ils ont fait preuve pour échapper à la violence et à la dépossession, au prix de risques personnels considérables.

[5] Source recensement 2011.

[6] Yukon, Territoires du Nord-ouest et Nunavut.

notamment celles venant des États-Unis. Contrairement à l'apport des pionniers européens, celui des Autochtones est minimisé par nombre de gens. Mais il intéresse de plus en plus les chercheurs, universitaires et surtout les décideurs politiques qui font des réparations envers ces premiers habitants du Canada. Quant à celui des Noirs, il reste totalement méconnu, occulté et ne suscite que très peu d'intérêt ou débat au Canada. Pourtant la contribution des Noirs du Canada est réelle et importante dans plusieurs secteurs du développement économique, social, politique, militaire et culturel. Les Noirs se sont signalés au regard du développement du Canada, notamment dans les domaines de l'exploration du territoire, de l'activité militaire, de l'économie, de la musique, de la chanson, de la danse et du spectacle, des loisirs, des « professions » et d'autres activités culturelles, et du prestige international du Canada. (Daniel Gay, 1899, p. 61). La part la plus déterminante des Noirs pour la construction du Canada est celle dont on évoque le moins : leur engagement dans les armées et les guerres canadiennes depuis au moins la guerre de 1812 jusqu'à la Seconde Guerre mondiale. Cette page occultée de l'histoire officielle canadienne mérite d'être réévaluée, examinée à sa juste valeur et diffusée à grande échelle dans l'opinion publique. Elle doit être enseignée dans les écoles, collèges et universités du Canada pour former une jeunesse informée, de futurs adultes plus conscients, plus ouverts et responsables. Quand on ne connaît pas son prochain, voisin, ou qu'on ignore ce qu'il nous a apporté et ce qu'il représente pour notre société, comment est-il possible de le reconnaître? Comment l'accepter et le respecter? Si on prend au sérieux la forte affirmation de l'historien canadien Desmond Morton pour qui : « le Canada n'est pas un pays de guerre mais c'est la guerre qui a fait le Canada », on ne pourrait pas sous-estimer la part des Afro-Canadiens dans l'édification de notre pays. D'où la nécessité de découvrir le rôle que les Noirs ont joué dans les guerres canadiennes pendant près de 200 ans. Cela permettrait de ne pas les considérer tous comme des immigrants récents ou des citoyens de seconde zone. Au contraire, on les classerait parmi tous les bâtisseurs de la nation canadienne. C'est pour cela qu'il est urgent et fondamental de revisiter cette histoire tout en espérant susciter un débat sur la question des Afro-Canadiens et leur véritable place dans la société. Écrire cette histoire, permet en effet de repousser les barrières de l'intolérance, les imaginaires têtus et autres préjugés défavorables pour aller vers une société beaucoup plus incusive et égalitaire.

INTRODUCTION GÉNÉRALE

La contribution des Noirs à l'édification du Canada est perceptible dans plusieurs domaines mais deux retiennent particulièrement notre attention: celui de leur utilisation comme force productive de travail à travers l'esclavage pour viabiliser de nouvelles colonies confrontées à un manque cruel de main-d'oeuvre et surtout par leur participation dans les guerres canadiennes dès 1812. Concernant l'esclavage des Noirs au Canada, il est important de rappeler que cette pratique a commencé au Canada dès le début du XVIIe siècle, quelques années seulement après l'arrivée des premiers esclaves africains en Virginie et dans les treize colonies britanniques de l'actuelle États-Unis. Puis, il s'est poursuivi jusqu'en 1833, date de son abolition officielle en Amérique du Nord Britannique et dans les autres colonies de la Grande-Bretagne. L'esclavage des Noirs a en effet été introduit au Canada dès 1628 avec l'arrivée dans la stratégique ville de Québec dans l'ancienne Nouvelle-France du premier jeune noir esclave7. Timide au début, il s'est maintenu et s'est renforcé les années suivantes notamment quand les Anglais ont repris la Nouvelle-France en 1760. Par une série de mesures prises par les autorités royales de la France, notamment le "Code Noir" en 1685 qui a régulé l'asservissement desNoirs en Nouvelle-France et dans toutes les possessions françaises, l'esclavage des Africains est devenu une pratique normale et acceptée par les habitants d'une partie de l'actuel Canada. (Colin A. Thompson, 1979, p.17). En dehors de la Nouvelle-France, l'esclavage des populations d'Afrique a été aussi pratiqué ailleurs au Canada comme en Nouvelle-Écosse et partout en Amérique du Nord sous domination Britannique.

Pour ce qui est de la participation des Noirs dans les guerres en Amérique du Nord Britannique, il est important de rappeler le contexte de l'époque pour qu'on puisse mesurer leur apport durant les guerres qui ont failli compromettre l'existence du Canada. En effet, après la guerre d'Indépendance de 1776-1783 et la victoire sur l'Angleterre, les

[7] Je reviendrai plus en détail sur ce premier esclave répertorié au Québec.

treize colonies américaines s'étaient fixé trois objectifs majeurs: Le premier était de relier les deux océans Atlantique et Pacifique en récupérant définitivement sur l'Angleterre les possessions perdues par la France après la guerre de Sept Ans. Avant la colonisation européenne, l'Amérique du Nord était faiblement peuplée. Le nombre d'Autochtones y est estimé à environ 1 million d'individus8. Ils étaient répartis en une multitude de groupes différents du point de vue linguistique et culturel. De fait, ils ne pesaient pas lourd face à la population européenne qui ne cessait de croître avec l'arrivée de nouveaux migrants et surtout à cause de la puissance technique et militaire des nouveaux venus. Ainsi, le premier objectif qui consistait pour les Américains à relier l'est et l'ouest fut atteint sans grande difficulté. Le deuxième était d'étendre le territoire américain vers le sud en reprenant à l'Espagne, à la France9 et au Mexique un certain nombre de territoires. La crise avec le Mexique avait commencé dès le début du XIXe siècle et elle s'est accélérée avec l'accession du Texas à l'indépendance en 1836. La question de l'incorporation de cet État dans le giron américain a porté à ébullition les sentiments nationalistes des deux côtés de la frontière. Les deux nations contestèrent le tracé de la frontière. Les États-Unis insistèrent sur le Rio Grande, tandis que le Mexique revendiqua le Rio Nueces, situé à environ 240 km plus au nord. Le Congrès américain déclare ainsi la guerre et la cavalerie mexicaine n'attendit pas longtemps pour attaquer les avant-

---

[8]https://www.thecanadianencyclopedia.ca/fr/article/autochtones-les-forets-de-lest

[9]En 1803, la France organise la vente de la Louisiane aux États-Unis. C'est Napoléon Bonaparte qui fait ce choix, car il a conscience qu'il ne peut pas défendre cet immense territoire face aux Anglais et que sa vente posera des problèmes à l'Empire britannique. Ce territoire représente 22,3 % de la superficie actuelle des États-Unis. En effet, la colonie française de Louisiane comprend beaucoup plus de territoires que l'État actuel de Louisiane. Les territoires vendus incluent des parties situées à l'ouest du fleuve Mississippi dans l'Arkansas, le Missouri, l'Iowa, et le Minnesota actuels, des parties du Dakota du Nord, le Dakota du Sud, le Nebraska, des parties du Nouveau-Mexique, du Nord du Texas, l'Oklahoma, le Kansas, des portions du Montana, du Wyoming, et la partie du Colorado située à l'est des montagnes Rocheuses, des portions au sud des provinces canadiennes actuelles du Manitoba, du Saskatchewan et de l'Alberta situées dans le bassin fluvial de la rivière Missouri, et la Louisiane actuelle de part et d'autre du Mississippi, incluant la ville de La Nouvelle-Orléans. Sa population totale, les Autocthones exclus, est alors d'environ 60000 habitants, dont la moitié de Noirs.

postes américains. À la suite de nombreuses batailles, de négociations ou d'achats, ce deuxième objectif d'élargir le territoire américain vers le sud et le sud-ouest fut atteint. Le Texas en 1845, le Nouveau Mexique, l'Arizona, la Californie ou le Nevada, etc. finirent tous par tomber définitivement dans le giron américain. Le troisième objectif visait à agrandir les États-Unis par le nord en annexant des territoires contestés à l'est et d'autres à l'ouest. C'est sur ce point que sera davantage portée mon attention parce que les États-Unis n'ont jamais réussi à l'atteindre malgré de nombreuses tentatives d'invasion du Canada dont la plus célèbre est celle qui a débouché sur la guerre de 1812-1815. L'épisode de 1812 est en effet un fait majeur dans l'histoire du Canada, car il est le point de départ de la prise de conscience d'une identité nationale canadienne. Pour la première fois des Canadiens se sont unis pour combattre un ennemi commun. Si les États-Unis n'ont pas réussi à gagner la guerre de 1812 et le que Canada a pu survivre et exister comme une nation libre et indépendante et devenir un pays assez fort aujourd'hui, c'est aussi en grande partie grâce à la participation active de soldats recrutés parmi les populations non européennes du pays, c'est-à-dire les Noirs et les Autochtones. Ces deux groupes ont joué un rôle non négligeable aux côtés des Britanniques et Canadiens d'origine européenne dans cette guerre et permis au Canada de garder ses frontières plus ou moins intactes.

Pour enrôler les Noirs dans ses armées, la Grande-Bretagne[10] a promu une émancipation aux esclaves africains en les demandant de la rejoindre et de la suivre au Canada. Cet appel des Britanniques a eu un écho très favorable auprès de nombreux esclaves et a provoqué un engagement massif de leur part11. Ce fut un des moments forts de recrutement massif de combattants d'origine africaine dans les armées anglaises du Canada. Après la guerre, une bonne partie des Noirs (soldats et affranchis) sont restés au Canada et se sont installés en Nouvelle-Écosse, au Nouveau Brunswick, province créée en 1784 pour accueillir les loyalistes britanniques, mais aussi dans la province du

[10] La Grande-Bretagne est formée de l'actuel Pays de Galles, de l'Ecosse et de l'Angleterre. Avec l'incorporation en 1922 de l'Irlande du Nord, on parle aujourd'hui du Royaume-Uni de Grande Bretagne et d'Irlande du Nord.

[11] Je reviendrai sur cette mobilisation de Noirs quand je parlerai de l'arrivée des loyalistes dans la première partie du sujet ou quand je traiterai de la guerre de 1812 dans la deuxième partie.

Québec12. D'autres ayant décidé de suivre le même chemin allaient s'établir en 1812 encore dans la province du Québec et plus tard dans les Prairies (Manitoba Saskatchewan, Alberta) et dans le Canada pacifique (Colombie-Britannique).

L'objectif principal de ce livre est de montrer que les Noirs, contrairement aux idées répandues, ont joué un rôle majeur pour la fabrique de la nation canadienne à travers leur force de travail comme esclaves ou par leur engagement en tant que soldats. On les retrouve dans toutes les guerres canadiennes et canado-britanniques à l'intérieur comme à l'extérieur des frontières de notre pays, avant comme après la Confédération. Cette histoire n'est pas connue et n'est pas enseignée. Elle est même tenue secrète. Pourtant, elle devrait être connue dans notre pays, enseignée dans les écoles aux jeunes et diffusée dans l'opinion publique. Car, il manque des pages dans le grand livre de l'histoire officielle du Canada. Une partie de la population du pays est par conséquent exclue de sa propre histoire et ne se reconnaît pas en tant que Canadiens comme les autres. La réécriture de cette histoire est donc nécessaire parce qu'elle permet à toutes les Canadiennes et tous les Canadiens de mieux comprendre ce que les Noirs ont représenté pour notre pays et qu'ils ne sont pas des immigrants récents. Cela les aide aussi à comprendre que les Noirs du Canada sont chez eux dans ce pays et qu'ils ont apporté leur pierre à la construction de la grande maison canadienne. En plus, comme il sera démontré dans la première partie du livre, les Canadiens noirs se sont établis très tôt dans le pays de l'Atlantique au Pacifique. Ils ont donné au Canada leur force de travail en tant qu'esclaves, leur sang et leur courage en tant que soldats et travailleurs.

Ce livre examine dans une première partie l'esclavage des Noirs au Canada mettant fin aux idées reçues selon lesquelles l'esclavage n'a jamais existé au Canada et que cette pratique honteuse est le fait de leur voisin du Sud ou des autres pays de l'Amérique ou des îles. Toujours dans la première partie, le livre expose les différentes vagues de migration des Noirs au Canada depuis l'arrivée dans le deep snow

[12] La Province de Québec (anglais : *Province of Quebec*) était une colonie britannique d'Amérique du Nord créée par la Grande-Bretagne à la suite de la guerre de Conquête de 1759-1760 et de la fin de la guerre de Sept Ans. Elle a eu cours de 1763 à 1791 et fut ensuite remplacée par les provinces du Bas-Canada et du Haut-Canada.

canadien du premier Noir Mathieu Da Costa13 (1604) en passant par l'esclavage en Nouvelle-France qui a duré deux siècles (1630-1833), sans oublier les autres vagues migratoires en provenance des États-Unis comme celles des Loyalistes, des réfugiés et "fugitifs" mais aussi toutes celles en provenance des Caraïbes depuis XVIIIe siècle jusqu'à l'arrivée plus récente de migrants économiques pendant les Trente Glorieuses14. Ensuite, dans la deuxième partie, il traite du Noir soldat et son rôle dans dans la défense, la sécurisation et la construction du pays. La deuxième partie du livre met en effet l'accent sur l'engagement des Afro-canadiens dans les armées et les guerres canadiennes et britanniques depuis la guerre de 1812, contre les États-Unis jusqu'à la fin de la Seconde Guerre mondiale.

[13]Comme interprète et non comme esclave en 1604 avec l'explorateur Samuel de Champlain.

[14] L'expression "Trente Glorieuses" désigne la période d'une trentaine d'années qui a suivi la fin de la Seconde Guerre mondiale en 1945, jusqu'au premier choc pétrolier de 1973. C'est, pour les pays industrialisés occidentaux, une période de prospérité exceptionnelle et l'arrivée de migrants économiques en provenance des pays moins développés.

PARTIE 1 :
LES NOIRS AU CANADA, UNE MIGRATION ANCIENNE ET CONTINUE: ESCLAVES, LOYALISTES, REFUGIÉS, "FUGITIFS" ET MIGRANTS ÉCONOMIQUES

L'histoire de la présence des Noirs au Canada n'est pas celle d'une d'immigration économique des Trente Glorieuses qu'ont connue les pays développés dont les économies, ruinées par la terrible Seconde Guerre mondiale avaient besoin d'être reconstruites15. Même si le Canada a reçu une immigration importante de travailleurs provenant principalement des Caraïbes après cette guerre et surtout dans les années 1960, la présence de Noirs dans ce pays est beaucoup plus ancienne que cette vague migratoire. L'arrivée de personnes d'origine africaine au Canada est aussi vieille que celle des Européens. Elle est également continue et diverse géographiquement. Depuis au moins 1630 jusqu'à aujourd'hui, le Canada a abrité une population noire, certes minoritaire comparée à celle venue d'Europe mais très active. Cette population d'origine africaine a toujours démontré sa volonté d'être canadienne à part entière en apportant toute son énergie, son sacrifice pour l'édification de notre pays. De l'Atlantique au Pacifique, on retrouve les traces indélébiles de Canadiens noirs qui ont marqué l'histoire du pays. Dès lors, il est important de chercher à comprendre qui sont ces Noirs, comment et pourquoi se sont-ils retrouvés dans la neige profonde, dans ce climat polaire canadien? Où les trouve-t-on en majorité au Canada et pourquoi?

Pour répondre à ces interrogations, il faut d'abord examiner la question de l'esclavage, notamment en Nouvelle-France dès 163016 et ailleurs au Canada sous le régime britannique jusqu'en 183317. Ensuite, il est indispensable de retracer les différentes migrations de Noirs au Canada en provenance notamment des États-Unis mais aussi des Caraïbes sur une période de plus d'un siècle et demi (1775-1945)18.

---

[15]Pour se reconstruire économiquement après les dévastations occasionnées par le plus grand conflit que l'humanité n'ait jamais connu, la Seconde Guerre mondiale, la France fit appel à une forte immigration issue de ses colonies de l'Afrique noire et du Maghreb. La Grande-Bretagne fit de même en faisant venir des Indiens, Pakistanais, Nigérians, des ressortissants des Antilles britanniques, etc. Les Allemands de leur côté privilégièrent l'immigration turque, grecque, celle de populations des Balkans et de l'Europe centrale.

[16] Les premiers Noirs repérés au Canada l'ont été en Nouvelle-France vers les années 1628.

[17] À partir de 1833, on interdit définitivement l'esclavage au Canada. Les Noirs qui arrivent après cette période sont des réfugiés, des fugitifs, etc.

[18] 1775 marque le début de la guerre d'Indépendance américaine et l'arrivée de Noirs au Canada avec des Loyalistes blancs ou en tant que soldats, quant à 1945, c'est la date qui marque la fin de la Seconde Guerre mondiale et permet de rester dans les limites chronologiques de mon sujet.

CHAPITRE I : ESCLAVAGE EN NOUVELLE-FRANCE (1630-1760)

Comme l'a si fortement mentionné Daniel Gay, l'historien n'est pas le politicien, le commentateur ou l'idéologue. Ces derniers manipulent la mémoire historique en choisissant de privilégier tel fait et de rejeter tel autre. Le travail de l'historien n'est pas de peindre des images pieuses, de contribuer au culte des héros et de Saints, de se prosterner devant des « archanges », mais de s'approcher, dans la mesure de ses moyens, de la vérité. Cela est vrai aussi pour le sociologue intéressé à l'histoire. (Daniel Gay, 1899, p. 17).

Beaucoup de citoyens et citoyennes canadiens croient à tort que l'esclavage n'a jamais existé dans leur pays. C'est parce que les historiens de leur pays n'ont pas fait leur travail ou n'ont pas joué le rôle qu'on attend d'eux. C'est pourquoi les Canadiens pensent dans leur écrasante majorité que la réduction à la servitude des Noirs est un phénomène pratiqué exclusivement par leurs voisins du sud et ailleurs dans le monde. Pourtant la réalité est tout autre. Non seulement les Noirs ont foulé le sol canadien en même temps que les premiers colons français donc bien avant les Britanniques, mais aussi, l'esclavage a bel et bien existé un peu partout au Canada et surtout en Nouvelle-France dès le début du XVIIe siècle ensuite dans l'Empire britannique. Compte tenu de la méconnaissance presque générale de cette réalité historique, il est important de bien expliciter le phénomène esclavagiste au Canada ensuite d'exposer toutes les vagues d'immigration de Noirs dans le pays.

I. L'esclavage en Nouvelle-France

La Nouvelle-France était une colonie et plus précisément une vice-royauté du Royaume de France, située en Amérique du Nord. Elle a existé de 1534[19] à 1763, date qui correspond à sa perte au profit de l'Angleterre à la suite de la Guerre de Sept Ans[20]. La Nouvelle-France faisait partie du premier empire colonial français et sa capitale était la ville de Québec. Elle fut d'abord une colonie-comptoir qui était pour la métropole un établissement de matières premières dont le rôle était d'augmenter sa richesse. La Nouvelle-France approvisionnait le royaume de France en matières premières comme les fourrures, très prisées à l'époque et qui étaient ensuite revendues à d'autres pays européens et dans les cours royales avec un grand profit. Le territoire de la Nouvelle-France était administré par des compagnies coloniales, avant de devenir une colonie de peuplement sous le gouvernement royal du Conseil souverain. Les descendants de ses premiers habitants sont les Acadiens, les Brayons, les Cadiens, les Canadiens français, les Créoles louisianais et les Métis. La Nouvelle-France était constituée des colonies suivantes : l'Acadie, le Canada et la Louisiane. À son apogée, elle comprenait ainsi le bassin versant du fleuve Saint-Laurent, des Grands Lacs et du Mississippi, le nord de la Prairie, et une grande partie de la péninsule du Labrador. La position géographique de la Nouvelle-France empêchait l'expansion vers l'ouest des colonies britanniques d'Amérique du Nord, ainsi que le ralliement des treize colonies à la Terre de Rupert[21]. Ceci entraîna de nombreuses tensions qui culminèrent avec l'affaire Jumonville en 1754, évènement déclencheur de la guerre de la Conquête ou guerre de Sept Ans qui se solda par la reddition de la Nouvelle-France en 1760, puis le traité de Paris de 1763[22].

Dans ce vaste territoire nord-américain, on a noté la présence d'esclaves africains dès les premières années de l'implantation française.

---

[19] C'est pendant cette année que Jacques Cartier a planté une croix dans le sol de la péninsule de Gaspé et a pris possession du territoire au nom du Roi de France, François 1er.

[20] La guerre de Sept Ans (1756-1763) a mis fin au plus vaste territoire français en Amérique du Nord et dans le monde, la Nouvelle-France au profit des Anglais.

[21] Vaste région qui s'étendait sur un tiers du territoire du Canada d'aujourd'hui. De 1670 à 1870, ce territoire était une propriété exclusive de la Compagnie de la Baie d'Hudson. Trois ans après la Confédération le gouvernement canadien paye 1,5 million de dollars à la Compagnie pour la Terre de Rupert. C'est la plus importante transaction immobilière en superficie dans l'histoire du pays.

[22] Il existe des livres très intéressants sur l'histoire de la Nouvelle-France dont celui de Gilles Havard et Cécile Vidal, *Histoire de l'Amérique française*, Paris, Flammarion, 2003.

Bien qu'il existe très peu d'ouvrages sur la pratique de l'esclavage de Noirs en Nouvelle-France ou ailleurs au Canada, on a tout de même une étude très sérieuse et bien documentée, celle de Marcel Trudel[23]. Avant lui, Daniel Gay a aussi produit un livre intéressant sur les Noirs aux Québec. Mais ces études n'ont jamais été vulgarisées dans l'opinion publique ni prises comme elles devraient l'être par les chercheurs et historiens de notre pays. Pendant longtemps, les historiens de langue française ont considéré la Nouvelle-France comme différente des autres colonies européennes d'Amérique, estimant que son passé avait un niveau supérieur. C'est le cas de Garneau pour qui:

> "Les Anglais sont venus en Amérique du Nord pour faire du commerce, les Espagnols pour chercher de l'or, mais les Français, c'était pour répandre la foi[24]".

Pourtant dans les faits, la réalité est toute autre, car chez les Anglais, comme chez les Français ou les autres Euro-Américains[25], dans la vie quotidienne, l'activité consistait à acquérir le plus possible de biens matériels à travers le commerce. Dans ces conditions on se demande donc pourquoi les Français n'auraient-ils pas en Amérique du Nord comme ailleurs pratiqué l'esclavage des Noirs et des Amérindiens? Pouvaient-ils résister à ce commerce immoral certes, mais très lucratif ? M. Trudel dans son livre *Deux siècles d'esclavage au Québec*, répond que non et explique clairement que les populations de la Nouvelle-France sont comme les autres Européens. Elles se sont procuré d'esclaves africains et panis (amérindiens) depuis les premières années de leur arrivée en Amérique du Nord jusqu'à l'abolition définitive de l'esclavage par décret de 1833 sous le régime britannique en Amérique du Nord

---

[23]*Deux siècles d'esclavage au Québec*, Ed. Hurtibise, 2004 et réédité à la Bibliothèque québécoise en 2009.

[24]Francois-Xavier Garneau, *Histoire du Canada*, Ed. Félix Arcan, Paris, 1920. Marcel Trudel est un historien canadien, professeur chercheur sur la Nouvelle-France et sur l'esclavage au Canada, auteur d'environ cinquante livres, la plupart étant des ouvrages de référence.

[25] Les Euro-Américains (en anglais : European Americans) sont les Américains d'ascendance européenne.

Le terme est souvent utilisé de façon interchangeable avec ceux de Caucasien (Caucasian American) ou Blanc américain (White American). La grande majorité des publications du gouvernement américain désignent en général les membres s'identifiant dans ce groupe comme « blanc » (white).

Britannique[26] de laquelle dépendait le Québec et toute la Nouvelle-France (1763-1840) (Jacques Lacoursière, Tome 1, 1995, p. 346). Connu sous le nom la *Loi de l'abolition de l'esclavage*, le décret reçut l'assentiment royal le 28 août 1833 et entra en vigueur le 1er août 1834. La Loi abolit l'esclavage dans la plupart des colonies britanniques et libère ainsi plus de 800000 esclaves africains se trouvant dans les Caraïbes et au Canada:

> "In 1833 slavery was abolished within the British Empire. The enslavement of Blacks in Canada ended. Their history of second-class citizenship began" (Colin A. Thompson, 1979, p. 19)[27].
>
> (Traduction : En 1833, l'esclavage était aboli au sein de l'empire britannique. L'esclavage des Noirs au Canada prit fin. Leur histoire de citoyens de seconde classe prit naissance.)

Dans les treize colonies américaines qui ne dépendaient plus de la Grande-Bretagne depuis la guerre de Révolution américaine, l'esclavage des Noirs s'était maintenu notamment dans le Sud jusqu'à la fin de la guerre de Sécession en 1865, comme on le verra dans les prochaines pages. Beaucoup d'esclaves noirs des États-Unis ont fui ce pays pour venir grossir le nombre de Noirs du Canada à la quête d'une vie meilleure.

Durant la longue période d'asservissement des Noirs en Nouvelle-France qui dura plus de cent trente ans (1628-1760) et sous domination britannique de 1760 jusqu'en 1833 c'est-à-dire plus de soixante-dix ans, il y a une longue histoire d'esclavage des Noirs dans l'actuel Canada de 205 ans en tout. Nous allons retracer cet aspect très peu connu de l'histoire canadienne en étudiant l'arrivée des esclaves africains en deux périodes distinctes. D'abord de 1604, qui coïncide à la mention officielle de la présence du premier Noir au Canada en la personne de Mathieu Da Costa[28], venu avec l'explorateur et géographe français Samuel de

---

[26]Elle comprenait le Haut et le Bas-Canada, le Nouveau-Brunswick, l'Île-du-Prince-Édouard, la Nouvelle-Écosse, le Cap-Breton et Terre-Neuve.

[27] Voir aussi un article à ce sujet sur le site: http://www.encyclopediecanadienne.ca/fr/article/abolition-de-lesclavage-loi-de-1833/

[28] Mathieu Da Costa compte parmi les personnages les plus fascinants (et les plus insaisissables) du début de l'histoire canadienne. Nous en savons très peu à

Champlain[29], jusqu'en 1763 avec le traité de Paris qui a mis fin à l'existence de la Nouvelle-France comme colonie appartenant au royaume de France. Durant cette première période, les Français étaient autonomes vis-à-vis des Anglais et géraient eux-mêmes la question de l'esclavage sur leur territoire. Ensuite, de 1763 - quand la Nouvelle-France est devenue colonie britannique - jusqu'en 1833, date qui marque officiellement l'abolition de l'esclavage en Amérique du Nord britannique, les Anglais ont maintenu et même renforcé la pratique esclavagiste dans leur nouvelle colonie.

1. Esclaves noirs en Nouvelle-France avant la guerre de Sept Ans

Olivier Le Jeune fut le premier esclave noir mentionné en Nouvelle-France. Il fut amené directement d'Afrique au Québec, capitale de la Nouvelle-France. Il fut vendu en 1629, et il n'a été affranchi qu'à la fin de sa vie. À partir de ce moment, jusqu'à la conquête britannique, plus de 1000 Noirs, amenés de la Nouvelle-Angleterre, des Antilles ou directement de l'Afrique, sont réduits en esclavage dans le nord de la Nouvelle France qui correspond à l'actuelle province de Québec. Les archives du Québec indiquent en effet qu'en 1759, il y avait 3604 esclaves, dont 1132 étaient d'origine africaine. Même si la présence du premier esclave au Canada est mentionnée dès 1630, il est bien de rappeler que l'esclavage n'augmenta véritablement au Québec que vers 1680 car avant cette date, les esclaves noirs étaient très peu nombreux. Il y a ainsi deux étapes dans l'esclavage au Québec: d'abord l'apparition de quelques individus comme esclaves, puis la servitude devint une institution régulière dans la société québécoise comme dans le reste de la Nouvelle-France et se perpétue jusque dans le premier quart du XIXe

---

son sujet. Toutefois, nos connaissances nous permettent d'affirmer qu'il est considéré comme le premier Noir ayant visité le Canada. Da Costa était un Africain noir qui a œuvré, en tant qu'homme libre, comme interprète pour des commerçants et des explorateurs français et hollandais au début du XVIIe siècle.

[29] Samuel de Champlain qui s'est mis à la recherche des produits halieutiques et de la fourrure recruta Mathieu da Costa pour que ce dernier lui facilite la communication avec les populations autocthones. http://www.canadahistoryproject.ca/1663/1663-06-champlain.html-)

siècle (Marcel Trudel, 2009, p. 8-9). Olivier Le Jeune, le premier esclave identifié au Québec, était un enfant de neuf ans. Il fut apporté par les frères Kirke en 1628-1629, lors de l'occupation anglaise du Saint-Laurent. Le jeune garçon serait selon certaines sources originaire de Madagascar et selon d'autres de la Guinée[30]. Il a été acquis pour la somme de 50 écus (150 livres: l'équivalent de mois de salaire d'un homme de métier) par un nommé Le Baillif, commis français qui s'était donné aux Anglais (Marcel Trudel, 2009, p.9-10). En effet, en 1629, la France, en guerre contre l'Angleterre, dût se déclarer vaincue. Même la ville de Québec était tombée aux mains de l'ennemi. Trois ans plus tard, la France signa un traité de paix avec l'Angleterre. Ce fut grâce à cette entente que le Québec redevint français. Mais au cours de cette brève période d'occupation de trois ans, les Anglais installés à Québec avaient imposé leurs lois aux colons français. Susanne Julien dans son livre consacré à ce jeune esclave africain, rappelle qu'en 1632, la ville de Québec n'était qu'un tout petit village encore aux mains des Anglais. Elle note qu'on y a vendu un enfant de "race" noire à un homme cruel qui se nomme Baillif. Le jeune esclave est maltraité et quotidiennement battu. Une adolescente dénommée Louise Couillart témoin impuissante de cette affaire compatit avec le jeune garçon et décide de l'aider. Avec le soutien de sa famille et surtout, du coureur des bois[31] Olivier Letardif, Louise met à exécution un plan risqué pour tenter de sauver l'enfant (Susanne Julien, 1993). En 1632, lorsque les Anglais mettent un terme à leur occupation, Baillif fait cadeau du petit Noir à un célèbre homme nommé Guillaume Couillart. En 1633, l'esclave africain fut baptisé sous le nom d'Olivier Le Jeune. Ensuite, on ne fait plus mention de lui qu'une seule fois, lorsqu'il est inhumé à Québec le 10 mai 1654. Le premier prêtre qui le nomma Olivier Le jeune, l'inscrit simplement comme domestique de Guillaume Couillart, sans indiquer son âge. D'après les estimations, il devait être dans la trentaine d'années (Susanne Julien, 1993, p. 79).

Il est important de préciser que les Noirs n'étaient pas les seuls esclaves en Nouvelle-France. Il y avait aussi des Amérindiens généralement connus sous le nom de Panis. Toujours selon M. Trudel,

---

[30] Il doit y avoir sûrement une confusion entre la Côte de Guinée appelée aussi Côte des Esclaves avec la Guinée en tant que pays atuel.

[31] Les coureurs des bois sont des commerçants de fourrures itinérants non autorisés appelés « wood-runners » par les Anglais de la baie d'Hudson et « bush-lopers » par les Anglais et Hollandais d'Albany (New York).

ces derniers seraient plus nombreux que les Noirs au moins jusqu'en 1763. Si on a mentionné la servitude de Noirs en infime quantité dès 1630, on ne commence à faire état d'esclaves amérindiens que vers 1671 au Québec et en 1687 à Ville-Marie. Au XVIIIe siècle, le commerce entre Français et Autochtones portait peut-être à la fois sur la fourrure et sur les esclaves. Mais la servitude des Amérindiens n'a pas été productive en raison de plusieurs obstacles. D'abord parce qu'ils sont chez eux et maîtrisent parfaitement bien l'espace. Donc ils peuvent s'échapper dans la forêt sans qu'on les retrouve. Ensuite, avec les guerres qui les opposent aux Européens, il n'était pas rare que des esclaves locaux puissent saisir ces occasions pour rejoindre leurs communautés et combattre les Européens. Enfin avec l'afflux massif d'esclaves dans les colonies américaines et dans toute l'Amérique latine, une image s'est au fur et à mesure construite et répandue en Nouvelle-France et ailleurs en Amérique du Nord. Cette image voulait que le bon esclave soit le Noir. Dès lors, l'esclavage des Amérindiens commence à s'estomper. Les habitants de la Nouvelle-France réclament de plus en plus de "Nègres" comme tous les autres Européens en Amérique du Nord.

I.1.a. Les habitants de la Nouvelle-France réclament leurs « Nègres »!

Même si l'arrivée d'esclaves africains en Nouvelle-France n'a pas été aussi importante que ne le voulaient les populations, force est de constater que les Noirs continuaient d'arriver en petits nombres certes mais de façon assez régulière. Ils provenaient soit des colonies américaines (esclaves vendus à des propriétaires français ou par la capture d'esclaves en fuite), soit des Antilles et certains même directement d'Afrique.

D'abord, pour comprendre les relations entre la Nouvelle-France et les Antilles et le ravitaillement par celles-ci en esclaves pour la Nouvelle-France, il faut remonter à plusieurs années plus tôt. En 1640, Jean Aubert, avait introduit la canne à sucre dans les Antilles françaises. Et comme la main d'œuvre indigène ne suffisait plus, il avait fallu imiter les Espagnols qui, depuis 1611, tiraient profit de l'esclavage des Africains. La Compagnie Française des Indes Occidentales, créée en 1664, se chargea d'approvisionner Aubert en « bois d'ébène[32] ». En 1673, la Compagnie du Sénégal se spécialisa dans la traite des Noirs, de sorte qu'en 1687 on pouvait déjà dénombrer 27000 esclaves noirs dans les Antilles françaises. Ne pouvant pas aller directement sur les côtes africaines pour s'y procurer des esclaves, les Canadiens[33] nouent des contacts avec des négriers exerçant dans les Antilles pour y trouver cette main-d'œuvre très lucrative. Si dans les Antilles c'est le travail dans les plantations de canne à sucre qui nécessita la présence de Noirs, en Nouvelle-France et dans le reste du Canada c'est la main-d'œuvre domestique et agricole (dans les jardins et potagers) qui servit d'arguments. Très rares, les ouvriers et les domestiques européens étaient aussi tellement coûteux qu'ils ruinaient tous ceux qui se lançaient dans une entreprise. Le meilleur moyen de remédier à cette situation était d'introduire des esclaves noirs y compris en les faisant venir des côtes africaines.

En dehors des Antilles, l'autre région de provenance des esclaves pour la Nouvelle-France était les côtes africaines notamment la côte de Guinée. C'est en ce sens que le gouverneur Brisay de Denonville et l'intendant Bochart-Champigny écrivent au roi en 1688[34]. Pour montrer leur forte volonté d'acquérir des esclaves noirs en Nouvelle-France, le procureur général du Conseil souverain, passé en France à l'automne de cette même année, fit valoir la demande des autorités canadiennes: en avril 1689, le roi prit connaissance d'un mémoire de ce procureur général, François-Madeleine Ruette d'Auteuil contenant diverses suggestions dont une sur l'acquisition d'esclaves noirs par les Canadiens. Pour appuyer sa demande et convaincre le roi de France que les Noirs pouvaient bien vivre au Canada comme esclaves, Ruette d'Auteuil remis en cause l'idée que le climat froid serait un obstacle à l'établissement de Noirs dans son pays:

---

[32] On utilise ce mot pour désigner les esclaves noirs. Le « bois d'ébène » par sa couleur et sa qualité précieuse rappelle la peau noire et le commerce humain devenu légal, l'esclavage des Noirs.

[33] Avant 1763, le terme Canadien désignait les Français du Canada. C'est avec la prise de la Nouvelle-France par les Britanniques à la suite de la guerre de Sept Ans et la création de la province du Québec fut, que le terme Canadiens-français est entré en usage.

[34] Extraits de lettres des 10 août, 31 octobre et 6 novembre 1688, extraits préparés pour le ministère, dans Documents *Relating to the Colonial History of New York*. Paris Documents, IX, 398.

"Que si l'on objecte que les Nègres n'y vivront plus à cause du froid, l'expérience fait voir le contraire puisqu'il y en a eu qui s'y sont parfaitement bien portés pendant plusieurs années et que les Anglais en ont eu une grande quantité à la Nouvelle-Angleterre et qu'il y en a un grand nombre en Nouvelle Hollande" (Marcel Trduel, 2009, p.31).
Face à la demande de plus en plus pressante, le roi Louis XIV se laissa convaincre par les arguments de Ruette d'Auteuil. C'est dans ce contexte que le 1er mai 1689, il écrivit au gouverneur Brisay de Denonville et à l'intendant Brochart-Champigny:
"Le Procureur Général du Conseil Souverain de Québec qui est passé en France a fait connaître à sa Majesté que les principaux habitants de Canada sont dans la résolution d'y faire venir des Nègres pour les employer à la culture des terres et aux défrichements si Sa Majesté veut leur donner la permission, pour éviter les grandes dépenses qu'ils sont obligés de faire en se servant des ouvriers et des journaliers du pays dont la cherté est excessive. Sur quoi Sa Majesté est bien aisée de leur dire qu'Elle consent que les habitants fassent venir des Nègres comme ils proposent[35]".
Par cette permission royale il était en effet devenu possible et légale pour les Canadiens de se procurer des esclaves noirs directement en Afrique. L'autorisation donnée avec les avis appropriés, il ne restait plus qu'à attendre l'arrivée des Noirs. Or, nous sommes en 1689, année où la guerre oppose la France et l'Angleterre depuis le 17 mai; à la suite de la Ligue d'Augsbourg, les nations protestantes firent bloc commun contre les nations catholiques. Les métropoles sont en guerre, et par conséquent les colonies aussi. Il faut attendre la fin de cette guerre avant de songer à un trafic de Noirs entre Québec et les comptoirs de la la Côte de Guinée. En fait, quatre esclaves seulement sont venus au Québec durant cette période de conflit. Lorsque la guerre cessa en 1697 par le traité de Ryswick, le problème de l'importation des Noirs réapparut de plus bel en Nouvelle-France notamment en 1701 dans le courrier royal. Le roi écrit au gouverneur Callières et à l'intendant Brochart-Champigny:
"Sa majesté ne trouve aucun inconvénient à accorder aux habitants du Canada la permission d'avoir des Noirs[36]".

Mais face à la demande moins importante par rapport aux Antilles

---

[35] Mémoire à Denonville et à Champigny, 1er mai 1689, dans Archives nationales du Québec (ANQ), Ordres du Roi, série B, vol. 15, 108s.
[36] Lettre du 31 mai 1701, dans ANQ, Ordres du roi, série B, vol. 22, II, 74s.

et ailleurs dans l'océan Indien, le projet de faire venir des esclaves directement d'Afrique vers le nord de la Nouvelle-France ne connut pas un réel succès. C'est pour cela que dans les treize premières années de 1700, on voit arriver des esclaves noirs sur ce territoire mais au compte-gouttes[37]. C'est ce qui explique que durant cette période, il y avait plus d'esclaves amérindiens que de Noirs.

En plus de ceux venus des Antilles, et ceux rarement tirés directement de la Côte de Guinée, il y avait les esclaves africains de l'autre côté de la Nouvelle-France, dans sa partie méridionale, à savoir la Louisiane. Cet établissement qui a vu le jour en 1699, se procurait beaucoup plus vite et en grand nombre en esclaves africains. La Louisiane avait non seulement l'avantage de se trouver plus près du marché des Antilles, mais aussi elle est plus proche des côtes africaines que le nord de la Nouvelle-France (province du Québec située à l'autre extrémité du territoire). En accordant à Crozat en 1712 le monopole du commerce de la Louisiane, le roi permit d'aller chaque année se procurer de Noirs en Afrique pour les vendre ensuite aux colons[38]. Le faible nombre en esclaves africains au Canada ne s'expliquait pas que par l'éloignement géographique avec l'Afrique ou des Antilles. Des raisons d'ordre économique faisaient aussi partie des causes. Victorieux tout le long de la guerre, les Canadiens avaient pourtant perdu le traité des Comptoirs de la Baie de Hudson. Ils avaient subi une désastreuse liquidation de l'argent papier. Pour cette raison, ils n'étaient pas véritablement en mesure de se procurer la dispendieuse marchandise d'Afrique avant la date de 1689. Mais malgré toutes les difficultés liées au ravitaillement et au prix élevé pour s'en procurer, il y avait de réels avantages à avoir des esclaves noirs. Parmi ceux-ci, le besoin d'acquérir une main d'œuvre jeune. Ce qui permettrait de dispenser les vieillards du travail. La présence d'esclaves africains aurait eu l'avantage de résoudre le problème des domestiques. Les officiers, les négociants et en général les habitants des villes auraient plus de possibilité pour prendre des terres plus vastes et les faire exploiter par cette force servile. On pourrait encore apprendre aux esclaves les métiers essentiels, ce qui augmenterait le nombre des ouvriers. Il y avait ainsi toute une économie reposant sur l'asservissement des Noirs qui se mettait en place dans le nord de la colonie comme dans le reste de la Nouvelle-France.

---

[37]Dictionnaire des esclaves et de leurs propriétaires.
[38] Édits, ordonnance royaux, I, 330.

Un autre intérêt de faire venir des Noirs, est le fait qu'ils seraient forts utiles pour la défense du pays. Cette idée de se servir de Noirs comme soldats même si elle s'est concrétisée véritablement au Canada à partir de 1812, était quand même présente dans les esprits de certains Canadiens un siècle plus tôt[39]. D'autant qu'en utilisant des Noirs venus de la lointaine Afrique, ces derniers n'ayant aucune attache avec leurs racines, seraient plus fidèles et donc plus efficaces et rentables que les Autochtones. Enfin, les habitants de la Nouvelle-France s'étaient rendu compte que c'est grâce à l'arrivée d'esclaves noirs que les colonies anglaises s'étaient mises à prospérer. C'est pourquoi ils voulaient eux aussi profiter absolument de cette main-d'œuvre bon marché pour créer et développer une économie à moindre coût. C'est pour toutes ces raisons qu'ils rappelèrent au roi de France les autorisations qui avaient été accordées aux autres colonies françaises, c'est-à-dire le droit d'avoir des esclaves noirs. De son côté l'intendant Bégon osa espérer qu'on ferait les mêmes autorisations aux habitants du nord de la Nouvelle-France[40]. Pour lui, il était pratiquement impossible pour le roi de France de refuser à ce territoire ce qu'il avait accepté pour les autres, c'est-à-dire de compter sur la force noire pour devenir prospère. Face à cette situation, il n'est pas étonnant de voir l'esclavage des Noirs légalisé et devenir la norme.

I.1.b. La législation de l'esclavage en Nouvelle-France

Louis XIV avait décidé en 1689 que l'esclavage des Noirs pouvait se maintenir en Nouvelle-France, mais c'est en 1709 que pour la première fois une ordonnance était rendue à ce sujet. À partir de cette date, les esclaves noirs commencent à supplanter les esclaves panis. La valeur marchande d'un noir était deux fois supérieure à celle d'un amérindien. Dès lors, certains habitants de la Nouvelle-France commencèrent à se débarrasser de leurs esclaves panis en allant les échanger aux Antilles avec des esclaves noirs. Cette pratique fut tellement appréciée par les

---

[39] Certains auteurs notamment Daniel Gay, mentionnent des Noirs comme soldats au Québec bien avant la guerre de 1812. Mais ils sont beaucoup moins nombreux que ceux engagés au début du XIXe siècle.

[40] Mémoire de Bégon dans *Délibérations du Conseil de Marine*, 13 janvier 1721, APC, C11A, 43, 11-19.

habitants de la Nouvelle-France que le gouverneur La Galissonnière et l'intendant Hocquart proposèrent au roi de l'ériger en un système qui consistait de manière officielle à troquer un noir pour deux esclaves amérindiens. Par conséquent, les Canadiens amènent leurs esclaves amérindiens aux Antilles et ils rentrent avec des Noirs. Certains évoquent purement et simplement l'idée d'une déportation d'Autochtones vers des horizons plus lointains. Les raisons de ce troc qui avait viré à la déportation pour certains s'expliquent par les éléments suivants. Tout d'abord l'esclavage des Amérindiens dans le nord de l'Amérique fut permanent mais n'a pas connu la même ampleur que celui concernant les esclaves africains. Il fallait pour les colonisateurs européens affaiblir par tous les moyns les peuples autochtones du Canada. Pour ce faire, ils ne se sont gênés d'en éloigner quelques uns, en les amenant dans les Antilles, à Saint-Domingue et mêmes dans les Antilles anglaises vers des endroits qu'ils ne connaissent pas. Pour compenser ces départs, il fallait faire venir des esclaves noirs. Ensuite, comme expliqué précédemment, l'esclave amérindien pouvait s'échapper aisément et retrouver ses proches. Donc le colon ne pouvait toujours compter sur l'Amérindien. Il est bien de rappeler aussi que les Français n'étaient pas les seuls à recourir à ce système de déportation pour réduire la force de résistance amérindienne. Les Anglais ont réussi de cette manière à anéantir le peuple wanpanoag d'un point de vue politique, militaire, et à le réduire en un nombre suffisamment bas pour qu'il soit inoffensif. Il n'est par conséquent pas surprenant de voir des Canadiens chercher à se débarrasser de leurs esclaves panis en les transportant vers les Antilles et même à partir des Antilles vers la France pour servir dans les familles riches (Marcel Trudel, 2009, p. 67). Au fur et à mesure qu'on se décharge des esclaves autochtones en Nouvelle-France, le Noir prend plus d'importance et devient dans l'imaginaire le seul être capable de jouer ce rôle d'esclave sans aucune menace ni aucun risque. Il finit ainsi par devenir esclave où qu'il se trouve en Amérique du Nord, alors que l'Autchtone est désormais décrit comme un "sauvage", peu sûr, peu crédible, qu'il faut éliminer ou repousser plus loin notamment vers le grand froid du nord à défaut de le transporter dans les Antilles.

I.1.c. Le Noir est esclave où qu'il se trouve

Plusieurs dispositions ont fait des Noirs uniquement des esclaves et rien d'autre: Louis XIV avait en 1689 autorisé les habitants de la Nouvelle-France à posséder des esclaves africains; l'intendant Raudot en 1709 déclarait esclaves, les Noirs qui avaient été achetés; le régent avait invité la Compagnie des Indes à envoyer une cargaison de « bois d'ébène » à Québec. À ces dispositions adoptées par les autorités, d'autres s'y étaient ajoutées. Ainsi, en décembre 1721, le roi publie un édit pour réglementer la vente des esclaves par leurs propriétaires. Il publie ensuite un autre édit qui est enregistré au Conseil supérieur de Québec le 5 octobre 1722, pour régler le commerce étranger dans les colonies de l'Amérique: les Noirs trouvés sur les navires allaient être confisqués au profit de l'État; le 17 septembre 1728, le Conseil Supérieur enregistre cet édit qui entre en vigueur en Nouvelle-France. Le 19 juin 1748, le même Conseil enregistre un autre édit, datant de 1745: les Noirs qui s'enfuient des colonies britanniques ou espagnoles pour se réfugier dans les colonies françaises, et les effets qu'ils y apportent, appartiennent au roi et les deniers qui proviennent de leur vente sont aussi propriété du roi. De ce dernier édit, il s'ensuit qu'un Noir qui pensait trouver la liberté en venant se réfugier dans une colonie française perdait toute espoir d'être libre. Ce mandement enregistré au Conseil Supérieur en 1748 mit fin à l'espoir des esclaves africains des colonies anglaises de se libérer de la servitude en allant s'installer en territoire français. Donc tous les Noirs qui s'enfuirent des colonies britanniques ou d'ailleurs, dès qu'ils mettaient les pieds en Nouvelle-France devenaient automatiquement des esclaves. Un cas s'est produit en 1732 quand un jeune noir s'enfuit de la Nouvelle-Angleterre. Comme on est en temps de paix, les Anglais viennent à Québec le réclamer, mais le gouverneur Beauharnois refuse de le remettre. Il ne le libère pas de la servitude; il en fait don aux religieux de l'Hôpital-Général[41]. Ce jeune garçon allait servir tout de même comme esclave pour le compte de religieux canadien. Ce qui illustre bien que quand on est noir, on est esclave en Nouvelle-France ni plus ni moins. Cette image finit par s'imprégner dans les mentalités et dans la conscience collective des populations à tel point que même les

[41] Registre de Notre-Dame de Québec; Sulte, "L'esclavage au Canada", dans la *Revue canadienne*, 61, 1911, 324.

religieux ne pouvaient pas imaginer un seul instant qu'ils ont en face d'eux un être humain. Bien que l'idée selon laquelle la « morale écclésiatique condamne l'exploitation et l'asservissement de l'homme par l'homme » est à relativiser, compte-tenu de la théorisation et de l'utilisation du mythe hamitique par des cercles restreints au sein de l'Église, des siècles durant, pour justifier, légaliser la traite et l'esclavage, force est de constater que l'église a le plus souvent comdanmé le piétinement de la dignité humaine. Mais, en Nouvelle-France, elle a fermé les yeux sur la traite et l'esclavage et a parfois cautionné ces pratiques. Ce qui montre aussi le besoin en esclaves dans cette partie du monde et donc la banalisation de l'exploitation et l'asservissement de la personne noire. On remarque aussi que les moments de pic de la venue d'esclaves noirs en Nouvelle-France sont les périodes pendant lesquelles les Français et les Anglais sont en guerre. Ce qui fait dire à Colin Thompson que c'est lors de la guerre de Sept Ans (1756-1763) que l'esclavage a atteint son apogée au Canada:
"The seven years' War (1756-1763) represents the midpoint of slavery in Canada. At the time of the French Capitulation there were perhaps twelve hundred (1200) Black slaves in New France. Article 47 of 1760 Capitulation stipulated that the institution of slavery would continue under British rule. The Treaty of Paris, 1763, confirmed the plan. General James Murray, British Military Governor of Quebec and an owner of black slaves, believed slaves to be useful to the colony's economy. That economy, unlike the plantation economies of the South (cotton) and the West Indies (sugar), did demand cheap labour on a large-scale basis. As result Blacks in New France served primarily as domestics, most of them being held in urban areas such as Montreal, Trois Rivières, and Quebec City" (Colin A. Thompson, 1979, p. 18)".
(Traduction : La guerre de Sept Ans 1756-1763 représente le point médiant de l'esclavage au Canada. Au moment de la capitulation de la France il y avait peut-être 1200 esclaves noirs à la Nouvelle France. L'article 47 de 1760 stipule que l'institution de l'esclavage aurait continué sous la tutelle britannique. Le traité de Paris de 1763 confirme le plan. Le général James Murray, gouverneur militaire britannique et propriètaire d'esclaves noirs de Québec, prétendait que les esclaves seraient utiles à l'économie de la colonie. Cette économie contrairement aux économies des plantations du Sud (coton) et des Antilles, exigeait une main-d'oeuvre à bon marché à long terme. Par consequent, les Noirs de la Nouvelle-France servaient principalement de domestiques, la plupart

d'entre eux était dans des zones urbaines telles que le Montréal, Trois Rivières et la ville de Québec.)
Son affirmation se retrouve aussi chez Robin W. Winks qui mentionne que la guerre de Sept Ans est le point culminant de l'esclavage au Canada. Au moment de la capitulation de la France, il y avait peut-être 1200 esclaves au Canada (Robin W. Winks, 1997, p.18).

II. Esclaves africains dans la défunte Nouvelle-France sous le régime britannique

En 1760, lorsque les Britanniques prirent la Nouvelle-France, il y avait un peu plus de 1000 esclaves noirs (des hommes, femmes et enfants) sur une population totale de 64000 habitants, soit un peu moins de 2 % de la population. Compte tenu de la prospérité, de la richesse et du gain de temps que la main-d'œuvre servile procurait aux propriétaires et au développement du pays, il était impensable de voir cette institution disparaitre du jour au lendemain avec la chute de la Nouvelle-France, d'autant plus que les Anglais qui venaient de la reprendre savaient mieux que quiconque les profits que générait cette main-d'œuvre. Même si certaines choses avaient changé dans l'administration ou l'octroi des terres[42], l'esclavage des Africains demeura et fut même renforcé parce que rendu encore plus légitime par les Britanniques. C'est l'idée que défend Robin W. Winks dans son ouvrage consacré aux Noirs au Canada:
"By the Treaty of Paris in 1763, France ceded the Whole of her mainland North American empire east of the Mississippi to Great Britain. An incidental effect of this transfer of power was the legal strengthening of slavery in Canada. On three occasions explicit guarantees were given to the slave-owners that their property would be respected, and between 1763 and 1790 the British government added to the legal superstructure so that a once vaguely defined system of slavery took on clearer outlines" (Robin W. Winks, 1997, p. 24).
(Traduction : Par le traité de Paris en 1763, la France céda tout son territoire de l'empire nord Américain de Mississippi, à l'est de la Grande

[42]Après la défaite des Français lors de la guerre de Sept Ans, les Anglais mettent en place une nouvelle législation dans laquelle figure le maintien du français par défaut, l'organisation administrative, la création d'une nouvelle monnaie.

Bretagne. L'effect d'incident de cette passassion de service était le renforcement legal de l'esclavage au Canada. À trois reprises, des garanties explicites ont été accordées aux esclavagistes que leurs propriétés seraient respectées. Et entre 1763 et 1790 le gouvernement britannique ajouta à la super-structure légale afin que qu'un système d'esclavge une fois vaguement défini puisse avoir des plans plus clairs.)
Les Noirs continuent ainsi à venir au Québec et dans le reste de la désormais Nouvelle-France des Britanniques de façon légale. Pour les esclaves, le nouveau régime n'apporta pas de changements. La traite était florissante dans les autres colonies britanniques de l'Amérique du Nord et l'une des clauses de la capitulation confirma le droit des notables de garder leurs esclaves. Parfois, ces derniers furent même privés de certains droits qu'ils avaient sous la législation du Québec à travers le *Code Noir* :
"The Treaty of Paris Introduced English and civil law to Quebec, depriving slaves of those few protections by the informally observed *Code Noir*" (Robin W. Winks, 1997, p25).
(Traduction: Le Traité de Paris a introduit le droit anglais et le droit civil au Québec, privant les esclaves de ces quelques protections accordées par le Code Noir, observé de manière informelle.)
La seule différence notable est que désormais les esclaves ne sont plus systématiquement "francophones" car venant de plus en plus des treize colonies américaines. D'ailleurs, la guerre de Révolution américaine amène une nouvelle immigration plus importante de Noirs dans les territoires de la défunte Nouvelle-France, des esclaves mais aussi des hommes libres comme on le verra dans les prochaines pages quand il s'agira de traiter des loyalistes au Canada.

II.1. La capitulation de la Nouvelle-France en 1760 et le maintien de l'esclavage

Après la chute de la Nouvelle-France, l'esclavage des Noirs et des Autochtones se maintient de manière légale et officielle sous le régime britannique. Dans le traité de rédition signé à Montréal en septembre 1760, le gouverneur Vaudreuil-Cavaginal, qui a rédigé le texte des demandes, y consacre un article spécial. Il s'agit de l'article 47:
"Les Nègres et Panis des deux sexes resteront, en leur qualité des esclaves, en la possession des Français et Canadiens à qui ils

appartiennent. Il leur sera libre de les garder à leur service dans la colonie ou de les vendre, et ils pourront aussi continuer à les faire élever dans la religion romaine[43]".
Cet article renseigne bien sur l'attitude des Britanniques sur la question de l'esclavage dans leur nouvelle colonie. On n'est par conséquent pas surpris que loin de condamner cette pratique, ils la cautionnent et la renforcent. Autre élément à noter, si les Britanniques ont décidé de traiter, garder et même renforcer l'esclavage en Nouvelle-France, cela suppose qu'il existe un nombre assez important de Noirs pour qu'ils aient prit la peine de leur réserver un article spécial dans ce traité de capitulation, mais aussi une demande croissante. C'est ainsi que l'institution de l'asservissement des Noirs et d'Autochtones, reconnue et amplement protégée par la loi française, s'est vu prolonger sous le régime britannique par un autre acte légal, celui de la capitulation de 1760. Chez les Canadiens français, on avait encore besoin d'esclaves pour la culture des terres. Le roi avait donné son accord, mais il n'est pas venu de navire négrier; les habitants se sont débrouillés pour se procurer des esclaves. Ce qui est paradoxal en Nouvelle-France notamment dans sa partie nord (Québec) c'est le fait qu'on ne trouve pas d'esclaves là où on les attendait: ils sont quasiment tous dans les villes. Ce qui fait dire à M. Trudel que l'esclavage des Noirs au Québec est un phénomène urbain. Quoi qu'il en soit, les esclaves noirs continuent d'arriver durant toutes les années qui suivirent la capitulation de la Nouvelle-France jusqu'en 1833 avec l'abolition définitive de l'esclavage par la Grande-Bretagne dans toutes ses colonies. La Louisiane un autre gros morceau de la Nouvelle-France en acceuille beaucoup.

II.1.a. Esclaves noirs en Louisiane après 1760

Durant les premières années de 1760, le nombre total d'esclaves en Nouvelle-France sa partie nord (Québec) est estimé à un peu moins de 5000 personnes dont plus de la moitié sont des Panis. Ces derniers provenaient de la partie supérieure des rivières Missouri et Kansas, à peu près dans la région d'aujourd'hui occupée par l'État du Nebraska[44].

---

[43] Documents relatifs à l'histoire constitutionnelle du Canada, 1759-1791, I, 19.
[44] Sur cette question l'esclavage des Panis, voir l'ouvrage de J. R. Swanton, *The Indian Tribes of the North America*, 289s.

Ils apparaissent dans la cartographie et dans les récits de voyageurs français dès la seconde moitié du XVIIe siècle et leur appellation est variée: Pana, Panis Ricaras, Pammaha, Panis Oasa, Panis noirs, Panis blancs. Si les esclaves panis étaient originaires d'une région éloignée de leur lieu d'utilisation, les esclaves africains l'étaient encore plus. Certains d'entre eux venaient précédement des Antilles françaises, d'autres directement de l'Afrique.

Vaste territoire du Canada au sud des États-Unis, la Louisane fut une colonie française au sein de la Nouvelle-France de 1682 à 1762, alors que sa partie occidentale était cédée à l'Espagne au traité de Fontainebleau. L'année suivante, Louis XV accorde aux Britanniques ses territoires situés à l'est du Mississippi, à l'exception de La Nouvelle-Orléans qui restait espagnole (Louisiane espagnole de 1763 à 1800). La Louisiane espagnole redevenue française en 1800 avant d'être vendue aux États-Unis en 1803, était en effet une société esclavagiste. Les esclaves de cette colonie française sont importés des côtes du Sénégal et de Guinée à partir de 1717. Les Français firent venir quelque 1900 esclaves entre 1719 et 1721, mais plus de la moitié décédèrent; il en resta environ 900. En 1746, la Louisiane comptait au moins 5000 esclaves. À leur arrivée, les Noirs parlaient encore leurs différentes langues africaines. Dans les toutes premières années qui suivirent leur implantation en Amérique, la plupart réussirent à apprendre le français, généralement en une année. Il s'agissait toutefois d'un français rudimentaire. Cependant, telle n'est pas le cas pour ceux vivant d'autre partie de la Nouvelle-France (l'actuel Québec) qui en comptait beaucoup moins. Selon les chiffres fournis par M. Trudel, le nombre d'esclaves noirs au Québec a commencé à augmenter significativement seulement sous les Britanniques, c'est-à-dire après la guerre de Sept Ans. L'auteur mentionne en effet un chiffre de 1200 esclaves noirs sous du régime anglais contre moins de 500 esclaves avant la guerre de Sept Ans. La majorité de ceux du Québec étaient détenus par des propriétaires d'origine britannique, même si beaucoup de propriétaires d'esclaves étaient des "Francophones" (Marcel Trudel, 2009, p. 80). Il y avait donc un marché actif et régulier entre deux extrémités de la Nouvelle-France à savoir la Louisiane et l'actuel Québec.

II.1.b. Les esclaves noirs continuent de venir des Antilles françaises vers l'ancienne Nouvelle-France

Le marché d'esclaves noirs devenant de plus en plus lucratif sous les Britanniques, des habitants de la Nouvelle-France saisissent cette occasion pour aller en chercher encore plus loin. Ils se rendent ainsi aux Antilles françaises comme du temps de la domination de l'administration française pour le précieux « bois d'ébène ». Après avoir occupé les Antilles (Guadeloupe, Martinique et Saint-Domingue actuel Haïti) les Français décident de défricher les terres et de pratiquer des cultures agricoles. La première culture qu'ils développent dans ces îles est le tabac. Puis ils abandonnent peu à peu cette plante au profit de la canne à sucre devenue beaucoup plus rentable. Pour cultiver cette nouvelle plante, les colons français recourent à une main-d'œuvre servile que plusieurs nations européennes trafiquent sur le continent noir. Ainsi se met en place un système esclavagiste promu à un long et sinistre avenir qui allait fortement marquer l'histoire de ces deux îles. Le père Du Tertre, un des premiers témoins de la colonisation française dans les Antilles, note la présence des Noirs dès 1640. Dans les années 1660, leur nombre augmente sensiblement et dépasse celui des Blancs. Les ressortissants des Antilles figurent parmi les premiers arrivants au Canada, selon l'historien James Walker (cité par Daniel Gay, 1899, p. 97). Dans le cas particulier du Québec, jusqu'en 1799, tous les Antillais sont francophones. Ils sont Martiniquais, depuis 1717, ou Haïtiens. Contrairement à une croyance fort répandue, les Haïtiens ne sont pas des « immigrants récents » au Canada.

Au XVIIIe siècle le trafic d'esclaves atteint sa plus grande intensité avec près de 30000 captifs qui arrivent chaque année aux Antilles. En 1780 les Blancs ne constituent plus que 12% de la population des îles du Vent (Martinique et Guadeloupe). Pour l'ensemble des Antilles françaises avec la plus grande colonie de plantation à Saint-Domingue (Haïti) on compte environ 600000 esclaves pour 760000 habitants[45]. On comprend dès lors pourquoi les marchands canadiens-français qui

---

[45] A. Gisler examine de près la question de l'esclavage des Noirs dans les Antilles françaises dans son livre intitulé: *L'esclavage aux Antilles Françaises*, paru en 2000 aux Éditions Karthala à Paris. Lucien Peytraud a également consacré un livre à ce sujet: *L'esclavage aux Antilles françaises avant 1789*, Éditions Hachette à Paris en 2012.

faisaient le commerce avec les Antilles, revenaient avec des Noirs. Quelques exemples peuvent être cités. Le marchand Renaud fit baptiser à Québec en 1724 le Noir Pierre Louis qui arriva de la Martinique avec son maître; le bourgeois Aubert de Laschesnaie acheta à Saint-Domingue la Noire Marie Louise et la place à l'hôtel Dieu de Québec en juillet 1728, peu après son arrivée. La liste est très longue. On fit également venir des esclaves femmes qu'on maria à des Noirs pour accroître leur nombre au Québec. Ainsi, l'intendant Hocquart amèna une Noire des Antilles; et l'État y fit acheter en 1742 la Noire Angélique-Denise qu'on destina comme épouse au bourreau noir de Québec (Daniel Guay, 1899, p. 156. Voir aussi M. Trudel, 1997, p. 102). Les Antilles françaises furent un des plus grands marchés d'approvisionnement d'esclaves noirs pour les habitants de la Nouvelle-France sous le régime britannique. Quant aux Antillais de langue anglaise, ils sont aussi au Canada et en particulier au Québec depuis le début du XVIIIe siècle. Ils viennent de la Barbade, des Bermudes, de la Grenade ou de la Jamaïque. Mais à cette même période, quelques esclaves seraient venus directement d'Afrique vers la province du Québec.

II. 1.c. Des esclaves venus directement d'Afrique vers la partie nord[46] de la défunte Nouvelle-France après 1760

Même s'ils sont sous domination britannique, les Canadiens-français n'hésitaient pas à s'approvisionner encore plus loin: la Côte de Guinée. Celle-ci s'allonge sur 3600 km, de la presqu'île du Cap-Vert au mont Cameroun. C'est une portion du littoral africain où les Européens pratiquèrent, à partir du milieu du XVIe siècle, un commerce intense d'esclaves. L'or et les esclaves étaient l'objet de lucratives transactions. Les esclaves étaient capturés dans un vaste espace en Afrique de l'ouest, à l'intérieur des terres, entre le golfe de Guinée et le cours moyen du Niger. On prit l'habitude d'appeler Guinée cet espace géographique très mal défini.

Est-ce que des Canadiens-français sous domination britannique s'étaient vraiment rendus jusque-là pour se procurer des Noirs? Ou était-ce des marchands britanniques qui s'en chargeaient? Les réponses ne

---

[46] Actuels Québec et Ontario.

sont pas si simples. Mais on dispose de quelques éléments pour répondre par l'affirmative à la première question soulevée. Déjà sous l'époque de la Nouvelle-France, Daniel Gay donne un chiffre de 100 esclaves noirs venus directement de l'Afrique vers le Québec entre 1629 et 1699. (Daniel Gay, 1899, p.97). On connaît aussi un propriétaire: le négociant Joseph Fleury Deschambault de Lagorgendière avait acheté en Guinée l'esclave Josèphe-Marie, qui séjourne à l'Hôtel-Dieu de Québec, alors âgé de sept ans. Lorsque d'autres Noirs sont présentés comme venant de la Guinée, on ne sait pas si cela signifie qu'eux aussi ont été achetés là-bas directement par des Canadiens ou apportés par des négriers britanniques. Il est fort possible que le navigateur Michel Salaberry, le marchand Pierre Lestage, le navigateur François Lemaître-Jugon, le négociant Joseph Dufy-Charest tous originaires du Québec aient acquis leurs esclaves d'un comptoir d'Afrique[47]. Ce qui est sûr est que des marchands de la Nouvelle-France avaient bien des expériences, connaissances et même connectés à des réseaux esclavagistes leur permettant d'aller jusqu'en Afrique pour se procurer eux même une main-d'œuvre bon marché et le revendre à leurs concitoyens.

II. 2. Combien y avait-il d'esclaves noirs en Nouvelle-France sous les régimes français et britanniques?

Le nombre exact de Noirs dans l'histoire de la Nouvelle-France ne sera probablement jamais connu. Plusieurs raisons à cela. D'abord, parce que la Nouvelle-France qui est un vaste territoire présente quelques difficultés permettant de quantifier le nombre précis d'esclaves qui y furent transportés. La définition de l'esclave n'était pas la même pour tout le monde. Marcel Trudel montre que, déjà entre 1623 et 1829, l'identification des Noirs pose parfois problèmes. Cela est vrai surtout entre 1710 et 1755, période pendant laquelle « les esclaves ne font pas partie de la société civile ». Par ailleurs, il y avait aussi de l'illégalité dans le système de comptage. On note également beaucoup de décès chez les esclaves qui ont une espérance de vie courte et surtout chez les enfants. À cela s'ajoute que, même si l'esclavage des Noirs en Acadie et dans les

[47] Registre de Notre-Dame de Québec, 1722, 1729; AHDQ, registres des malades, 1731, 1737, 1745, archives du Séminaire de Montréal, acte Panet, 1761. Tiré du livre de M. Trudel, op-cit.

Maritimes a réellement existé, il est difficile de donner des chiffres précis. Toutefois quelques données sur la présence de Noirs dans cette région sont disponibles grâce notamment à l'étude de Robin W. Winks et des informations tirées d'archives ou de journaux de l'époque. On a très tôt recensé des esclaves (au moins 216 Noirs à 90 %), au sein de la population de la colonie française de l'île Royale, qui correspond à l'île actuelle du Cap Breton et de l'île Saint-Jean, entre 1713 et 1760. La grande majorité de ceux-ci se retrouvent à Louisbourg, sans doute en raison des contacts suivis de ce port avec les Antilles. Pour toutes ces raisons les quantifications ne sont pas assez évidentes. Pour Robin W. Winks, il y avait bien des esclaves noirs sur la côte aussi bien que chez les Français comme chez les Anglais:

"There were Negroes, and slavery, on the eastern seaboard as well. French Blacks had been involved in the unsuccessful defense of Louisbourg in 1745, and among the common laborers there in 1747 was a free black laborer, quash who received the same pay as his thirty-five white coworkers did, and two free Negroes masons. In 1749, the British government offered passage, provisions, muskets, and ammunition to settlers, and free Negroes were included; in 1750 fifteen or more were victualed at Halifax. When the Nova Scotia government opened parcels of the original French lands to settlers from New England in 1759, blacks again were given the same opportunities to come as whites. (Robin W. Winks, 1997, p. 27).

(Traduction : Il y avait aussi des nègres et de l'esclavage sur la côte est. Les Noirs français avaient participé à la défense infructueuse de Louisbourg en 1745, et parmi les ouvriers ordinaires qui y travaillaient en 1747, il y avait un ouvrier noir libre qui avait reçu le même salaire que ses trente-cinq collègues blancs et deux francs-maçons libres. En 1749, le gouvernement britannique offrit aux colons des passages, des vivres, des mousquets et des munitions. Les nègres libres y furent inclus; en 1750, quinze ou plus ont été vaincus à Halifax. Lorsque le gouvernement de la Nouvelle-Écosse a ouvert des parcelles des terres françaises d'origine aux colons de la Nouvelle-Angleterre en 1759, les Noirs ont eu à nouveau les mêmes chances de venir que les Blancs.)

Mais les premières véritables références à l'esclavage dans les Maritimes se produisent à partir de 1752 avec la mention d'un esclave noir nommé Orange. Compte tenu de la proximité de cette région avec les colonies américaines qui ont pratiqué l'esclavage depuis 1620, ce n'est pas surprenant de voir certains de ces esclaves se retrouver du côté canadien.

C'est pourquoi on en voyait pratiquement dans toutes les villes de la région comme à Liverpool en 1760, dans la région de New Glasgow en 1767 et à Bridgetown, Amherst, Onslow et Cornwallis en 1770. En cette dernière année, Henry Denny Denson de Falmouth a tenu cinq et peut-être jusqu'à seize à son Mont Denson (Robin W. Winks, 1997, p. 27-28).

Ces esclaves s'additionnent à ceux dont parle Marcel Trudel en avançant un chiffre de 4185 au Québec dont 2683 Autchtones soit 65,1%, et 1443 des Noirs soit 34,9%. Il donne aussi une répartition assez claire des esclaves noirs dans les villes du Québec: 60,1% à Montréal, 38,2% à Québec City et 1,7% à Trois-Rivières. Si on ajoute à ce nombre ceux de la Louisiane et de l'Acadie, on ne serait pas loin de 10000 Noirs en Nouvelle-France de 1630 à 1833. Ce chiffre n'est pas exagéré. D'ailleurs, en 1882, l'historien Benjamin Sulte, sceptique quant à l'exactitude des données se rapportant aux Noirs dans l'actuelle province de Québec, estimait que le nombre de Noirs recensés, vers 1710, devrait être multiplié par mille ou deux mille. (Daniel Gay, 1899, p. 67).

Certaines coutumes de l'époque pourraient même donner raison à Benjamin Sulte. Il y avait des pratiques administratives, qui affectaient l'information relative à l'effectif d'autres groupes différents des Canadiens blancs. En effet, d'une part, entre 1744 et 1844, par exemple, les recensements n'ont lieu que de façon intermittente; d'autre part, jusqu'en 1851, il est arrivé que des gouverneurs du Bas-Canada falsifient des régistres de l'état civil à des fins personnels. Quoi qu'il en soit, aucune information sur les Noirs n'est disponible dans les recensements de 1825, de 1827, de 1831 et de 1842. (Daniel Gay, 1899, p. 67).

Bien qu'il y ait eu beaucoup de Noirs en Nouvelle-France, dont le chiffre pourrait être estimé à plus de 10000, il est tout de même très difficile d'avoir un chiffre juste et unanime pour déterminer le nombre exact d'esclaves en Nouvelle-France. Ce qui est vrai en revanche est le fait que les esclaves ont toujours étaient considérés et traités comme des bien meubles et jamais comme des être humains normaux comme les autres.

II.3: Les esclaves noirs comme des biens meubles

Le trait commun entre les esclaves noirs en Nouvelle-France et partout ailleurs dans les Amériques ou dans l'océan Indien, est le fait d'être considérés comme des biens meubles qu'on pouvait acheter et s'en débarrasser à volonté[48]. Très souvent, ils étaient vendus aux enchères, ce qui conforte cette idée du traitement de ces humains comme des meubles. La *Gazette de Québec* annonce pour le 5 octobre 1782 la vente d'un jeune Noir par des encanteurs dans leur "Chambre de Vente Publique", rue Notre-Dame à Québec. Lorsque John Brooks, de Québec, offre une Noire qu'on peut voir à sa maison, il ajoute: si elle n'est pas vendue avant le 20 mai, il l'exposera en vente publique. En 1785, eurent lieu deux ventes d'esclaves au marché public: par William Ward, du Vermont, vente d'un Noir, d'une Noire et d'un "Négrillon", à William Campbell, de Montréal; le mois suivant. Ce dernier revend les trois esclaves au docteur Charles Blake. En 1791, le commissaire-priseur offre à l'encan un jeune esclave noir (Marcel Trudel, 2009, p. 110-111). S'ajoute que très souvent les esclaves sont jeunes, voire même très jeunes dans certains cas à leur arrivée en Nouvelle-France.

II. 4. Des esclaves jeunes et des conditions difficiles

Selon les négriers[49], un "nègre" bon et marchandable (ce qu'on appelle aussi une pièce d'Inde) ne doit pas avoir plus de 30 ans; cet âge est d'ailleurs un maximum que l'on évite d'atteindre car passé celui-ci, l'esclave perd rapidement de sa valeur. Il faut par conséquent l'acheter plus jeune. L'âge est donc un facteur essentiel dans l'acquisition de l'esclave parce qu'on tient à ce qu'il serve le plus longtemps possible, qu'il s'enracine dans son milieu et ne se révolte pas. Dans son roman pour enfant, Andrée-Paule Mignot[50] retrace la vie d'un jeune africain arrivé comme esclave au Québec à l'âge de 12 ans. On a déjà mentionné le cas du premier esclave noir au Québec Olivier Lejeune arrivé à peu près au même âge. En plus de l'âge très jeune de la plupart des esclaves, s'ajoute que ces derniers vivaient dans des conditions extrêmement

---

[48] On se limite ici seulement à l'esclavage pratiqué par les Européens, mais la négation de l'humanité des esclaves est aussi vraie et même pire chez les Arabo-musulmans. Chez les Chinois et les Indiens qui ont pratiqué la servitude des Noirs, on retrouve la même chose.

[49] Le *Dictionnaire Enclopédia Universalis* de France définit le négrier comme suit : Terme qui désigne l'homme prenant part personnellement au commerce des esclaves noirs d'Afrique, ainsi que le bâtiment servant à leur transport.

[50] Andrée-Paule Minot, *Lygaya*, Collection Atout, 1996. Livre de fiction destiné aux 9-14 ans.

difficiles. Ce qui entraina une forte mortalité. Ils étaient des biens meubles qu'on pouvait saisir en tant que tels, mais on ne pouvait vendre séparément le mari, la femme et les enfants impubères. Ils ne peuvent "rien avoir qui ne soit à leur maître" et tout ce qu'ils gagnent par industrie ou par libéralité appartiennent à leur maître: " les esclaves étaient des gens incapables de disposer et de contracter de leur chef"; de même qu'ils ne peuvent exercer aucune fonction publique, leurs dépositions devant un tribunal ne servaient que de mémoires "sans que l'on puisse tirer aucune présomption ni conjoncture". Le Code Noir qui traite aussi de la répression de l'esclave mentionne qu'il est prévu diverses peines pour l'esclave qui porte une arme défensive ou "un gros bâton", qui participe à un attroupement. Il poursuit en indiquant que si un esclave frappait avec effusion de sang son maître, sa maîtresse ou leurs enfants, il devait subir la peine de mort; par voie de fait sur des personnes libres, l'esclave serait soumis à des peines sévères ou même à la peine de mort. La même sanction est appliquée dans le cas de certains vols. Le "fugitif" aurait les oreilles coupées et on lui marquerait une fleur de lys sur l'épaule, s'il récidive, on lui couperait le jarret; pour une troisième fuite, la peine de mort. Quand les maîtres voudront punir leurs esclaves, ils pourront les faire enchaîner et les faire battre de verges, mais sans exercer sur eux la torture ni leur faire subir une mutilation; et les officiers de justice pourront poursuivre les maîtres qui auront tué un esclave sous leur puissance.

II.5. Ce que les esclaves noirs ont apporté à l'économie canadienne naissante

L'esclavage de Noirs est une réalité ancienne et qui a duré longtemps en Nouvelle-France et ailleurs au Canada. C'était une pratique banale, normale et acceptée par tous dans ce vaste territoire même s'il n'y a pas eu autant d'esclaves qu'aux États-Unis ou dans les Caraïbes. La servitude des Noirs est des plus anciennes dans cette partie de l'Amérique du Nord et elle fut officialisée très tôt par le roi de France et maintenue sous le régime britannique. En Nouvelle-France, l'esclavage a été pratiqué pendant plus de 205 ans sous les administrations française et britannique réunies. Ce qui est loin d'être négligeable. Toutefois, le phénomène esclavagiste au Canada n'est pas comparable avec ce qui s'est passé dans les treize colonies américaines où les Noirs ont débarqué par milliers et travaillaient dans de vastes plantations. La majorité des esclaves dans le nord de la Nouvelle-France vivaient dans les villes notamment à Montréal, à Québec ou à Trois Rivières. Ils travaillaient comme domestiques, dans le jardinage et les vergers. D'autres faisaient le travail de la fourrure. L'historien Lawrence Hill soutient fortement qu'il ne faut pas minimiser l'esclavage en Nouvelle-France parce que les esclaves étaient bien là et faisaient les travaux les plus durs, certains sont morts en se révoltant d'autres par excès de travail (Lawrence Hill, 1993, p. 14). L'esclavage est une des premières économies du Canada. Ce pays est aussi en partie bâtie sur la force et le sang des esclaves noirs venus d'Afrique, des Caraïbes et des États-Unis. Une réalité difficile à admettre pour le canadien du XXIe siècle. Les Noirs, qui, pendant longtemps, constituent une main-d'œuvre gratuite ou bon marché ont laissé leur marque indélébile dans l'économie du Canada. Comme le montre amplement les travaux pertinents de Marcel Trudel, en Nouvelle-France et au début du Bas-Canada, l'esclavage des Noirs remplit plusieurs fonctions dont les suivantes : renflouer les effectifs de l'armée, servir de soutien aux vieillards, à la veuve ou à l'orphelin, aider à accroître le capital commercial de l'aristocratie et de la bourgeoisie naissante, être serviteur et participer à l'éducation des enfants du maître et constituer surtout une source de main-d'œuvre docile et bon marché pour tenter de faire échec aux exigences des travailleurs locaux. À titre d'exemple, d'Oyley et ses associés rappellent que si, en 1628, Guillaume Couillard achète le premier noir en Nouvelle-France, c'est « pour l'aider à défricher et à exploiter sa parcelle de quarante hectares et faire marcher son moulin à farine ». Les Noirs ont été employés pour la culture des terres. Ils ont défriché et labouré les champs et les jardins, donc ont permis de rendre possible l'occupation d'un espace souvent hostile. Ils ont permis surtout aux colons européens de réduire leurs dépenses en ne payant pas des journaliers ou ouvriers d'origine européenne à qui ils devraient payer beaucoup plus chers. De plus, maints avis de vente ou d'esclaves "fugitifs" vantent souvent la qualité de la marchandise, notamment les aptitudes du futur cuisinier ou de la future « servante » ou « domestique ». (Daniel Gay, 1899, p. 66). Ailleurs au Canada, comme dans les Maritimes, on peut également mentionner la contribution des esclaves. Par exemple, ceux parmi eux qui ont vécu dans les Cantons-de-l'Est, entre 1790 et 1803. Originaires majoritairement des États-Unis, ils ont participé activement à la naissance de l'industrie de la coupe de bois et de la potasse. Selon Annie Cloutier, (cité par Daniel Gay), les chênes étaient utilisés dans la construction navale et les pins servaient à confectionner des mâts. Quant à la potasse, extraite de l'écorce et des branches d'arbres, elle est « très utile pour blanchir le coton et le papier journal ». Quelques noirs nés libres ou émancipés, participent aussi, généralement comme « engagés », au commerce de la fourrure, soit comme agent d'échange ou de vente, pilote, « menuisier à bord d'un canot » ou interprète notamment auprès des Indiens Micmacs, Chippewas ou Sioux. Les transactions ont lieu avec des Français, des Canadiens ou des Américains. L'espace de commercialisation est vaste : Nouvelle-Orléans, Mississipi, Baie des Puants (Détroit), Albany, pays des Illinois et Miami. Entre 1751 et 1807, au moins onze Noirs du Québec travaillent, à titre ou à un autre, dans le commerce de la fourrure. Ces « courreurs des bois » figurent, eux aussi, parmi les pionniers de la longue tradition de libre-échange, une vieille histoire pour les Canadiens. (*Le Soleil*, 19 juillet, 1999, p. B3). Sans les esclaves noirs que serait donc l'économie canadienne des XVIIe et XVIIIe siècles?

Les Noirs n'ont pas contribué au développement économique du Canada seulement en qualité d'esclaves, ils ont partcipé à l'économie du pays quand ils sont devenus libres. En effet, après l'esclavage et jusqu'à la fin du XIXe siècle, les Noirs continuent à contribuer au développement de l'économie canadienne. La plupart d'entre eux étant, cette fois, entrepreneurs autonomes. Les fiches nominatives des recensements de 1841, de 1842, de 1861, de 1871 et de 1881 comportent des renseignements intéressés à cet égard. (Daniel Gay, 1899, p. 67).

Pour finir avec l'esclavage en Nouvelle-France et au Canada, c'est le moment de faire le portrait d'une des figures les plus connues de l'histoire de l'esclavage des Noirs en Nouvelle-France : Marie-Josèphe Angelique.

Marie-Josèphe Angelique, le refus de la soumission

Figure 1: Photo montrant Marie-Josèphe Angelique avant sa pendaison

Source : http://lencrenoir.com/angelique-la-mise-a-mort-dune-esclave-noire-en-nouvelle-france/

Non seulement l'esclavage fut un phénomène réel et qui a perduré en Nouvelle-France mais aussi plusieurs cas de maltraitance, de racisme et d'abus envers les Noirs ont été signalés dès les premiers instants de l'arrivée des esclaves africains dans ce pays. Un des exemples les plus connus est celui vécu à Montréal par Marie-Josèphe Angelique. C'est une jeune esclave qui a préféré la mort au déshonneur et à l'humiliation. Pour avoir refusé de se soumettre à l'asservisement, elle a eu droit à toutes sortes d'humiliations, de mauvais traitements et même à des accusations grotesques qui l'ont conduit à un procès. Ce « procès » injuste qu'elle avait subi et la mort atroce qui en a découlé font d'elle un symbole de la lutte pour la liberté contre l'esclavage et le racisme au Canada. Marie-Josèphe Angelique est achetée par le marchand français, François Poulin de Francheville en Nouvelle-Angleterre. Celui-ci la ramène avec lui en 1725 et en fit une domestique. Née à Madère au Portugal, Angelique avait à l'époque, environ 20 ans. À la mort du marchand en 1733, elle devient la propriété de la veuve de son maître qui s'appelait Thérèse de Couagne, qui la rebaptise Marie-Josèphe Angelique. C'est à ce moment qu'elle décide de se dresser contre les injustices dont elle est l'objet. Ainsi, elle fait ce qui était à l'époque difficilement imaginable pour une esclave, c'est-à-dire exiger d'être libre. Après avoir essuyé un refus, elle devient furieuse et se rebelle. Elle n'effectue plus les tâches domestiques que sa maîtresse lui assigne. Incapable de ramener Angélique, Thérèse de Couagne, opta au début de 1734 de la vendre à François-Étienne Cugnet, un résident de la ville de

Québec, pour 600 livres de poudre à canon. Lorsqu'elle apprît qu'elle serait vendue, Angelique entre dans une grande colère et tente le tout pour le tout pour s'enfuir avec son amant Claude Thibault, un engagé qui souhaite l'aider à retourner à son pays natal. Le couple fut capturé avant son départ. Thibault est envoyé en prison (puis relâché plus tard) et Angelique fut ramenée de force à Montréal. Quelques mois après sa tentative de fuite, elle fut accusée injustement d'être à l'origine d'un incendie le soir du 10 avril 1734. Elle fut arrêtée par la police. Le jour suivant, elle fut accusée formellement d'incendie criminel. Dans la société de la Nouvelle-France d'alors, il était appliqué le système juridique français du XVIIIe siècle. Donc, toute personne accusée, était présumée coupable jusqu'à preuve du contraire, il n'y a pas de procès devant un jury ni d'avocats, et les esclaves ne possèdent aucun droit. Par conséquent, si quelqu'un décidait d'accuser un esclave de quelque chose, même si cette personne était innocente, elle n'avait aucune façon de s'en sortir. Angelique clamera malgré tout son innocence, mais, elle fut condamnée à mort. Le 21 juin 1734, elle est d'abord torturée dans sa cellule. On lui broie les os des jambes à l'aide de brodequins, des instruments de torture médiévale. On voulait ainsi lui faire avouer ses méfaits. On la traîna ensuite dans une charrette à déchets jusqu'au portail de la Basilique Notre-Dame, où, on lui fît confesser ses méfaits et l'ordonnant de demander pardon à Dieu, au roi et au peuple. Finalement, elle est pendue. Et comme si cela n'était pas suffisant, son corps fut exposé sur la potence durant deux heures afin de servir d'exemple. Sa dépouille est ensuite placée sur le bûcher et brûlée, ses cendres dispersées aux quatre vents. Bouc émissaire idéal, Marie-Josèphe Angélique aura été la victime d'une société qui traitait les gens à la peau noire comme des objets, refusant de leur reconnaître leurs droits et leur humanité. Par sa volonté de liberté, par le symbole de lutte contre l'esclavage et contre le racisme, la courageuse Angelique est devenue, à cause des traitements inhumains qu'on lui a réservés, une des plus illustres femmes qui ont marqué l'histoire du Canada. Dans une société où l'égalité entre les humains n'est pas encore atteinte, sa vie et son combat pour la liberté ne doivent pas être oubliés, et restent à jamais gravés dans notre histoire. Le cas de Marie-Josèphe Angelique est loin d'être le seul exemple de brutalités, de violence et d'abus sur les esclaves noirs au Canada.

CHAPITRE II: LOYALISTES ET ESCLAVES AU CANADA APRÈS LA GUERRE D'INDÉPENDANCE AMÉRICAINE

En plus des Noirs arrivés au Canada comme esclaves au temps de la Nouvelle-France et durant les années du régime britannique, d'autres sont venus s'y installer en provenance des treize colonies américaines devenues les États-Unis après la Révolution de 1775-1783. Ces individus sont composés d'esclaves amenés par leurs maîtres loyalistes après la défaite des Anglais face aux Américains mais aussi de Noirs libres (affranchis) qui s'étaient engagés du côté des Anglais durant la Révolution. Puis, d'autres les ont rejoints plus tard comme refugiés et "fugitifs" notamment après 1833 quand la Grande-Bretagne a aboli dans toutes ses colonies l'esclavage.

I. Arrivée d'esclaves africains avec des Loyalistes blancs et des Noirs libres

Après la reprise de la Nouvelle-France par les Britanniques, l'article 47 du traité de la Capitulation stipule que l'esclavage des Noirs allait se poursuivre sous les nouveaux maîtres. Mieux, la pratique esclavagiste Noirs fut même renforcée par les nouveaux colonisateurs afin de viabiliser les terres de la colonie et développer l'économie. C'est ainsi que le général James Murray, gouverneur militaire de la Province de Québec et propriétaire d'esclaves africains, a estimé que ces derniers seraient très utiles pour l'économie de la colonie. Ensuite beaucoup d'esclaves noirs allaient rejoindre le Canada après la guerre d'Indépendance américaine. En effet, les treize colonies libérées du joug britannique et devenues indépendantes se regroupent au sein d'une fédération appelée États-Unis. Dès lors, il était devenu urgent pour ceux qui étaient loyaux envers l'Angleterre de quitter ces colonies pour rejoindre le Canada. Autrement, ils s'exposeraient à des risques: pertes de leurs biens et possiblement de leur vie. C'est dans ce contexte que de nombreux Loyalistes migrent vers la province du Québec et d'autres se rendent dans les Maritimes, provinces frontalières des États-Unis. Les trois provinces britanniques de l'Amérique du Nord n'avaient pas pris part à la guerre aux côtés des Américains mais elles étaient restées neutres. Il y eut ainsi une arrivée massive de Loyalistes blancs dont certains accompagnés de leurs esclaves noirs dans ces colonies administrées par l'Angleterre puis de Noirs libres, des soldats de l'armée britannique durant la guerre de Révolution américaine et celle de 1812-1815 qui a opposé le Canada sous contrôle britannique et les États-Unis. Avant d'examiner en profondeur ces mouvements massifs de Noirs au Canada, il est important de replacer les choses dans leur contexte en analysant le déroulement de la guerre d'Indépendance et ses impacts sur les colonies britanniques de l'Amérique du Nord.

I.1. La guerre d'Indépendance américaine et ses impacts en Amérique du Nord Britannique

La Révolution ou guerre d'Indépendance américaine est un conflit armé qui a duré huit longues années plus précisément entre 1775 et 1783. Elle constitue également une guerre civile entre sujets britanniques et Américains, ainsi qu'une rébellion contre les autorités coloniales et une insurrection contre le roi d'Angleterre (George III) et le régime monarchique. Ce fut enfin pour de nombreux Américains une guerre de « libération nationale », la première de l'histoire moderne. Si la Révolution américaine a eu des conséquences considérables à la fois pour l'Angleterre et pour les États-Unis, elle a également eu un retentissement réel au Canada. Ce pays a vu sa population européenne notamment d'origine britannique mais aussi sa population noire croître rapidement. Le nombre de Loyalistes (Blancs et Noirs réunis) qui ont regagné le Canada entre 1776 et 1791 est estimé entre 80000 et 100000 dont près de la moitié émigrent vers la province de Québec (Haut Canada et Bas Canada plus tard) et dans les Maritimes. L'arrivée des Loyalistes influence grandement la politique et la culture de ce qui allait devenir le Canada, qui connaîtra une évolution très différente de celle des États-Unis[51]. En effet, en 1766, soit dix ans avant le déclenchement de la Révolution américaine, seul 1% de la population de l'actuel Ontario et du Québec était anglaise. Après la Révolution, cette population est passée à 12% entraînant une reconfiguration totale de la donne politique et sociale au Canada. Ces nouveaux venus sont connus sous le nom de Loyalistes.

I.1.a. Qui sont les Loyalistes et quels sont les motifs de leur départ?

Les Loyalistes sont des habitants des treize colonies américaines qui se sont rangés du côté des Britanniques au cours de la Révolution américaine. Avant l'indépendance des États-Unis, la Grande-Bretagne possèdait seize colonies en Amérique du Nord. Celles-ci comprennaient les treize provinces « américaines » situées sur le long de la côte de l'Atlantique, du Massachusetts à la Géorgie, ainsi que les provinces de Québec[52], de la Nouvelle-Écosse et de Terre-Neuve, au nord. Certains Américains n'appréciaient pas la manière dont les Britanniques gouvernaient leurs colonies. D'autres, nés en Amérique ou ayant immigré en provenance de l'Europe, appuyaient la couronne britannique. Les trois colonies du Nord refusent de signer la Déclaration d'Indépendance américaine contrairement aux treize autres. Les Loyalistes peuvent être définis comme étant ceux qui ont choisi de rester fidèles à l'Angleterre (pour les Blancs) ou de saisir cette guerre pour s'affranchir de l'esclavage (les Noirs). Ces derniers ont pris part non seulement à la guerre contre les treize colonies mais aussi durant la guerre de 1812 en s'engageant du côté des Anglais sur la base d'un certain nombre de garanties notamment l'affranchissement et la vie au Canada comme des citoyens à part entière et non des hommes entièrement à part. Enfin, il y a tous ces esclaves noirs qui, pour échapper aux conditions inhumaines dans les colonies américaines et notamment celles du Sud, décident de s'en aller loin vers le nord et pour beaucoup de vivre au Canada. En effet, pour s'évader des esclavagistes dans les colonies du sud notamment, il y a des Noirs qui dès les

---

[51] http://www.encyclopediecanadienne.ca/fr/article/revolution-americaine-invasion-au-canada/

[52] Le Québec jusqu'en 1791 regroupait l'actuel Québec et l'Ontario.

premières années de leur arrivée cherchaient à fuir de la situation qu'ils vivaient en allant vers les États du Nord et surtout au Canada par des routes secrètes appelées *underground railroad*[53] ou chemin de fer secret ou encore clandestin. Contrairement à celle du Canada, la population noire des États-Unis était très nombreuse. Au moment de leur indépendance, les États-Unis comptaient environ 750000 Noirs, dont 90% dans les seuls États au sud du Delaware. Avec la demande croissante du coton, l'arrivée des esclaves africains s'intensifie. La prédominance du coton a singulièrement renforcé l'esclavage, et ce produit constitue près des deux-tiers des exportations des États-Unis. De 750000, le nombre d'esclaves africains passe à 2 millions en 1830, à plus de 4 millions en 1860, dont la moitié dans les seuls États cotonniers (C. Fohlen, 1965, p. 16).

Le départ des Loyalistes vers le Canada[54] s'explique par un certain nombre de facteurs. Il faut avant tout noter que plusieurs Américains refusent de prendre les armes contre l'Angleterre durant la guerre d'Indépendance. Il était pour eux impensable de se retourner contre un pays d'où leurs ancêtres étaient originaires ou bien tout simplement parce qu'ils profitaient de cette situation de la domination anglaise car étant au cœur de ce système d'exploitation économique. En fait, parmi les Loyalistes, il y avait beaucoup d'hommes d'affaires et de riches. Pour ces raisons entre autres, ils sont restés loyaux à l'Angleterre et prennent le nom de Loyalistes. Certains d'entre eux ont pris les armes et se sont battus pour l'Angleterre contre les Patriotes[55] et d'autres sont restés fidèles sans prendre les armes. Les premiers Loyalistes fuirent Boston en 1776; puis d'autres les ont suivis notamment en 1777 après la défaite de Burgoyne (D. Morton, 2009, p.68) et surtout à partir des années 1778-1779 avec la défaite anglaise à Saratoga et le ralliement de la France et l'Espagne à la cause des souverainistes américains. Ayant constaté que la guerre était en train de prendre une nouvelle tournure, les Loyalistes réalisèrent le danger qui les guettait s'ils restaient sur place. Ils savaient qu'ils allaient être persécutés par les Patriotes: menaces (violence et de

[53] Je reviendrai plus en détail sur le chemin de fer secret *Underground railroad* très connu au Canada quand je parlerai de l'immigration des Noirs des États-Unis vers le Canada.

[54] Il y a aussi des Loyalistes qui sont allés dans les Indes occidentales, mais ils ne font pas l'objet d'étude ici.

[55] Les Patriotes sont les habitants des treize colonies qui veulent chasser les Britanniques et construire un pays autonome. On les appelle aussi les rebelles.

mort), maisons et granges brûlées, battus, harcelés, humiliés, etc. Ensuite au fur et à mesure que la guerre se prolonge et le nombre de victimes s'accroît, les Loyalistes sont décrits par de nombreux habitants des treize colonies comme des traîtres, des gens dont il fallait se débarrasser au plus vite. Ils devinrent ainsi des cibles. C'est pour cela que l'Angleterre les encouragea de venir s'établir dans ses colonies limitrophes les plus proches (Maritimes et Québec) en leur offrant gratuitement des terres pour leur loyauté. Une fois sur place, on leur octroya d'autres avantages et garanties politiques ou économiques. Durant les cinq premières années de la guerre (1775-1780) plus de 50000 Loyalistes se dirigent vers les colonies britanniques (Canada) dont beaucoup avec leurs esclaves noirs. D'autres allaient faire le trajet les années suivantes sans compter ceux qui ont rejoint la Grande-Bretagne ou les Caraïbes[56].

I.1.b. Arrivée d'esclaves noirs au Canada avec des Loyalistes blancs

Quand des dizaines de milliers de Loyalistes immigrent en Amérique du Nord britannique, pendant et après la guerre de la Révolution, ils viennent avec des Noirs. Ce fort mouvement d'exode change la réalité démographique des colonies britanniques de l'Amérique du Nord où les nouveaux venus se sont installés, par une influence, à la fois sur la vie politique et culturelle. La migration des Loyalistes vers les terres britanniques en Amérique du Nord a en effet totalement bouleversé la carte sociale de l'époque avec notamment le renforcement et même la prédominance de la population d'origine britannique sur celle des Canadiens français. Parmi les autres impacts que l'arrivée des Loyalistes a entrainés, il y a la création du Nouveau-Brunswick[57], une colonie britannique dans laquelle de nombreux Loyalistes se sont fixés avec leurs esclaves noirs.

---

[56] Il existe une bibliographie très intéressante sur la question des Loyalistes dont le livre de Allen, Robert S. *Loyalist Literature : An annotated bibliographic guide to the writings on the Loyalists of the American Revolution*.Toronto: Dundurn Press, 1982 ou celui de Palmer Gregory S. *A Bibliography of Loyalist Source Material in the United States, Canada and Great Britain*. Westport, Conn., 1982.

[57] J'y reviendrai en détails dans les prochaines lignes.

- **Dans les Maritimes**

La population des Maritimes avait connu une forte baisse suite au Grand Dérangement[58]. Mais il faut rappeler qu'avant l'arrivée des Loyalistes avec leurs esclaves, on y comptait une petite population noire, environ 500 personnes. Bien que l'esclavage au Québec soit le plus connu de cette histoire méconnue sur l'asservissement des Noirs au Canada, il est important de mentionner que l'esclavage a existé ailleurs dans le pays à la même époque :

« Black slaves were used to build Halifax, which later became a leading centre for the public auction of Black slaves». (Joseph Mensah, 2002, p. 44-45).

(Traduction : Les esclaves noirs étaient employés pour construire Halifax, qui devint plus tard le centre principal de ventes aux enchéres des esclaves noirs.)

On retrouve ce point dans la presse de l'époque qui mentionne la vente d'esclaves noirs en Nouvelle-Écosse en 1752, donc bien avant l'arrivée des loyalistes:

« To be sold at public on Monday the Third of November at the house of Mr John Rider, two slaves, Viz., a boy and a girl, about 11 years old likewise a puncheon of choice cherry brandy and Sundry other articles. » (Halifax Gazette, May 20, 1752).

(Traduction : À vendre au public le lundi 3 novembre dans la maison de M. John Rider, deux esclaves, Viz., Un garçon et une fille, âgés de onze ans environ, ainsi qu'un pichet de choix de cherry brandy et divers autres articles.)

Toutefois, c'est la venue des Loyalistes qui a eu des conséquences démographiques majeures dans la province de la Nouvelle Écosse (anciennement Nouvelle Écosse/Acadie où près de 35000 Loyalistes s'établirent). On note par ailleurs une forte augmentation de la population anglophone qui double en l'espace d'une décennie. Forts de

[58] Le Grand Dérangement ou la Déportation des Acadiens est une expression utilisée pour désigner l'expropriation massive et la déportation des Acadiens, peuple francophone d'Amérique, lors de la prise de possession par les Britanniques des colonies françaises en Amérique du Nord, dans la seconde moitié du XVIIIe siècle. On estime à 12000 le nombre de déportés sur une population totale de 18000 Acadiens.

cet avantage démographique, les Loyalistes demandent la création de leur propre province. L'Angleterre accepte la proposition et fonde celle du Nouveau-Brunswick en 1784. Une manière pour la couronne britannique de remercier les fidèles. La nouvelle province doit son nom au roi George III, qui appartenait à la maison royale de Brunswick-Lunenbourg; duc de Brunswick. 12000 Loyalistes s'y installent et reçoivent des terres (200 à 1200 acres par famille) et des concessions plus tard à leurs enfants. Ils acquièrent aussi des instruments agricoles, des vêtements, de la nourriture pour deux ans (Dan Soucoup, 1997, p. 61). La capitale de cette province est Saint Jean puis Fredericton.

Le premier groupe important de Noirs dans les Maritimes est celui venu avec les maîtres blancs des Loyalistes qui possédaient de grandes plantations dans les colonies rebelles, avec des esclaves domestiques. En les amenant dans des colonies restées fidèles à la couronne, ils entendaient continuer à les utiliser pour le travail domestique et le jardinage. Mais, venant de toutes les treize colonies, de différentes professions et de tous les paliers de la société, les Loyalistes n'avaient en commun qu'un engagement conscient envers leur Couronne et un respect général de la propriété. Donc, ils utilisèrent les esclaves diversement. Beaucoup de Loyalistes avaient pris la servitude des Noirs pour acquis, et ceux qui possédaient plusieurs esclaves avaient trouvé un travail supplémentaire pour eux sur les nouveaux terrains - défricher les champs, couper du bois pour lutter contre les longs hivers et construire des navires. Selon R. W Winks, un des moments les plus importants de l'arrivée de Loyalistes avec des esclaves noirs fut le mois août 1782. Il fait mention de 4230 Loyalistes blancs et 716 noirs qui étaient réunis à Charleston, en Caroline du Sud, en attente de transport. Et tandis que la plupart exprimaient le désir d'être amenés à la Jamaïque ou à Saint Augustin, ils se retrouvent finalement dans les Maritimes au Canada. Puis en mars 1783, Carleton ordonne au commissaire à Halifax de délivrer des dispositions pour un effectif de 259 adultes blancs, 65 enfants et 24 en provenance de la Caroline du Sud vers les Maritimes du Canada (Robin. W. Winks, 1997, p. 32). En janvier 1784, un autre effectif de 4700 colons loyalistes débarque au Canada dont 1191 soldats blancs, 1485 soldats noirs libres et 1269 domestiques. Au total on a un chiffre qui se situe autour de 2700 Noirs et 5900 blancs venus s'installer dans les Maritimes plus précisément dans la ville de Port Roseway et des villes limitrophes. Ces trois moments cités ne sont que des exemples parmi tant d'autres et il nous sera difficile de retracer ici toutes les arrivées de

Loyalistes et des esclaves dans les Maritimes durant et après la Révolution américaine. Mais, il ne faut pas oublier de mentionner leur présence à l'île du Prince Édouard, un territoire britannique qu'on pensait trop isolée pour être concerné par l'installation de Noirs sur ses terres. Ainsi, on note la présence de Noirs esclaves dans cette île au même moment qu'ils arrivent en Nouvelle-Écosse :

« The Loyalists who settled in PEI (former Île Saint Jean) came with their slaves, as they did in Nova Scotia, New-Brunswick and Newfouland and Labrador (which was not a province of Canada). The main historical community of Blacks in PEI was located in the West End of Charlottetown, as known as « the Bog »; the history of this Black settlement parallels that of Africville, except the latter was larger and better known ». (Joseph Mensah, 2002, p. 49-50).

(Traduction : Les Loyalistes qui se sont installés à l'Île-du-Prince-Édouard (anciennement l'île Saint-Jean) sont venus avec leurs esclaves, comme ils l'ont fait en Nouvelle-Écosse, au Nouveau-Brunswick et à Terre-Neuve et Labrador (qui n'était pas une province du Canada). La principale communauté historique des Noirs à l'Île-du-Prince-Édouard était située dans l'extrême ouest de Charlottetown, connue sous le nom de « The Bog »; l'histoire de cette colonie noire est parallèle à celle d'Africville, sauf que, cette dernière était plus grande et mieux connue.)

Même à Terre-Neuve et Labrador, il est fait mention de la présence d'esclaves:

« In St John's, Newfouland, a public excecutioner was hired to whip a Black before assembled towns people ». (Robin W. Winks, 1997, p. 18).

(Traduction : À St John's, à Terre-Neuve, un bourreau du public a été embauché pour fouetter un Noir avant devant l'assemblée du peuple de la ville.)

Une autre conséquence majeure est la division du Québec en deux provinces distinctes le Haut-Canada (actuel Ontario) et le Bas-Canada[59] (actuel Québec).

---

[59] La province du Bas-Canada est une colonie de l'Amérique du Nord britannique qui exista de 1791 à 1841. Elle est créée par l'Acte constitutionnel en réponse à la guerre d'Indépendance des États-Unis. La province britannique de Québec est ainsi divisée en deux entités : le Bas et le Haut-Canada. Le Bas-Canada englobe le cœur de l'ancienne colonie de la Nouvelle-France, aujourd'hui le Québec. La colonie existe sur le plan légal et politique pendant cinquante ans avant d'être fusionnée avec le Haut-Canada pour former la

- **Dans la province du Québec**

Bien avant l'arrivée d'esclaves avec les loyalistes américains blancs au Québec, on a répertorié quelques Noirs qui ont fui la condition servile au États-Unis et se sont retrouvés au Québec. Par exemple, en 1732, Charles-Joseph, 24 ans, originaire de la la Côte de Guinée mais résident aux États-Unis, s'échappe de la Nouvelle-Angleterre. Il est accueilli pendant près d'un an par le gouverneur général Beauharnois qui le « donne en cadeau », par la suite aux sœurs de l'Hôpital Général de Québec. De plus, à l'hiver 1778, Joseph King, qui s'est évadé des États-Unis à trois reprises et qui a été capturé deux fois, demande au gouverneur général Haldimand de lui accorder sa liberté. En 1794, un Noir anonyme « appartenant » à un dénommé Platt résidant à Plattsburgh, au lac Champlain, aux États-Unis, est réclamé à Montréal, par son propriétaire. Mais la cour refuse de le remettre à ce dernier et le libère. (Daniel Gay, 1899, p. 85). Toutefois les données manquent pour quantifier le nombre de Noirs qui ont fui la condition servile aux États-Unis en venant chercher refuge au Québec. Il faudra attendre l'arrivée des loyalistes après la guerre d'Indépendance américaine pour voir des esclaves noirs venir avec leurs propriétaires pour s'établir au Québec. En effet, comme dans les Maritimes, les Loyalistes se sont installés massivement au Québec et ont permis à la population anglophone d'accroître son nombre. L'augmentation rapide des Loyalistes blancs leur a permis d'être en mesure de rivaliser et même de dominer les Canadiens français dans les événements qui allaient opposer ces deux communautés notamment lors des rébellions des années 1837-1840. Bien qu'il y eût des déplacements de Loyalistes dans le Québec d'aujourd'hui, le plus grand nombre alla s'établir sur des terres qui se trouvent maintenant en Ontario. Beaucoup de ces individus ont en effet rejoint le Canada par petits groupes vers le nord, jusqu'au lac Ontario et d'autres traversèrent le Niagara à la suite des rangers de Butler (D. Morton, 2009, p. 86). Près de 10000 Loyalistes sont venus s'établir au Québec. Ce qui se traduisit par une hausse significative de la population anglophone parmi une majorité francophone incontestable jusque-là. L'Angleterre vote ainsi l'*Acte Constitutionnel* en 1791. Cet acte divise la province de Québec

---

Province du Canada. Le Haut-Canada correspond à la province actuelle de l'Ontario.

en deux (le Haut-Canada et le Bas-Canada) (Jacques Lacoursière, tome 2, pp. 9-24 *L'Acte constitutionnel*). La majorité des nouveaux arrivants s'établirent dans le Haut-Canada qui s'identifie de plus en plus à une province anglophone et se démarque du Bas-Canada peuplé majoritairement de Francophones et une minorité d'Anglophones. Les rivalités entre les deux communautés s'exacerbent, la méfiance s'installe pendant plusieurs décennies avant de déboucher sur les rébellions de 1837-1838[60]. Enfin, l'arrivée de Loyalistes est naturellement à l'origine du premier afflux réellement majeur de populations noires vers des colonies britanniques de l'actuel Canada notamment dans les zones maritimes et l'ancien Québec. En effet, entre 1775 et 1783, au moins 7000 Loyalistes blancs ont quitté les États-Unis accompagnés leurs esclaves pour s'installer dans le Bas-Canada (actuelle province du Québec), surtout dans les Cantons-de-l'Est. (Daniel Gay, 1899, p. 89). Robert Sweeny donne quant à lui un chiffre plus important et parle d'environ 20000 Loyalistes blancs avec leurs esclaves noirs. (Cité dans le livre de Gary Cadwell et Éric Waddell, 1982, p. 75). Selon Marcel Trudel, des Loyalistes noirs insatisfaits de leurs conditions en Nouvelle-Écosse, ont pu gagner Montréal. Ils s'ajoutent ainsi aux autres Noirs recensés au Québec. Si on ne connait pas le nombre exact d'esclaves qui sont venus propriétaires blancs ou le nombre exact de Loyalistes noirs qui sont établis au Québec, on sait cependant que beaucoup ont bénéficié de l'appui d'officiers militaires pour qu'ils puissent arriver jusqu'au Québec. En effet, les régiments loyalistes licenciés fournirent la plupart de ces colons. Le colonel John Butler, propriétaire foncier de renom dans la vallée Mohawk de New York, organisa les Butler's Rangers, qui se battirent du côté loyaliste. Il amena ses soldats à la rive ouest de larivière Niagara, ou le régiment fut licencié en 1784. Quelques familles s'installèrent un peu plus vers l'ouest, jusqu'aux bords du lac Érié, de la rivière de Détroit et de la Tamise. Le colonel Butler conserva ses liens avec les populations autochtones comme Directeur des Affaires Autochtones et chef de leur milice. Les Autochtones, notamment les membres de la Confédération Haudenosaunee/Six Nations, ont apporté leur appui aux Anglais parce qu'ils croyaient que ces derniers étaient plus aptes que les Patriotes des treize colonies à défendre leurs intérêts. Après la guerre, près de 2000 d'entre eux suivirent Thayendanegea

[60] L'utilisation de Noirs dans ces événements sera traitée dans la deuxième partie du livre.

(Joseph Brant) en Amérique du Nord Britannique. La majorité s'établit dans la vallée de la Grande Rivière, tandis que quelques plus petits groupes se dirigèrent vers la tête du lac Ontario et aux bords de la Baie de Quinte. Certains régiments loyalistes licenciés s'installèrent le long du Saint-Laurent en amont de Montréal et le long de la rive nord du lac Ontario. On les répartit à leur demande, selon leur pays d'origine et leur religion. La majorité des colons étaient fermiers avant la Révolution et étaient habitués à la vie dure des lieux "sauvages". Malheureusement, ces colons avaient presque tout perdu au moment de l'exil. L'aide gouvernementale fut limitée, et une concession de terrain fut le bienfait le plus répandu pour tous. Le gouvernement concéda des terres aux chefs de famille par rang militaire, aux femmes et aux enfants nés et à naître. Les Loyalistes qui arrivent au Québec demeurent attachés à leur tradition de tenure foncière en franc-alleu roturier (*free and common soccage* ou *freehold tenure*), aux lois britanniques et à un gouvernement représentatif. Il leur était impossible de renoncer à ces droits. L'*Acte du Québec,* qui garantissait un régime seigneurial et refusait le droit à une assemblée élue, les contraignait au renoncement. Peu de temps après leur arrivée, les représentants des Loyalistes demandent au gouvernement de changer le régime detenure du Québec en une tenure en *free and common soccage*, semblable à celui de la Nouvelle-Écosse et du Nouveau-Brunswick. Après l'*Acte Constitutionnel* de 1791, on accorda aux deux colonies de la province du Québec un parlement élu, et un régime de tenure foncière en *free and common soccage* entra en vigueur dans le Haut-Canada. Il est évident que ces lois témoignent de l'influence des Loyalistes[61].

I.1.c. Des Noirs affranchis ou Loyalistes au Canada

Le second groupe de Noirs venus en même temps que les Loyalistes blancs est constitué de soldats noirs et des affranchis qu'on appelle aussi des Loyalistes noirs. Un Loyaliste noir est un habitant de l'Amérique du Nord d'ascendance africaine qui a rejoint les forces britanniques durant la guerre d'Indépendance des États-Unis. Il faut noter que même pendant la servitude, la population noire ne comporte pas que des

[61] Ann Mackenzie M.A., "Une courte histoire des Loyalistes de l'Empire uni. http://www.uelac.org/PDF/loyalistes.pdf

esclaves. Sans doute, un certain nombre de personnes sont qualifiées de « libres », « libres de naissance » ou de « condition libre »; d'autres sont présentées comme ayant été « émancipées ». Malheureusement, il n'est pas toujours possible de savoir si les individus de condition libre ont joui de ce statut à la naissance ou l'ont acquis plus tard. (Daniel Gay, 1899, p. 89).

Un des Noirs libres les plus connus et qui est passé par le métier de soldat pour devenir célèbre est le colonel Stephen Bluck. Il a dirigé les *Black Pioneers* pendant la guerre d'Indépendance. À la fin de celle-ci, quelque 3000 Noirs dont de nombreux Loyalistes furent évacués depuis New York en direction de la Nouvelle-Écosse et répertoriés dans le *Book of Negroes* pour faciliter leur suivi par les Britanniques. Stephen Bluck fait partie de ces individus arrivés dans les Maritimes en provenance des États-Unis. Il s'établit à Shelburn en 1783, devint un enseignant et un leader de sa communauté (Velma Carter and Lovero Carter, 1993, p. 23). Il existe diverses sources sur ces Loyalistes noirs, mais le livre de Robin W. Winks est très édifiant pour comprendre leur histoire. D'après cet auteur, durant toute la guerre de Révolution et plusieurs années après, la migration de Noirs esclaves et celle d'affranchis des États-Unis vers une partie de l'actuel Canada se poursuit. Mais les moments forts de ce mouvement se situent - comme avec les Loyalistes blancs - entre 1780 et 1783.

"In 1780, a number of slaves captured in Kentucky were brought into Quebec via Detroit and sold, although at least ten apparently belonged to a Loyalist; and near Detroit Indians continued to seize Negroes for themselves. In New York two Loyalist groups, the regiment of New York and Colonel John Butler's Queen's Ranger, together with Indian allies, took a number of slaves as spoils, to sell in Montreal and on the Niagara peninsula; in one raid on Ballston, New York, in 1781, seven or more Negroes were captured" (R. W. Winks, 1997, p. 29).

(Traduction : En 1780, un certain nombre d'esclaves capturés au Kentucky furent amenés au Québec via Détroit et vendus, bien qu'au moins dix d'entre eux appartenaient apparemment à un Loyaliste; et près de Détroit, les Indiens ont continué à s'emparer des Nègres. À New York, deux groupes de loyalistes, le régiment de Queen's Ranger du colonel John Butler, ainsi que des alliés indiens, ont pris un certain nombre d'esclaves pour les vendre à Montréal et dans la péninsule du Niagara; dans un raid sur Ballston, New York, en 1781, sept ou plus de Noirs ont été capturés.)

Pour mieux comprendre le contexte de leur arrivée au sein de certaines colonies britanniques de l'actuel Canada, il est important de rappeler que pour bon nombre de personnes parmi le demi-million d'Afro-Américains vivant dans les treize colonies vers la fin du XVIIIe siècle, la guerre de la Révolution américaine était perçue comme une guerre de libération pour les Noirs aussi, c'est-à-dire une occasion à saisir afin d'accéder à une émancipation et un affranchissement réels, chose inimaginable jusque-là. Les Britanniques, qui cherchèrent à miner l'effort de guerre des Patriotes américains, faisaient tout pour que les Noirs les rejoingnent. La population noire des treize colonies ne tarda à répondre à cet appel. Un grand nombre de Loyalistes noirs rejoint les forces armées britanniques. Ils sont intégrés dans le 84e régiment de l'armée britannique régulière et dans certaines unités comme le *King's Royal Regiment* de New York, le *Loyal American Regiment, les Jessop's Rangers* et les *Butler's Rangers*. À la fin de la guerre, ces soldats noirs n'eurent d'autre choix que de suivre la migration des Loyalistes blancs. On a recensé ainsi 3500 Loyalistes noirs libres parmi les au moins 35000 personnes qui ont quitté les États-Unis à la fin de la guerre. Des 5000 Afro-Américains, esclaves et libres, qui se joignent à la migration des Loyalistes vers le Nord, environ le tiers s'établit au Nouveau-Brunswick. On offre la liberté à des esclaves noirs américains s'ils continuent de défendre la cause de la Grande-Bretagne et bon nombre d'entre eux s'enrôlent dans les *Black Pioneers*, un des tout premiers régiments des Maritimes entièrement composés de Noirs comme le souligne Robin W. Winks:

"Judging slavery to be a major weakness of the rebellious southern colonies, the British offered emancipation to all slaves who, during the Revolution, volunteered to serve with their forces. Britain hope to thousands of laborers in this way, and also slowly to strangle the southern economy". (R. W. Winks, 1997, p. 29).

(Traduction : Jugeant que l'esclavage était une faiblesse majeure des colonies rebelles du sud du pays, les Britanniques offraient l'émancipation à tous les esclaves qui, au cours de la Révolution, s'étaient portés volontaires pour servir avec leurs forces. La Grande-Bretagne souhaite ainsi des milliers de travailleurs et étrangle lentement l'économie du sud.)

La Révolution divise également la confédération Haudenosaunee/des Six-Nations de l'ouest de New York. Un grand nombre d'Autochtones s'associent aux troupes britanniques lors de batailles rangées; ils participent aussi à une campagne de guérilla contre les Patriotes[62]. Mais comme il a déjà été dit sur les Noirs du temps de la Nouvelle-France, il était plus raisonnable pour les Britanniques de les mobiliser à la place des Autochtones car ces derniers pourraient à n'importe quel moment se retourner contre les Européens dont ils acceptaient très mal la présence et surtout la domination. En plus, ils pouvaient déserter l'armée et se réfugier dans la grande forêt du nord qu'ils connaissent mieux que quiconque. Pour cela, les Anglais avaient plus intérêt à intégrer dans l'armée et à donner des armes aux Noirs qu'aux Autochtones.

Parmi les Noirs établis dans les Maritimes et dans l'ancien Québec, figuraient des femmes et des enfants. Aminata est popularisé par Laurence Hill comme étant une des femmes les plus connues de cette migration. Mais c'est une histoire fictive même si Aminata Diallo est très connue dans la littérature des Noirs au Canada. Laurence Hill la fait figurer parmi les pionniers africains en Nouvelle-Écosse, installés notamment dans les communautés de Shelburne et Birchtown. Son parcours, son statut d'esclavage à femme libre et son engagement contre un monde hostile à la couleur de sa peau même s'ils ne sont pas une histoire réelle sont toutefois très représentatifs de l'expérience vécue par cette génération fondatrice de Canadiens noirs. À travers Aminata, Laurence Hill nous permet de bien saisir ce que vie de nombreux esclaves et ce qu'ils ont enduré. L'histoire de cette jeune femme est donc très douloureuse[63]. Arrachée de son village en Afrique de l'Ouest[64] à l'âge de onze ans et forcée de marcher pendant des mois pour atteindre la mer, Aminata Diallo est amenée comme esclave en Caroline du Sud. Des années plus tard, elle parvint à se frayer un chemin vers la liberté et se met au service des Britanniques lors de la Révolution américaine. Elle eut la chance d'inscrire son nom dans le fameux « Registre des Noirs », document authentique et très révélateur où figurent les noms des Loyalistes noirs ayant quitté les États-Unis sur des vaisseaux à destination de la Nouvelle-Écosse. Aminata, qui savait lire et écrire et connait bien la tenue des livres comptables, était chargée de consigner les noms de ces Afro-Américains en partance vers la Nouvelle-Écosse à la quête d'une terre et d'une nouvelle vie. Or, lorsque ces Loyalistes

---

[62] Bibliothèque et Archives du Canada: Les Loyalistes de 1775 à 1791.

[63] Pour plus d'information, voir le roman que Lawrence Hill a consacré à cette brave dame.

[64] On situe son village dans l'actuel Mali.

arrivent au Canada, ils n'y trouvent pas le paradis espéré. Pis, ils étaient victimes d'agressions et de violences[65].

En gros on estime à plus de 5000 Noirs établis dans les Maritimes à la suite de la guerre d'Indépendance américaine. L'autre partie dont le nombre avoisine celui des Maritimes s'est fixée dans la province du Québec et notamment dans la partie ouest qui correspond à l'actuel Ontario. La présence assez massive de Noirs dans cette province se voit à travers leur utilisation dans différents domaines de l'économie canadienne à l'époque, une preuve de leur contribution indéniable à la création du Canada naissant et moderne en participant à plusieurs domaines.

I. 1.d. La guerre de 1812 : une nouvelle de migration de Noirs vers Canada

"La liberté et une ferme agricole!" Voilà une promesse attrayante faite à des milliers d'esclaves africains des États-Unis par les Britanniques, qui les encourageaient à s'engager dans leurs régiments. En 1812 des milliers de Noirs rejoignent les Britanniques. Beaucoup parmi eux s'engagèrent comme combattants et firent la guerre du côté des Anglais et Canadiens. Se joignant aux dizaines de milliers de réfugiés américains qui avaient été en faveur des Britanniques durant la guerre d'Indépendance, ils mettent ainsi en avant l'espoir d'un avenir meilleur et le mot liberté devient leur slogan favori. Selon Colin A. Thompson, plus de 2000 Noirs ont débarqué au Canada (dans les Maritimes) durant les événements de 1812 ou quelques années après:

"Approximately 2,000 Blacks (refugees of the War of 1812) arrive in the Maritimes ». They continue to arrive until 1824 specially from Cincinnati, Ohio" (Colin A. Thompson, 1979, p. 98).

(Traduction: Environ 2 000 Noirs (réfugiés de la guerre de 1812) arrivent dans les Maritimes ». Ils continuent à arriver jusqu'en 1824 en particulier de Cincinnati, Ohio.)

Ces réfugiés quittent les États-Unis en direction de l'Amérique du Nord Britannique et prêtent serment d'allégeance au roi George III[66]. Ils

---

[65] Cet aspect sera abordé plus en détail dans la dernière partie du livre.

[66]Tiré de l'article de Laura Neilson Bonikowsky en date du 13 janvier 2017 dans *Historica Canada, Encyclopédie de l'Histoire et du Canada.*

prêtent allégeance à la Couronne pour diverses raisons - leur amour du Roi et du vieux pays, la peur du chaos qui pourrait résulter de la Révolution, la promesse de terres gratuites. John Parr, alors gouverneur de la Nouvelle-Écosse, disait que « la loyauté n'était pas lourde à porter » pour la plupart de ceux qui se rendaient à Shelburne. Comme lors des précédentes migrations loyalistes, aux Afro-Américains qui s'établirent en Nouvelle-Écosse dans les colonies de peuplement près de Shelburne, de Digby, de Chedabucto et de Halifax, il y a donc d'autres qui se fixent au Québec. Les vagues d'arrivée de ces Noirs durant la Révolution et pendant la guerre de 1812 a entrainé un certain nombre de conséquences. D'abord, les esclaves noirs ont pratiquement supplanté les Panis dans les colonies britanniques. Ensuite, beaucoup d'esclaves noirs provenaient d'une plantation plus grande où ils avaient obtenu une formation et des compétences spécifiques. Leur arrivée au Canada a par conséquent permis d'élargir la variété du travail effectué par les pionniers noirs. Désormais, les Noirs allaient non seulement servir comme domestiques ou dans le jardinage mais aussi devaient exercer dans d'autres domaines où il y avait un besoin de main-d'œuvre. Enfin, on voit apparaître de plus en plus de villages et parfois de villes habitées par des Noirs. Mais la conséquence la plus importante demeure le fait qu'ils avaient compris que leur salut passait par l'engagement militaire. C'est pourquoi après une solide expérience acquise durant la guerre de Révolution américaine, on les trouve de manière continue dans les armées du Canada depuis 1812 jusqu'à la fin de la Seconde Guerre mondiale. La véritable motivation de leur engagement militaire est leur volonté de prouver qu'ils veulent tourner la page de l'esclavage, s'affranchir et donner leur force et leur sang à l'édification d'un pays auquel ils tiennent beaucoup plus que celui d'où ils viennent[67]. Ils avaient compris que le retour en Afrique était impossible et que la vie aux États-Unis était pour eux synonyme d'enfer, donc pourquoi ne pas chercher d'autres stratégies pour se faire mieux accepter et vivre dignement comme les autres.

---

http://www.encyclopediecanadienne.ca/fr/article/le-coloured-corps-les-afro-canadiens-et-la-guerre-de-1812/

[67] Ceci sera examiné plus en détail dans le chapitre II du livre quand je traiterai des Noirs dans les armées.

II. Réfugiés et "fugitifs" noirs au Canada via le Chemin de fer clandestin jusqu'en 1865

Les Africains ont toujours opposé une résistance à l'esclavage, que ce fût en Afrique au moment de leur capture, dans les navires au cours de leur voyage vers le Nouveau-Monde et surtout pendant leur nouvelle vie en tant qu'esclaves en Amérique et dans les Caraïbes. Toutefois, puisque l'esclavage était devenu une affaire de la couleur de peau (noire), où pouvaient donc aller ces Africains déportés si loin de chez eux et dispersés dans une Amérique si vaste et qui leur était inconnue et qui était séparée de l'Afrique par un vaste océan qu'on ne pouvait traverser qu'en bateau. Comment pouvaient-ils éviter d'être repris s'ils prenaient le risque de s'évader?

Par conséquent, pour s'enfuir, les esclaves avaient besoin de l'aide et de la complicité d'autres personnes et même de tout un système. C'est dans cette logique qu'il faut comprendre la mise en place d'un dispositif, connu sous l'appellation de : Chemin de fer secret ou clandestin (*Underground railroad* en anglais). Ce dernier n'était pas un vrai chemin de fer, mais un code secret qu'utilisaient les esclaves pour fuir. Parmi les individus qui soutenaient les esclaves noirs à prendre la fuite et regagner le Canada, figuraient des membres des Quakers ou des religieux méthodistes. Bien que le Chemin de fer clandestin ait existé bien avant le XIXe siècle, il ne fut véritablement utilisé et popularisé qu'après 1833 quand l'esclavage est devenu illégal en Amérique du Nord Britannique. En réalité le Chemin de fer clandestin a commencé à la fin du XVIIIe siècle. La date de 1865 est quant à elle tout aussi symbolique parce qu'elle marque la fin de la guerre de Sécession, consacre la défaite des esclavagistes du Sud et fait entrer les États-Unis dans une nouvelle ère, celle du post-esclavagisme même si la question des Noirs était très loin d'être résolue.

De ce fait, les réfugiés et "fugitifs" obtiennent plus d'appuis de la part des abolitionnistes américains et canadiens. Un d'eux, William Lloyd Garrison, des États-Unis, a collaboré avec Abraham Doras Shadd pour la venue de ce dernier au Canada. Si l'histoire d'Abraham est très bien connue, c'est parce qu'il fut le premier Afro-Canadien à être élu dans sa conscription de Raleigh Town en Ontario en 1859.

L'objectif de ce réseau secret était d'aider les esclaves "fugitifs" à se rendre au Canada où la servitude était devenue illégale. Dans ce pays, les Noirs n'étaient certes pas égaux des Blancs et vivaient même des injustices, un rejet et du racisme, mais au moins, ils étaient libres et le Canada refusait de retourner les esclaves "fugitifs" aux États-Unis. Donc le fait de venir au Canada était synonyme de retrouver une certaine liberté. Des esclaves noirs utilisèrent davantage le Chemin de fer clandestin pour donc se rendre au Canada[68].

Benjamin Drew mentionne dans l'introduction de son livre, des paroles lourdes de sens qu'il a reprises de George Elliott Clarke qui a préfacé son ouvrage:

"Proudly, we Canadians blame the practice of African slavery in North America on two-faced Americans: those who preached hatred for monarchy and whose love of freedom, but only for citizens touting white skin, male genitals, and a Bible. We believe our schooling that our ancestors, because they did not rebel against the British Crown, evolved a superior social order and liberty to that of the violence-prone, if revolutionary, United States. These half-truths still compel our allegiance, these inspiring a hint of Anti-Americanism in our public dialogues and justifying, painlessly, our ignorance about slavery in colonial Canada and about the persistence of racism in our "post-modern multicultural nation". (Benjamin Drew, 2008, p. 11).

(Traduction : Nous Canadiens accusons fièrement la pratique de l'esclavage des Africains en Amérique du Nord par des Américains à deux facettes: ceux qui prêchaient la haine pour la monarchie, dont l'amour pour la liberté, mais seulement pour les hommes de peau blanche, de sexe masculin et la bible. Nous croyons dans notre éducation que nos ancêtres, parce qu'ils ne se sont pas rebellés contre la couronne britannique, ont développé un ordre social et une liberté supérieure aux États-Unis, sujets à la violence, bien que ces derniers soient des révolutionnaires. Ces verités à moitié persistent à freiner notre allégeance. Ceci inspire un indice d'anti-americanisme dans nos dialogues publics et justifient sans peine notre ignorance à propos de l'esclavage du Canada colonial et à propos de l'insistance du racisme dans notre « nation multiculturelle post-moderne ».)

En prononçant ces mots, Elliott Clarke ne critique pas seulement le fait que de nombreux Canadiens ignoraient que l'esclavage existait dans leur pays, mais il veut par la même occasion mentionner ces milliers

---

[68]"Histoire des Noirs au Canada" extrait de *Historica Canada* dans sa version électronique
http://www.histoiredesnoirsaucanada.com/topic.php?id=170&themeid=10

d'esclaves qui ont fui les États-Unis pour s'y réfugier et, qui une fois sur place, ont vécu le racisme, la discrimination et un rejet total. Avec la naissance et le développement de ce Chemin de fer clandestin, aux Noirs venus au Canada du temps de l'esclavage sous la Nouvelle-France et sous le régime britannique ainsi que de ceux arrivés suite à la Révolution américaine, s'ajoutent donc massivement des fuyards venus entre 1833 et 1865. Connus sous le nom d'esclaves "fugitifs", ils ont véritablement marqué l'histoire du Canada au XIXe siècle. C'est le cas d'Abraham Doras Shadd:

"Abraham Doras Shadd (1801-1882), came to Raleigh County, Ontario (Canada West) after the passage of the 1850 American Fugitive Slave Bill. In 1853 Abraham's family and his brother, Absalom, moved from Wilmington, Delaware to Westchester, Pennsylvania. After his arrival in Canada, Abraham and family worked to rid their adopted county of racism". (Colin A. Thompson, 1979, p. 44).

(Traduction : Abraham Doras Shadd (1801-1882), s'établit dans le comté de Raleigh, en Ontario (Ouest du Canada), après l'adoption du projet de loi américain sur le "fugitif" de 1850. En 1853, la famille d'Abraham et son frère, Absalom, déménagent de Wilmington, dans le Delaware, à Westchester, en Pennsylvanie. Après son arrivée au Canada, Abraham et sa famille ont œuvré pour débarrasser leur comté du racisme.)

Devant l'impossibilité de citer tous les cas de "fugitifs", il est bien de noter que leurs histoires sont rendues célèbres dans la littérature aux États-Unis par le roman *Underground Railroad* de Colson Whitehead, écrivain américain né le 6 novembre 1969 à New York. Issu de la communauté noire des États-Unis, Whitehead a fait ses études à la Trinity School de New York, puis a obtenu un diplôme à Harvard en 1991. Il fut journaliste et ses travaux parurent dans de nombreuses publications, dont le *New York Times*. Du côté canadien, c'est le célèbre roman de Barbara Smucker qui porte le même nom (*Underground Railroad*) publié en 1977, aujourd'hui un classique dans la littérature en Ontario et ailleurs au Canada, notamment pour les élèves du secondaire, qui a rendu le Chemin de fer clandestin très célèbre auprès de l'opinion publique.

II.1. Le Chemin de fer clandestin: signification et importance dans l'histoire des Noirs au Canada

Comme expliqué précédement, le Chemin de fer clandestin était un réseau de routes secrètes utilisées par les esclaves noirs américains pour se réfugier au-delà de la ligne Mason-Dixon[69] et jusqu'au Canada avec l'aide des abolitionnistes qui adhéraient à leur cause[70]. Il existait par ailleurs d'autres chemins de fer clandestins comme ceux qui permettaient de se rendre au Mexique[71] et à l'étranger. Par exemple, il y eut dès la fin du XVIIe siècle jusqu'à la Révolution américaine et même quelque temps après, un chemin de fer clandestin s'étendant vers le sud en direction de la Floride, qui était alors un territoire espagnol. Le réseau connu aujourd'hui sous le nom de Chemin de fer clandestin ou secret est formé au début du XIXe siècle et c'est entre 1850 et 1860 qu'il fut le plus performant. En effet, au milieu du XIXe siècle, le transport par train prenait une expansion considérable à travers toute l'Amérique. Pas étonnant que le réseau de routes vers la liberté ait pris ce nom. Il ne

---

[69] Depuis la fin de la guerre d'Indépendance des États-Unis, la ligne Mason-Dixon était la ligne de démarcation entre les États abolitionnistes du Nord et les États esclavagistes du Sud, jusqu'au Compromis du Missouri voté en 1820 qui déplace la limite à la latitude 36°30' Nord (frontière sud du Missouri) pour les territoires de l'ancienne Louisiane française, achetée en 1803. Les esclaves noirs qui utilisaient le Chemin de fer clandestin devaient traverser la ligne Mason-Dixon pour tenter de gagner la liberté.

[70] Le terme abolitionniste s'applique à cette époque à tous ceux qui aidaient les "fugitifs" : aux abolitionnistes, aux Noirs, aux Blancs, aux personnes libres ou aux esclaves.

[71] Maria Hammack, de l'Université d'Austin au Texas rédige sa thèse sur ce sujet. Elle souligne que le chemin de fer clandestin passait au sud et au nord. Pour les esclaves au Texas, le refuge au Canada devait sembler incroyablement loin. Heureusement, l'esclavage était également illégal au Mexique. Les chercheurs estiment que 5000 à 10000 personnes se sont échappées de l'esclavage au Mexique, a déclaré Maria Hammack. Mais elle pense que le nombre réel pourrait être encore plus élevé. Toutefois, ce n'est pas seulement les esclaves au Texas qui ont trouvé la liberté au Mexique. Certains venaient de la Caroline du Nord, du Mississippi, de la Louisiane, de l'Alabama», explique Hammack.
Source : https://www.history.com/news/underground-railroad-mexico-escaped-slaves?fbclid=IwAR0f0DjBaQmloNAAx-tGOcBPaNw8vyITPSd7hB03ACRTCvvro8mYwTLT9Aw

s'agissait pas d'un véritable chemin de fer, mais de plusieurs parcours traversant les États-Unis du sud vers le nord. Le train de fuyards était placé sous les ordres d'un « conducteur » qui veillait à diriger son chargement d'une maison amie à une autre, d'une gare à l'autre. Les communautés de Quakers furent de précieux collaborateurs du Chemin de fer clandestin[72]. Ce dernier n'était donc pas un véritable train; on l'appelait ainsi parce qu'il s'agissait du moyen de transport le plus rapide à l'époque, c'était un système secret. Des mots codés servaient à faire perdre la piste à ceux qui auraient voulu mettre la main sur des esclaves évadés : une « gare » était une maison où les esclaves étaient en sécurité; un « maître de poste » était le propriétaire ou le gérant d'une « gare »; le « cargo » représentait l'esclave africain ; la « voie ferrée » était la route prise; et le « chef de train » la personne qui menait le groupe à un endroit sûr. Des images tirées des *negro-spirituals,* ou chants religieux des esclaves, servaient de source d'inspiration ou parfois utilisées pour transmettre des messages. D'autres indicateurs étaient affichés très discrètement afin de servir de guide aux évadés en quête de liberté et les mener vers des routes sécuritaires. Des abolitionnistes blancs, noirs et autochtones fournissaient des directives, de la nourriture, des vêtements, de l'argent et des moyens de transport. Une fois rendues au Canada, les personnes nouvellement libres se joignaient à des établissements en Ontario, au Québec ou dans les Maritimes; elles en créèrent aussi des nouveaux.

L'afflux d'esclaves noirs a été tellement important qu'il finit par inquiéter les autorités esclavagistes du Sud des États-Unis. Ces derniers, en 1850 à travers le *Fugitive Slave Act* demandent aux autorités nordistes de renvoyer les esclaves "fugitifs" à leurs propriétaires. Une façon de freiner leur volonté d'aller vivre au Canada. Les travaux d'Harriet Tubman sont d'un apport considérable pour mieux comprendre ce Chemin de fer clandestin qui devint l'ennemi juré des esclavagistes américains (J. Cooper, 2005, p. 7). Harriet Tubman rendue célèbre durant cette période en s'échappant de sa condition d'esclave et en allant s'installer au Canada. Depuis la Constitution des États-Unis de 1793, une première loi contre les fuyards en fuite fut promulguée. Cette loi interdisait aussi aux esclaves le fait de revendiquer un droit puisqu'ils étaient considérés comme un bien. Conformément à elle, un fuyard était comme un hors-la-loi et pouvait être capturé partout aux États-Unis.

---

[72] http://bibliomontreal.com/1000-vies/?p=2744&pageint=theme

Appliquée avec laxisme dans les États du nord en faveur de l'abolition de l'esclavage, cette loi permettait aux évadés de vivre dangereusement[73], mais librement. Au même moment, les Britanniques offrent une protection légale aux esclaves à travers *l'Imperial Act*. Cette loi scrupuleusement suivie dans le Haut-Canada pousse de nombreux esclaves à vouloir regagner cette province. (Colin A. Thompson, 1979, p. 19).

C'est dans ce contexte pour freiner les candidats au départ vers « la Terre Promise » que le Congrès américain à tendance sudiste fit émettre le *Fugitive Slave Act* en 1850[74]. À partir de ce moment, tous les shérifs ont l'obligation d'arrêter les fuyards partout sur le territoire et les remettre à leur propriétaire. La loi imposait également des peines sévères pouvant aller de six mois de prison et jusqu'à 1000 dollars d'amendes pour les contrevenants reconnus coupables d'avoir porté secours à un "fugitif". Malgré cet arsenal juridique, des bonnes volontés ont maintenu leur aide pour encourager les esclaves à fuir le sud. C'est le cas Harriet Tubman qui a œuvré avec les Quakers pendant les années 1850 pour permettre au plus grand nombre d'esclaves de recouvrer leur liberté. Harriet en personne s'est rendue dix-neuf fois aux États-Unis pour aider des esclaves à regagner le Canada où elle s'était établie, elle-même en tant que fugitive. Elle a réussi à faire venir 300 esclaves noirs. Sa tête a été mise à prix par des propriétaires d'esclaves sudistes pour une somme de 40000 dollars à quiconque l'attrape. Mais elle n'a jamais été capturée. Elle vécut jusqu'en 1913, année à laquelle elle est décédée à l'âge de 93 ans. (Velma Carter and Lovero Carter, 1993, p. 24). Josiah Henson était aussi connu pour avoir aidé des esclaves à venir au Canada. Il avait rejoint ce pays en s'échappant de l'esclavage et en allant s'installer au Canada. Les histoires sur les "fugitifs" du Chemin de fer clandestin sont consignées dans une chronique intitulée *The Underground Railroad Records*. À partir de la mise en vigueur de la loi de 1850, le "Chemin de fer" clandestin renforce son rôle dans la lutte contre l'esclavagisme et la frontière canadienne devint celle de la liberté. Sur les rives des lacs Érié et Ontario, des villes comme Buxton, Sandwich et St. Catharines, où habitait Harriet Tubman, se façonnèrent grâce aux communautés noires venues s'y établir. D'autres Noirs s'établissent à Amsherstburg, Chatham, Windsor,

73 Dans le nord l'esclavage fut remplacé par le racisme et la ségrégation.

74 Sur cette législation voir Nevins, Allan (1947). Ordeal of the Union: Fruits of Manifest Destiny, 1847–1852.

London, Walwich et Oro. Les Noirs originaires de la Virginie et de Kentucky introduisirent la culture de tabac dans le sud de l'Ontario (Velma Carter and Lovero Carter, 1993, p. 25).
Durant la première moitié du XIXe siècle, il y avait déjà un nombre assez important de Noirs vivant au Canada dont une bonne partie est venue des États-Unis par ce célèbre Chemin de fer clandestin. Ce nombre s'est considérablement renforcé entre 1833 et 1865. Plusieurs personnalités noires du Canada venues par le chemin de fer secret sont connues. On peut en citer quelques-unes.

II.2. Quelques cas de réfugiés et "fugitifs" célèbres

Combien de refugiés et "fugitifs" ont utilisé le Chemin de fer clandestin jusqu'au Canada? Il est difficile de répondre à cette question. D'abord par sa nature, c'était un réseau secret, tout se faisait en cachette. On ne mentionnait pas toujours tous les départs. Ensuite, parce que les chiffres varient selon que les historiens soient américains ou canadiens. D'après James A. Banks[75], au cours du XIXe siècle, environ 100000 esclaves se seraient échappés grâce à ce système. Enfin, parce que le Canada n'était pas la seule destination. Pendant que certains esclaves fuyaient le Sud des États-Unis pour aller vers ce pays, d'autres trouvaient refuge vers la Californie ou les États du nord où l'esclavage fut interdit plusieurs années avant qu'il ne soit définitivement supprimé au Sud après une sanglante guerre civile qui dura quatre années. Si de nombreux fuyards ont choisi de rester dans les parties nord et ouest des États-Unis, beaucoup ont préféré rejoindre l'Amérique du Nord britannique puisque sa longue frontière offrait de nombreux points d'accès. Plus de 30000 personnes sont supposées s'y être refugiées grâce au réseau pendant la période de pointe qui dura vingt années, bien que les chiffres du recensement américain ne fassent état que de 6000. Ce chiffre du recensement américain est très loin de celui fournit au Canada si on se réfère aux écrits de R W. Winks:
"Canadian legend today claims that at least sixty thousand *fugitive* slaves were resident in Canada West in 1860". (Robin W. Winks, 1997, p. 233).

[75]Fondateur du *Multicultural Education*, Professeur à Chicago aux États-Unis.

(Traduction : La légende canadienne affirme aujourd'hui qu'au moins soixante mille esclaves "fugitifs" résidaient dans l'ouest du Canada en 1860.)

À défaut de donner des chiffres définitifs pour savoir combien de Noirs ont utilisé le Chemin de fer clandestin pour les ajouter à ceux qui les ont précédés dans le pays afin d'avoir une idée globale, on peut tout de même citer quelques exemples de personnalités noires connues au Canada qui affirment être passées par ce réseau pour regagner l'Amérique du Nord Britannique. En voici quelques-unes dont les biographies ont été retracées par Benjamin Drew[76]. Le premier cas concerne James Adams un "fugitif" établi à St. Catharines en Ontario. Cette ville avait une population d'environ 6000 personnes dont 800 étaient des descendants d'Africains-Américains arrivés par le Chemin de fer clandestin. James est né et a grandi en Virginie. À l'âge de 17 ans, il décide de s'en aller pour vivre en liberté. Il part en compagnie de son cousin Benjamin Harris avec une femme et quatre enfants. Cet exemple n'est qu'un parmi tant d'autres. En effet B. Drew ajoute 22 autres noms uniquement pour la ville de St. Catherines: William Johnson, Harriet Tubman, mais aussi d'autres dans cette même ville comme le Révérend Alexander Hemsley, John Seward et son épouse, un certain Mr Bohm, James M. Williams, John Atkinson, Madame Ellis, Dan Josiah Lockhart, Mme Nancy Howard, George Johnson, Isaac Williams Christopher Nichols, Henri Banks, John W. Lindsey, Henri Atkinson, Wiliam Grose, David West et Henry Jackson. Ensuite, il mentionne dix autres dans la ville de Toronto dont le point commun est d'être tous des personnalités connues et descendants de "fugitifs": Charles Henry Green James W. Sumler, Patrick Sned, Charles Peyton Lucas, Benedict Duncan, William Howard, Robert Belt, Elijah Jenjins, John A. Hunter et Sam Davis. Pour la ville de Hamilton, il énumère quatre descendants de fuyards américains et tous très connus. Il s'agit du Reverand R.S.W Sorrick, Edward Patterson, Williamson Pease et Henry Williamson. Il en fait de même pour les villes de Galt, London, Queen's Bush, Chatam, Buxton, Dresden (Dawn), Windsor, Sandwich, Amhersturg, Colchester, Gosfield. Toutes ces villes sont situées dans le sud de la province de l'Ontario. Au total dans son livre B. Drew énumère 117 descendants Africains-Canadiens descendants d'esclaves "fugitifs" arrivés au Canada dans la première moitié du XIXe siècle et tous établis dans la même région, le sud de

[76]The Refugee. Narratives of Fugitive slaves in Canada, ré-édition 2008.

l'Ontario, frontalière des États-Unis. Si on sait que la délimitation le Canada et les États-Unis est longue de plus 5000 kms et que des esclaves fuyards ont regagné aussi d'autres provinces canadiennes limitrophes des États-Unis comme les Prairies, la côte ouest ou les Maritimes, on devine aisément l'ampleur de ce mouvement d'esclaves fuyards.

En dehors de cette liste donnée par B. Drew, on a aussi d'autres sources faisant état d'esclaves "fugitifs" qui ont rejoint le Canada. Dans le célèbre roman de Barbara Smucker déjà mentionné, l'auteure décrit l'histoire dramatique d'une jeune fille qui voulait se libérer. Celle-ci décide de rejoindre le Canada, pays qu'on lui a présenté comme une terre de liberté et d'émancipation pour les Noirs des États-Unis[77]. Voici comment se résume son histoire:

"Arrachée de sa mère par de cruels esclavagistes, Julilly rêvait de la liberté toute sa vie durant. Tous les jours, elle passait son temps à faire des travaux pénibles dans les plantations du Sud. Elle pense à un pays où il est possible d'être libre, une terre où elle et son amie Liza pourraient se rejoindre un jour. Donc, quand les travailleurs du *Underground Railroad* les offrent une aide, les deux filles sont prêtes à partir. Mais les chasseurs d'esclaves "fugitifs" voulaient se mettre à leur poursuite avec leurs chiens dressés pour cet effet". (Barbara Smucker, *Underground Railroad*,1977, p. 1).

Enfin, un cas intéressant à mentionner est celui de Josiah Henson:

Josiah Henson : Une forte personnalité afro-canadienne dans le Sud de l'Ontario

[77] Cette description est en réalité inexacte parce que non seulement il y avait l'esclavage au Canada en même temps qu'aux États-Unis même si c'est en nombre beaucoup plus infime mais aussi il faut le rappeler les Noirs qui vivaient au Canada jusque-là devaient affronter le racisme, les discriminations et toutes sortes d'humiliations. La littérature qui présente le Canada comme un pays de liberté pour les esclaves noirs doit être prise avec des pincettes et beaucoup de recul et elle doit surtout être corrigée parce qu'elle ne reflète pas toujours la vérité.

Figure 2: Josiah Henson

Josiah Henson, chef spirituel, auteur, fondateur de la colonie de Dawn pour la communauté noire est né le 15 juin 1789 dans le Charles County, au Maryland. Il est décédé le 5 mai 1883 à Dresden, en Ontario. Né esclave, Josiah Henson fuit les États-Unis pour se refugier au Canada en 1830. Il crée la colonie de Dawn près de Dresden, dans le Haut-Canada, pour accueillir les Afro-Américains voulant échapper à l'esclavage. Organisateur avec un groupe d'associés une école ouvrière, la *British-American Institute,* Josiah Henson est actif au sein du comité exécutif jusqu'à la fermeture de l'école en 1868. Il joue le rôle de chef spirituel et patriarche et effectue de nombreux voyages de collectes de fonds aux États-Unis et en Angleterre. Il publie son autobiographie en 1849. Il aurait inspiré le personnage principal du roman de Harriet Beecher Stowe *La Case de l'oncle Tom* (1852).

Évasion au Canada

Josiah Henson essaie d'acheter sa liberté pour la première fois en 1825. Son propriétaire, Isaac Riley, a besoin d'argent. Il l'avait alors envoyé escorter un groupe de 18 esclaves au Kentucky. Pendant le voyage, le groupe pouvait sans grande difficulté s'enfuir pour l'Ohio et se libérer, mais Josiah Henson croyait à l'offre d'affranchissement de son maître (devenir son propre propriétaire). Par conséquent, il ne permit pas l'évasion et plus tard, il fut déçu lorsqu'il réalisa que son maître n'a aucune intention de lui rendre sa liberté. En 1829, sa femme, ses quatre enfants et lui sont emmenés à la Nouvelle-Orléans en Louisiane pour être vendus. Sa femme et lui s'enfuient au Haut-Canada et atteignent la péninsule du Niagara le 28 octobre 1830.

L'établissement Dawn

Josiah Henson et sa famille s'établissent près de Dresden, dans le Haut-Canada. Grâce à ses qualités de meneur, il réussit à obtenir le soutien des abolitionnistes qui l'aident à créer l'établissement Dawn, un lieu où les réfugiés de l'esclavage acquièrent les connaissances et compétences nécessaires à leur autonomie et à leur autodétermination. Il est convaincu que les Noirs doivent acquérir des compétences au sein de leur propre communauté. En 1841, avec ses partisans, ils achètent 200 acres de terre. Et en 1842, ils créent le *British-American Institute*. L'école, élément central de la colonie, est créée pour des étudiants de tous les âges et est conçue pour former de façon durable des enseignants tout en offrant une éducation générale et une instruction sur la main-d'œuvre aux membres de la collectivité. La communauté de Dawn se développe autour de l'Institut avec de nombreux résidents qui travaillent dans l'agriculture, fréquentent l'école, travaillent dans des scieries, des moulins à farine et dans d'autres industries locales. Après l'Acte d'émancipation de 1863, des membres de la communauté retournent ou déménagent aux États-Unis, mais beaucoup restent à Dawn.

Josiah Henson comme personnage fictif

Son autobiographie, *The Life of Josiah Henson, Formerly a Slave, Now an Inhabitant of Canada* (1849) est publiée pour amasser des fonds afin de soutenir la colonie Dawn. Certains la considèrent comme étant la source d'inspiration du personnage principal du roman de Harriet Beecher Stowe, *La Case de l'oncle Tom*. D'autres ont exprimé leur préoccupation quant à la représentation de Josiah Henson dans le personnage de l'oncle Tom dans ce roman. Bien qu'il soit écrit et publié comme un texte anti-esclavagiste, le roman dépeint les Noirs de manière stéréotypée[78].

Il est encore possible d'allonger la liste de "fugitifs" noirs qui ont rejoint le Canada et qui ont été popularisés par la littérature ou par les actions

---

[78]http://encyclopediecanadienne.ca/fr/article/josiah-henson/

qu'ils ont menées pour s'opposer à l'esclavage ou par leur engagement en faveur de la reconnaissance des droits des Noirs au Canada. Mais l'objectif ici n'était pas de faire une étude exhaustive et détaillée de tous les esclaves "fugitifs" qui ont rejoint le Canada par le Chemin de fer secret, mais simplement de montrer que celui-ci a permis l'arrivée d'une vague importante de Noirs au Canada en provenance des États-Unis et que parmi ces "fugitifs" ou leurs descendants on compte de célèbres Afro-Canadiens. Le nombre exact de refugiés et "fugitifs" noirs qui ont rejoint le Canada en provenance des États-Unis est difficile à quantifier certes, mais on ne doit pas le négliger (R W. Winks, 1997, pp. 233-241)[79]. En 1850, il y avait 10000 Noirs dans le Haut-Canada. (Velma Carter and Lovero Carter, 1993, p. 24). Mais après la guerre civile américaine et la fin de l'esclavage, cette province a perdu 60% de sa population noire qui a préféré retourner vivre aux États-Unis. Ce qui prouve que les Noirs bien que libres au Canada ne vivaient pas le Paradis dont on a voulu populariser dans la littérature du pays.

Figure 3: Esclaves noirs fuyant les États-Unis pour aller se réfugier au Canada.

Source: https://canadaalive.wordpress.com/2013/01/01/end-of-the-line-canada-and-the-underground-railroad/

[79] Pour plus d'informations sur les esclaves "fugitifs" établis au Canada, on peut lire le livres de Benjamin Drew, *The Refugee Narratives of Slaves in Canada*.

Figure 4: Harriet Tubman escortant des esclaves noirs pour se rendre au Canada.

Source: http://history.howstuffworks.com/historical-events/underground-railroad.htm

Figure 5: Fugitive Slave Act.

Source : http://slideplayer.com/slide/3509031/

Figure 6: Affiche présentant le Canada comme la terre Promise pour tous ceux qui désirent fuir l'esclavage des États-Unis

Source:
http://www.archives.gov.on.ca/en/explore/online/alvin_mccurdy/settlement.aspx

III. Migration de Noirs en Colombie-Britannique

La migration de Noirs vers la côte-ouest canadienne provient essentiellement de la Californie. Elle débute vers la fin des années 1850 sans être massive et régulière comparée à ce qu'on a observé au Québec ou dans les Maritimes. À la veille de la guerre civile américaine, un certain nombre d'Africains-Américains choisirent d'aller vivre sur l'île de Vancouver et plus précisément à Victoria[80] où ils fondèrent une colonie qui survit jusqu'à nos jours. Ces migrants n'étaient ni des esclaves ni des Loyalistes. C'était des hommes et des femmes libres qui avaient rejoint des Noirs libres ou les parents avaient migré vers la côte pacifique américaine en provenance des États du Sud pour fuir l'esclavage. Même s'ils faisaient face à un certain racisme et des discriminations réelles, leur arrivée au Canada n'est pas la même que les précédents. Ces nouveaux arrivants n'ont pas fui l'esclavage pour chercher refuge directement au Canada et ils ne sont pas passés par l'engagement militaire. Crawford Kilian leur ayant consacré un livre, parle d'un premier voyage d'environ 600 individus en provenance de San Francisco en Californie vers Victoria en Colombie-Britannique. L'auteur explique ce départ à cause de la ruée vers l'or en 1858 au Fraser Canyon mais surtout par un désir de vivre

[80] Actuelle capitale de la province de la Colombie-Britannique.

une vie libre et digne[81]. Le chiffre de 600 personnes est également fourni par Colin A. Thompson quand il mentionne des Afro-américains qui se sont établis sur la côte-ouest à la fin des années 1850:
"In 1859, the first of an estimated 600 Blacks arrived on Vancouver Island. One of the group's leaders, Mifflin W. Gibbs, becomes a very successful businessman in Victoria where he is elected to city council. Other Blacks participate in the Cariboo Gold Rush. Numerous Blacks settle on Salt Spring Island". (C A. Thompson, 1979, p. 100).
(Traduction : En 1859, la première cargaison avec à son bord quelques 600 Noirs arriva sur l'île de Vancouver. L'un des dirigeants du groupe, Mifflin W. Gibbs, devient un homme d'affaires très prospère à Victoria, où il est élu au conseil municipal. D'autres Noirs participent à la ruée vers l'or de Cariboo. De nombreux Noirs s'installent sur l'île Salt Spring.)

Parmi cette première colonie de Noirs, on compte des hommes d'affaires, des personnes talentueuses avec des compétences reconnues. Contrairement aussi aux autres provinces du Canada, dans l'île de Vancouver, les Noirs ont fait l'objet d'un accueil chaleureux de la part des autorités durant plusieurs années[82]. Mais avant d'examiner leur vie dans la côte-ouest canadienne, il serait important de revenir sur les véritables raisons qui ont poussées ces Afro-américains - qui avaient pour certains une situation économique plus intéressante que plusieurs Noirs ailleurs en Amérique du Nord - à quitter la Californie pour la Colombie-Britannique.

III.1. De la Californie à l'île de Vancouver: les véritables raisons du départ

En dehors des raisons citées ci-dessus, le motif réel du départ est lié à la dégradation des rapports entre les Afro-Américains et la communauté blanche de la Californie. Dès que leur nombre commença à grossir sur la côte du Pacifique, l'intolérance, les abus et les humiliations

---

[81]Voir sur ce sujet le livre de Crawford Kilian, Go Do Something Great, The Black Pioneers in British Columbia.

[82]*The Victoria Colonist*, June 15, 1861, says that two Negroes were members of "a corps of "Invincibles" who defended the colony prior to 1858. See B.A. McKelvie and Willard E. Ireland, "The Victoria Voltigeurs," *British Columbia Historical Quarterly* (hereafter, BCHQ), 20 (1956, 221-39.

envers eux se multiplièrent. Face à la réussite de certains d'entre eux notamment dans les affaires, ils allaient bientôt être confrontés à la jalousie d'Américains blancs qui voyaient cela de mauvais œil et trouvaient inacceptable que des Noirs deviennent riches et prospères. Les Afro-Américains de la Californie commencèrent ainsi à faire l'objet de nombreuses controverses et à être victimes de multiples abus et de discriminations et surtout de racisme. En 1850 par exemple, la législature de l'État de la Californie amorce des mesures visant à restreindre leur nombre et des mesures qui les discriminent et les infériorisent devant la communauté blanche. C'est ainsi qu'on disqualifia le fait pour un Noir de témoigner contre les hommes blancs puis, en 1852, à leur grande surprise, une loi légitimant leur infériorisation est mise en place. Elle permettait aux propriétaires d'esclaves nouvellement arrivés de conserver leurs biens malgré l'interdiction de la pratique esclavagiste dans cet État de l'ouest américain. Ce qui représentait donc pour la communauté noire une violation flagrante de la loi de 1849 selon laquelle la constitution de la Californie avait interdit définitivement l'asservissement humain. Mais, le malheur ne venant jamais seul, les événements humiliants envers les Noirs s'accélèrent. Les Afro-Américains établis dans la ville de San Francisco, en particulier, ceux qui possédaient des biens imposables estimés à cinq millions de dollars en valeur, sont victimes d'attaques répétées. Au lieu de punir ces dérives, les autorités californiennes manifestèrent publiquement leur volonté de ne plus accepter des Noirs libres dans leur État. En janvier 1858, dans son discours inaugural, le nouveau Gouverneur dénonça les activités abolitionnistes. Au cours du même mois, un esclave noir, Archy Lee, détenu par son propriétaire malgré la loi de la Californie, fut arrêté comme un "fugitif". La cour suprême californienne statua que le propriétaire de l'esclave pouvait le garder. Le mois suivant, le *Conseil de l'Éducation* de San Francisco ordonna que les Afro-Américains fréquentassent des écoles spéciales différentes de celles où allaient les enfants blancs[83]. Face à cette dégradation de leur situation en Californie, bon nombre d'Afro-Américains victimes de multiples abus et humiliations de la part des populations et plus grave encore des autorités, décident de migrer encore plus loin vers le nord en allant s'établir dans la colonie de l'île de Vancouver, territoire sous domination

[83] For the background in California, see F.W Howay, "The Negroes Immigration into Vancouver Island in 1858", RSC, *Transactions* (1935), sec. 2. pp. 145-56.

britannique et où l'esclavage était aboli en 1833 comme ailleurs en Amérique du Nord Britannique. Ce désir de partir est aussi accéléré par les échos favorables que certains y recevaient. Pour toutes ces raisons, les Noirs se réunissent et discutent pour organiser leur départ:
"The Negroes of San Francisco gathered in Zion Church on April 14 to consider emigration. They discussed Sonora and Vancouver Island; and on the third evening of the rally, Jeremiah Nagle, captain of a steamer that plied the run of Victoria, offered to answer questions about the British colony. Sixty-Five Negroes, including Archy Lee, released that the day under an order issued by the United States Commissioner, decided to make up an initial party of settlers. On April 20, thirty-five of them sailed in Nagle's ship, the Commodore, together with three delegates, one Mercier, Fortune Richard, and Wellington Debey Moses, who were to talk with the Governor of the Vancouver Island". (James William Pilton, 1949, pp. 11-12).

(Traduction : Les Nègres de San Francisco se sont réunis à l'église de Sion le 14 avril pour envisager l'émigration. Ils ont discuté de Sonora et de l'île de Vancouver; et le troisième soir du rassemblement, Jeremiah Nagle, capitaine d'un vapeur qui assurait la course de Victoria, proposa de répondre à des questions sur la colonie britannique. Soixante-cinq Nègres, dont Archy Lee, ont annoncé que le jour même, sur ordre du commissaire américain, avait été décidé de constituer un premier parti de colons. Le 20 avril, trente-cinq d'entre eux ont navigué dans le bateau de Nagle, le Commodore, avec trois délégués, l'un Mercier, Fortune Richard et Wellington Debey Moses, qui devaient s'entretenir avec le gouverneur de l'île de Vancouver.)
C'est donc dans un contexte assez tendu en Californie que les premiers Noirs quittent cet État du pacifique américain - qui était jusque-là une belle exception aux États-Unis et se dirigent vers un état pacifique canadien en choisissant la ville de Victoria dans l'île de Vancouver en Colombie-Britannique.

III.2. Arrivée d'Afro-Américains à Victoria: le début d'une nouvelle aventure

Les choses sont allées assez vite pour les Noirs qui ont choisi de quitter la Californie face à la dégradation de leurs conditions de vie. Moins de trois mois après les revirements de l'État californien sur les questions de l'esclavage et de l'éducation, les premiers Afro-Américains quittent cet État vers la fin du mois d'avril 1858. Leur voyage est décrit par O'Brien dans un de ses articles consacrés à la communauté noire de l'île de Vancouver:

"After an unpleasant voyage, the *Commodore* reached Victoria in April 25; and on a day, that was warm and clear, and made "most beautiful" by blooming peach trees, four hundred and fifty whites bound for the gold strike on the Fraser River went ashore. The Negroes preferred land to gold, however. Their first act was to rent a room for an evening of prayer" (Robert W. O'Brien, 1942), 15-116).
(Traduction: Après un voyage désagréable, le commodore est arrivé à Victoria le 25 avril; et un jour chaud et dégagé, rendu "des plus beaux" par la floraison des pêchers, quatre cent cinquante Blancs se dirigeant vers le gisement d'or sur le fleuve Fraser se sont échoués. Les nègres ont préféré la terre à l'or, cependant. Leur premier acte fut de louer une chambre pour une soirée de prière.)

Ces pionniers noirs furent très bien reçus par les autorités de la Colombie-Britannique comme le souligne R W. Winks dans son étude très fouillée sur les Noirs au Canada. L'auteur y explique la différence de traitement des Noirs entre la Colombie-Britannique et les autres provinces du Canada dans la seconde moitié du XIXe siècle:
"The delegates called Governor, James Douglas, the next day, and he received them warmly. The Anglican minister and chaplain to the Hudson's Bay Company, Edward Cridge, invited them to his services, and the local authorities confirmed that Negroes would be accepted as settlers without legal discrimination. They could purchase land for a pound an acre - a relatively high price - one quarter to be paid in cash and the remainder in four years, the land to be untaxed until paid for. After nine months as landholders they could vote and serve as jurors, and they might become British subjects after seven years of residence". (Robin W. Wink, 1997, p. 274).

(Traduction : Le lendemain, les délégués ont appelé le gouverneur, James Douglas, qui les a reçus chaleureusement. Le ministre anglican et aumônier de la Compagnie de la Baie d'Hudson, Edward Cridge, les a invités à faire appel à ses services. Les autorités locales ont confirmé que les Noirs seraient acceptés comme colons sans discrimination légale. Ils pourraient acheter des terrains pour une livre à l'acre - un prix relativement élevé - un quart à payer en espèces et le reste dans quatre ans, les terrains restant non taxés jusqu'à ce qu'ils soient payés. Après neuf mois en tant que propriétaires fonciers, ils pourraient voter et faire fonction de juristes. Ils pourraient devenir sujets britanniques après sept ans de résidence.)

Ayant donc accepté les Noirs dès le début de leur installation, les autorités de l'Île de Vancouver ont suivi et ont donné le ton et dans l'ensemble de cette île. Cette attitude positive se justifie par un certain nombre de facteurs. D'abord, il y avait un besoin énorme de personnes pour peupler cette colonie et faire face aux menaces récurrentes des Autochtones qui tentaient de résister à la colonisation de leurs territoires par les colons britanniques. Ainsi, en accueillant des Afro-Américains sur l'île de Vancouver, le Gouverneur de cette colonie pensait de ce fait avoir trouvé de fidèles alliés. C'est dans cette perspective qu'il les intègre sans hésiter dans la police pour combattre la résistance autochtone. L'autre raison qui justifie cet accueil chaleureux est lié à sa volonté de recevoir des travailleurs prêts à exercer dans différents domaines pour viabiliser sa colonie. D'ailleurs, au même moment qu'arrivent les premiers migrants noirs, la Colombie-Britannique ouvrait aussi ses portes aux immigrants chinois. Comme pour les premiers, les seconds venaient d'arriver pour la première fois dans cette province en provenance soit de la Californie ou directement de la Chine. Enfin, le dernier élément, et non le moindre pour expliquer cet accueil des Noirs dans la colonie de l'île de Vancouver et par la suite en Colombie-Britannique, c'est le rôle joué par le Gouverneur James Douglas[84] un métis (créole) de mère noire des Barbades et de père blanc, originaire d'Écosse. Douglas était donc un gouverneur très ouvert et sensible au sort des Noirs dans sa colonie et ailleurs en Amérique du Nord. Il n'hésita par conséquent pas à défendre leur cause et même à s'afficher pro-noir, en exhortant les habitants de sa colonie à reconnaître la « sobriété, l'honnêteté, l'industrie, l'intelligence et l'entreprise » que les nouveaux venus apporteraient avec eux. Il les utilisa comme éléments de police ou du moins de maintient de l'ordre et pour sécuriser sa colonie. En dehors de la police, beaucoup de ces nouveaux arrivants allaient

[84] James Douglas, né le 15 août 1803 à New Amsterdam et mort le 2 août 1877 à Victoria, est un administrateur colonial britannique et employé de la Compagnie du Nord-Ouest et de la Compagnie de la Baie d'Hudson. Fils d'un père écossais et une mère créole, ses parents n'étaient pas mariés, et son père avait une plantation de sucre en Guyane. Il épousa une femme écossaise quand Douglas avait six ans. Il fut gouverneur de l'île de Vancouver entre 1851 et 1863 et gouverneur de la Colombie-Britannique de 1858 à 1864.

intégrer les rangs de l'armée en Colombie-Britannique en exerçant dans le célèbre corps des *African Riffles*[85]. Après avoir été chaleureusement reçus non seulement par les autorités mais aussi par les populations, les Noirs de Victoria envoyèrent un émissaire en Californie pour leur expliquer la nouvelle vie qu'ils mènent et les différences de traitements par rapport à la Californie. Ils demandèrent d'autres Afro-américains à faire le voyage:

"The delegates wrote to San Francisco that Victoria was "one of the garden spots of this world." Mercier returned to Zion Church, where three hundred and fifty people, white and Negro, met to hear him tell of the warmth shown by Douglas and Cridge, and of how Vancouver Island was a "place which has unfolded to us in our darkest hour, the prospect of a bright future." The following week the Negroes formed a migration company; resolved not to create institutions for their own segregation, whether churches, schools, or clubs; and prepared for a general exodus. Fifteen more blacks reached Victoria on May 16, and thereafter, in numbers that were not counted but which may have reached four hundred families, California's Negroes joined the larger throng of emigrants pouring north". (Robin W. Winks, 1997, p. 273).

(Traduction : Les délégués ont écrit à San Francisco que Victoria était "l'un des jardins de ce monde". Mercier est retourné à l'église de Zion, où trois cent cinquante personnes, Blancs et Nègres, se sont réunies pour l'entendre parler de l'accueil chaleureux de Douglas et de Cridge, et de la façon dont l'île de Vancouver était un "lieu qui nous a été dévoilé à notre heure la plus sombre, la perspective d'un avenir prometteur ". La semaine suivante, les Nègres formèrent une société de migration; résolu de ne pas créer d'institutions pour leur propre ségrégation, qu'il s'agisse d'églises, d'écoles ou de clubs; et préparé à un exode général. Quinze autres Noirs sont arrivés à Victoria le 16 mai et, par la suite, en nombres non comptabilisés mais pouvant atteindre 400 familles, les Noirs de Californie se sont joints à la plus grande foule d'émigrants qui affluaient vers le nord.)

Leur nombre augmente assez vite et quelques-uns de ces nouveaux venus décident de s'installer en dehors de l'île de Vancouver pour sans doute éviter de former une grande communauté à Victoria, ce qui pourrait créer des antagonismes avec la communauté blanche. Cette

[85] J'expliquerai en détail ce corps dans le chapitre suivant quand je traiterai des Noirs dans les armées canadiennes.

migration des pionniers noirs ailleurs en Colombie-Britannique est encore mentionnée par C A. Thompson:

"500 Canadian Blacks have travelled to the Deep South to help to free their brothers and sisters". (Colin A. Thompson, 1979, p. 100).
(Traduction : 500 Noirs canadiens ont voyagé dans les profondeurs du sud pour aider à libérer leurs frères et sœurs.)
Les autorités y étaient favorables et elles apportèrent leur aide à tous les nouveaux arrivants désireux de s'établir en dehors de l'île de Vancouver pour aller dans la zone continentale ou les régions plus éloignées. C'est dans cette logique qu'en 1859, le Gouvernement de la Colombie-Britannique octroie des terres aux arrivants notamment sur la péninsule de Saanich et à Fielding Spotts. Les Afro-Américains continuent de venir en petits nombres certes mais de manière régulière pendant plusieurs années.

À cette communauté, s'ajoutent d'autres Noirs cette fois venus des prairies canadiennes entre 1909 et 1914. En effet, quelques anciens esclaves noirs ou des affranchis fuyant les conditions aux États-Unis, s'étaient installés en Alberta et au Saskatchewan et d'autres en provenance des Maritimes canadiennes à la recherche d'une vie meilleure. Un journal *The Crisis, 4, 255)* de la Colombie-Britannique fait état de l'arrivée de certains de ces Noirs dans la colonie dans les années 1910. Ce mouvement s'inscrit dans la vague d'immigration de masse vers l'ouest qu'a connu le Canada à la fin du XIXe et au début du XXe siècle comme le note C A. Thompson quand il traite des premiers Noirs en Alberta.

"Between 1901 and 1912 more than two million immigrants had come to Canada. Of these, 608,965 came to Alberta and Saskatchewan. Fewer than one in six hundred, then were black" (Colin A. Thompson, 1979, p. 84).

(Traduction: Entre 1901 et 1912, plus de deux millions d'immigrants sont venus au Canada. De ce nombre, 608 965 sont venus en Alberta et en Saskatchewan. Moins d'un sur six étaient des Noirs.)
Enfin, Don Hill s'est penchée sur la migration jamaïcaine au Canada au début du XXe siècle, à travers son livre consacré à Harry Gairey, un Jamaïcain né en 1898 et qui a immigré au Canada en 1914. H. Gairey était devenu une sorte d'icône et un vétéran de la politique au sein de la communauté noire de Toronto. L'auteur parle de cette immigration de

Noirs des Prairies vers la Colombie-Britannique[86].

III.3. La Colombie-Britannique cesse d'être une exception pour les Noirs

L'état de grâce en faveur de la communauté noire en Colombie-Britannique ne dure pas très longtemps. Les Afro-Canadiens de la province du Pacifique canadien allaient faire l'objet de rejet et voir leurs relations avec les populations se dégrader considérablement. Ils doivent d'abord faire face aux Autochtones qui les attaquaient sans cesse. Ces derniers étaient de loin plus nombreux que les Noirs et ils se sentaient supérieurs[87] à eux. Ils les accusaient d'avoir combattu aux côtés des Britanniques durant leurs guerres contre les colonisateurs européens de l'ouest canadien. C'est pourquoi des Autochtones se retournèrent contre la jeune communauté noire de Colombie-Britannique. Plusieurs attaques furent recensées à cet effet. En 1860 déjà, des Autochtones molestèrent des Noirs. Mais à l'époque le gouvernement de la colonie avait fermement réagi et avait protégé les nouveaux venus. C'était du temps de James Douglas, leur ami, leur protecteur. Quelques années plus tard, les hostilités autochtones envers les Noirs reprirent. En 1868, un Autochtone assassine deux Noirs. Quelques temps après, un autre du nom de Louis fut tué près de Nanaimo toujours par des Autochtones. (Robin W. Winks, 1997, p. 278). Les exemples sont nombreux et ne peuvent pas être tous cités ici. Mais, il est important d'expliquer que la réticence des Autochtones n'aurait pas existé ou ne serait pas répandue facilement si les autorités britanniques n'avaient pas utilisé les Noirs comme éléments de police ou soldats contre eux. D'ailleurs, il y a souvent eu de très bons rapports entre les deux communautés, toutes deux, victimes de la domination du colonisateur européen. Dans certains endroits du Canada, les deux communautés étaient même très solidaires et vivaient en parfaite harmonie:

---

[86] Dona Hill a publié en 1981 une brochure sur la vie de Harry Gairey intitulé : *Harry Gairey, A Black Mans Toronto*.

[87] Même si certains Autocthones ont vécu l'esclavage comme les Noirs, la « hiérarchie des races » les plaçait au dessus des Africains. Beaucoup d'Autochtones y croyaient et agissaient brutalement contre des Noirs surtout en Colombie-Britannique.

"Many Whites believed that Black men learned Indian languages and dialects very quickly and were particularly attractive to Indian women". (Colin A. Thompson, 1979, p. 64).
(Traduction : Beaucoup de Blancs croyaient que les hommes noirs apprenaient très vite les langues et les dialectes indiens et étaient particulièrement attrayants pour les femmes indiennes.)

Ensuite les Noirs de la Colombie-Britannique durent affronter le racisme de plus en plus croissant des Blancs. Au fur et à mesure que les Noirs continuent de s'installer sur la côte-ouest, on remarque une réticence envers eux qui se traduit le plus souvent par des actes racistes et discriminatoires. Le syndrome anti-noir qui s'était emparé d'une bonne partie des populations européennes du XIXe siècle, - c'est-à-dire le fait de croire à la hiérarchie des "races" suite aux écrits d'écrivains haineux et racistes encouragés par les lobbies capitalistes et impérialistes – a donc fini par gagner la côte pacifique canadienne. Parmi ces écrivains on peut citer Gobineau, Hamon, Vacher de Lapouge et tant d'autres qui se sont servis de l'œuvre Darwin[88] et ont théorisé le racisme scientifique et qu'ils ont diffusé dans les livres, dans les mentalités et dans l'enseignement. Ce racisme scientifique, après avoir conquis l'Europe, se diffuse dans les colonies peuplées de migrants européens. Beaucoup de ces colons venus d'Europe ainsi que leurs familles et descendants étaient convaincus de l'existence des "races" et de leur hiérarchisation. C'est pour cela qu'ils ne pouvaient pas supporter de vivre avec des Noirs dans le respect mutuel comme le fait remarquer C A. Thompson:

"Whites and their institutions had created racism, maintained it and largely condoned it. The result of the psychology of White racial supremacy had been a corresponding psychology of black inferiority". (Colin A. Thompson, 1979, p. 90).

(Traduction : Les Blancs et leurs institutions ont créé le racisme, l'ont maintenu et l'ont largement toléré. La psychologie de la suprématie raciale blanche avait eu pour résultat une psychologie correspondante de l'infériorité noire.)
Au Canada, comme ailleurs en Amérique du Nord dominé par l'immigrant européen, le fait d'être noir posait véritablement un problème. C'est en cela que le sentiment anti-noir n'a pu finalement épargner la Colombie-Britannique, une colonie pourtant réputée pour

---

[88] Le darwinisme social est apparu au XIXe siècle et a inspiré plusieurs auteurs racistes tels que Gobineau, Vacher Lapouge, Ammon, etc.

son sens de l'accueil et d'acception des migrants Afro-Américains. Un autre élément permettant de comprendre le rejet des Noirs en Colombie-Britannique, est liée au départ du Gouverneur James Douglas. Ce dernier comme mentionné précédemment, était décrit comme celui qui a véritablement incité et motivé les Noirs à s'établir dans l'île de Vancouver en leur donnant des droits, des garanties et une protection. Son départ laissa par conséquent la communauté noire orpheline et vulnérable. Enfin un dernier facteur est celui à mettre en corrélation avec les impacts de la guerre de Sécession (guerre civile américaine) entre 1861 et 1865. Ces événements et l'avenir incertain des Noirs aux États-Unis poussent beaucoup d'entre eux à aller chercher refuge ailleurs et donc sur la côte-ouest. Comme pour dire " Non, on ne veut plus de Noirs, on en voulait juste un petit nombre et non une migration massive!", les habitants de la Colombie-Britannique manifestent une opposition de plus en plus visible envers les Afro-américains qui n'étaient plus les bienvenus. La guerre civile américaine pousse aussi des milliers d'Américains blancs, des colons de la Californie et même des sudistes à fuir vers les colonies britanniques de l'Amérique du Nord. Certains se dirigent vers la Colombie-Britannique. Ces nouveaux venus furent naturellement bien accueillis et ils augmentent facilement la démographie des Blancs dans cette province. Par ailleurs, ils apportent avec eux leurs images très peu reluisantes et méprisantes du Noir:

"Americans brought their own prejudices with them and these included anti-Black prejudice. Blacks were not considered a natural part of the Canadian scheme of things. No were they simply Americans. They were Black". (Colin. A. Thompson, 1979, p.91).

(Traduction : Les Américains apportaient avec eux leurs propres préjugés, notamment les préjugés anti-noirs. Les Noirs n'étaient pas considérés comme faisant naturellement partie du schéma canadien, ni encore moins comme des Américains. Ils étaient tout simplement des Noirs.)

Et comme les Afro-Américains avaient commencé à acquérir des biens en Colombie-Britannique après l'arrivée des premiers colons, ils allaient faire l'objet de jalousie, et de rejet. Le scénario californien se répéte. Des remarques discriminatoires commencent à apparaître dans la presse de Victoria. En 1863, les suggestions se transformèrent en actions. Les Noirs commencent à être exclus des théâtres, des restaurants, et d'autres lieux publics. C'est pourquoi certains d'entre eux décident de retourner vivre aux États-Unis à la fin de la guerre civile américaine qui a mis fin à l'esclavage. Malgré ces retours, on note qu'il y avait d'autres qui cherchaient toujours à venir s'établir en Colombie-Britannique. C'est ce qu'a découvert Christine Meutzner[89] selon qui, il existait une communauté de colons noirs dans la ville de Wellington[90] en Colombie-Britannique. Elle affirme avoir trouvé au cours de ses recherches au moins 70 colons noirs qui vivaient tous dans cette vieille ville minière dans les années 1890. Cette vague de migrants, souligne-t-elle, était différente de celle établie dans la ville de Victoria pour deux raisons. Tout d'abord, les migrants des deux villes sont venus à des périodes différentes ensuite ils ne viennent pas des mêmes endroits des États-Unis. Ceux établis à Victoria provenaient généralement de la Californie. Ces Noirs dont une partie était basée à Wellington étaient originaires de la Virginie, du Tennessee ou d'autres États américains. Ils étaient venus pour travailler dans les mines, donc à la recherche de trésor comme la plupart des immigrants qui choisirent d'aller vers l'Ouest de l'époque. Un descendant de cette communauté de Noirs de Wellington très connue au Canada, Jimmy Claxton, est le premier homme Afro-Canadien joueur professionnel de baseball[91]. Ces départs et ces arrivées rendent un peu plus difficile la quantification des Noirs qui ont vécu en Colombie-Britannique comme ailleurs au Canada.

III.4. Combien sont-ils finalement?

Même si le recensement des Noirs en Colombie-Britannique n'est pas un exercice évident, certaines sources permettent d'en avoir une idée. Les chiffres varient entre 400 et 1000 au début du XXe siècle. Quand on sait qu'une bonne partie de ces migrants était repartie aux États-Unis après 1865, on peut doubler ou tripler cette estimation sans risque de se tromper. Macfie avance un chiffre maximum de 900 personnes au moment où il y a le moins de Noirs dans la colonie de la Colombie-Britannique:

---

[89] Archiviste à Nanaimo en Colombie-Britannique.
[90] Wellington est aujourd'hui un quartier de Nanaimo en Colombie-Britannique et fut longtemps une ville minière qui a attiré plusieurs travailleurs.
[91] http://www.cbc.ca/news/canada/british-columbia/hidden-history-of-african-american-settlers-in-wellington-b-c-uncovered-1.3114170

"Until the twentieth century the Negro population of BC remained stable, while declining rapidly relative to the total population. Estimates on the number of Negroes who arrived at Victoria in 1858 vary from four hundred to nearly nine hundred, with perhaps the most reliable contemporary observer setting the figure at six hundred"[92].
(Traduction: Jusqu'au XXe siècle, la population noire de la Colombie-Britannique est restée stable, tout en diminuant rapidement par rapport à la population totale. Les estimations sur le nombre de Noirs arrivés à Victoria en 1858 varient de quatre cents à près de neuf cents, l'observateur contemporain le plus fiable fixant probablement le chiffre à six cents.)

En 1872, le recensement provincial rapporte 462 Noirs, mais un certain nombre de ceux de l'île de Vancouver semblaient avoir été oubliés du comptage. Un autre dénombrement effectué plusieurs décennies après, c'est-à-dire en 1931, porte le nombre de Noirs à 533. Enfin à la fin des années 1950, un dernier recensement fait état de 1021 Noirs dans la province. La moitié de ceux-ci vivait à Vancouver et la population noire de Victoria avait été réduite à une poignée[93]. Même si les Noirs étaient largement minoritaires par rapport aux Européens et Autochtones en Colombie-Britannique, cela ne change en rien au fait qu'ils ont marqué de leurs empreintes indélébiles la vie dans cette province comme ailleurs au Canada. Ils ont apporté leur aide, leur concours pour rendre la colonie plus dynamique, plus forte économiquement. Ils l'ont surtout sécurisée et protégée contre les menaces autochtones et les menaces extérieures notamment par leur engagement dans la police et dans l'armée dont il sera question dans la deuxième partie du livre.

---

[92]Macfie put the Negro population at 400 (p. 388); writing in 1912, Fawcett set the figure at 800 (*Old Victoria*, p. 215), while O'Brien (p.15) suggests 865. In 1923 one of the noncommissioned officers of the Negro rifle unit, Caporal S. J. Booth, told the City Archivist of Vancouver, J. S. Mattews, that the proper figure was 600 (*Victoria Daily Colonist*, Sept. 9).
[93]Lovell's Gazeteer of British North America (Montreal, 1873), p. 47; R Edward Gosnell, Year Book of British Columbia, 1903 (Victoria, 1904), p. 302; Ninth Census of Canada, 1951, Population (Ottawa, 1953), 1,32 -, p. 2; 1961 Census of Canada, Bulletin 1.2 -5, Population: Ethnic Groups (Ottawa, 1962), 38/17, 18.

Figure 7: Un pionnier noir en Colombie-Britannique.

Fielding Spotts, a Black pioneer; father of Fielding William Spotts. Source: British Columbia Archives

Figure 8: Sylvia Estes Stark et son mari.

Tous deux faisaient partie des pionniers noirs dans l'île de Vancouver. Source: Royal British Columbia Museum

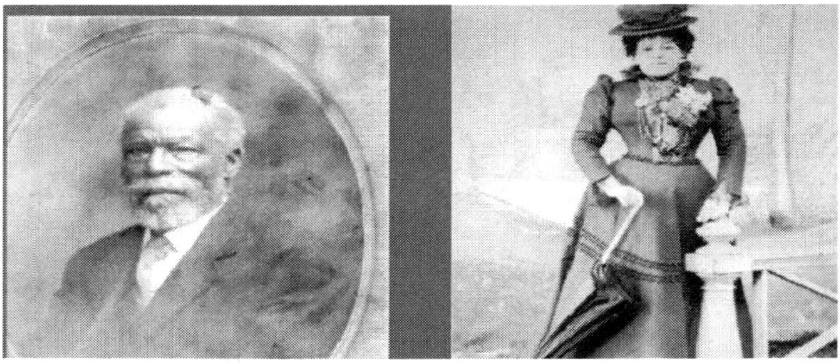

Figure 9: colon afro-américain à Wellington en Colombie-Britannique et sa fille née dans les années 1880. Donc une Africaine-canadienne.

Source: Christine Meutzner, Archiviste à Nanaimo en Colombie-Britannique, Archives CB.

IV. Les Noirs dans les Prairies canadiennes

Les Prairies canadiennes recouvrent une grande partie des provinces de l'Alberta, de la Saskatchewan et du Manitoba. Parfois appelées collectivement l'ALSAMA[94], les Provinces des Prairies, ou simplement les Prairies couvrent une superficie de près de 2 millions de kilomètres carrés. C'est une vaste région mais très peu peuplée. Dans la seconde moitié du XIXe et au début du XXe siècle, le gouvernement fédéral canadien encouragea fortement une immigration massive vers cette vaste région. Si beaucoup de ces migrants viennent d'Europe ou de l'Est Canadien, d'autres sont originaires des États-Unis dont de nombreux Noirs fuyant le racisme, le rejet et les conditions de vie extrêmement difficiles auxquelles ils faisaient face. Même si leur installation dans les Prairies est assez récente comparée aux autres provinces canadiennes, elle est loin d'être négligeable et elle mérite qu'on en parle pour mieux maîtriser l'implantation des Noirs dans ce très vaste pays.

[94] AL pour Alberta, SA pour Saskatchewan et MA pour Manitoba.

IV. 1. D'où viennent les Noirs des Prairies?

Les premiers Noirs qui se sont installés dans les Prairies canadiennes viennent de l'est du pays. Il s'agit de personnes qui s'étaient établies dans les Maritimes et qui n'avaient pas été acceptées facilement par la société d'accueil. Si l'esclavage était officiellement aboli au Canada, cela ne signifiait nullement qu'ils avaient acquis les mêmes droits que les populations européennes du pays. Face à cette situation, il n'était par conséquent pas surprenant de voir certains d'entre eux quitter les Maritimes, qui sont très étroites et moins prometteuses en matière d'emplois, pour tenter une nouvelle aventure dans les Prairies, plus étendues et avec plus d'atouts économiques. C'est dans cette perspective que se situe la migration de Noirs des Maritimes canadiennes vers les Prairies. (Robin W. Winks, 1997, p. 289). À ces derniers, s'ajoutent non seulement d'autres ayant suivi la grande vague migratoire, mais aussi tous ceux qui ont abandonné les États-Unis pour aller s'installer directement au Manitoba, en Saskatchewan ou en Alberta. Si on a recensé des milliers d'Afro-Américains refugiés et "fugitifs" dans les Maritimes, dans le Haut et le Bas Canada très tôt, dès les premières années de XIXe siècle, les sources ne font état d'une migration assez notable en provenance des États-Unis vers les Prairies Canadiennes qu'au début du XXe siècle. Ces migrants viennent généralement d'États américains frontaliers avec le Canada ou voisins de ceux-ci.

IV. 2. Arrivée et installation des Noirs dans les Praires en provenance des États-Unis

L'immigration de Noirs dans les Prairies commence véritablement au début du XXe siècle. Il y avait déjà des pionniers noirs dans l'Ouest du Canada avant 1905, année de création de certaines provinces des Prairies, mais ils étaient très peu nombreux. Le plus grand mouvement migratoire de Noirs vers les Prairies eut lieu entre 1908 et 1911 amenant avec lui plus de 1000 Afro-Américains en provenance de l'Oklahoma[95] et les États

---

[95] Les lois Jim Crow qui étaient en vigueur dans cet État et ailleurs aux États-Unis empêchaient les Noirs de monter dans l'échelle sociale et économique. Ils n'avaient plus le droit de vote et la ségrégation raciale sévissait.

voisins. Ces migrants s'établirent en Saskatchewan et en Alberta, à la quête de liberté et de perspectives économiques. Beaucoup sont venus en famille, parfois avec leur bétail et leurs biens, prêts à s'établir sur de nouvelles terres. Cette première vague fut un événement important de l'histoire de l'immigration au Canada:

"The first bloc of Oklahoma Negroes arrived in Saskatchewan in October of 1909. They sought out isolation from white communities, proximity to railheads, and distance from the American border. Unwilling to move from the railroads that had brought them - unlike the whites who had begun to pre-empt good land at some distance from the tracks - that the black settlers had to accept inferior allotments, since the richer farmland near the lines was already taken up". (R W. Winks, 1997, p. 303).

(Traduction : Le premier groupe de Noirs d'Oklahoma est arrivé en Saskatchewan en octobre 1909. Ils recherchaient l'isolement des communautés blanches, la proximité des têtes de chemins de fer et la distance qui les sépare de la frontière américaine. Ne souhaitant pas quitter les chemins de fer qui les avaient amenés - contrairement aux Blancs qui avaient commencé à préempter de bonnes terres à une certaine distance des voies -, les colons noirs devaient accepter des lotissements inférieurs, car les terres plus riches situées à proximité des lignes étaient déjà occupées en haut.)

Ensuite, un autre groupe composé de plus de deux cents personnes a regagné le Canada et s'est fixé au Manitoba, en Alberta, en Saskatchewan et à la frontière entre l'Ontario et le Manitoba plus précisément dans la région de Thunder Bay. Ce groupe était formé par de personnes originaires de différents endroits des États-Unis et un bon nombre composé d'individus de la forte communauté noire de Chicago, elle-même formée d'anciens esclaves ayant fui le Sud. Ces courageux pionniers ont dû franchir de nombreux obstacles pour fonder des communautés agricoles dynamiques, créer leurs propres institutions et vivre une vie sociale épanouie, se mettant à l'écart de la société des colons blancs, à l'image de ce qu'ils avaient connu aux États-Unis. Ils ont en effet fondé des villes comme Maidstone ou Wilkie en Saskatchewan. Une autre communauté s'est établie à Junkins, Breton, Clyde et Amber Valley en Alberta. Enfin un dernier groupe s'est fixé à Lloydminster, à la frontière entre les provinces de la Saskatchewan et de l'Alberta. Quelques années plus tard vers 1914, des Afro-Américains atterrirent dans le district communautaire d'Eldon, juste au nord de Maidstone en

Saskatchewan. Saskatoon, une des plus grandes villes de cette province reçoit également sa part de la migration afro-américaine. Les dirigeants étaient composés de Julius César Lane, Mattie Hayes, une femme déterminée qui a fait le voyage avec plus de soixante personnes depuis l'État de Géorgie. Elle et son mari Joseph ont apporté leurs dix fils et trois filles, et leurs petits-enfants, de Tulsa et Muskogee, avec dix autres familles. Cette femme très admirée dans la communauté noire des Prairies y a vécu jusqu'à sa mort en 1953. "Mammy" Hayes, comme on avait coutume de l'appeler, symbolisait en effet la détermination et la puissance de toutes ces femmes noires qui n'ont pas hésité à faire face à de multiples obstacles physiques et moraux pour quitter les États-Unis et recommencer une nouvelle vie plus digne ailleurs. Elle était une sorte de matriarche. Qualifiée de Harriet Tubman des Prairies, elle était très écoutée dans la communauté de Maidstone et dans toute la Saskatchewan. (Robert Moon, 1953, p. 163). Julius César Lane et Mattie Hayes étaient accompagnés de 59 autres personnes.

En Alberta, l'afflux de Noirs n'était pas moins important que celui de Saskatchewan ou du Manitoba. L'accueil de migrants afro-américains n'a pas été encouragé, à l'exception des membres du Parti Libéral. En effet, en 1911, dans un discours adressé à une large audience de militants conservateurs, M. E. Simmons de Lethbridge condamna le gouvernement libéral qu'il accuse d'autoriser l'installation de migrants noirs dans la province. Son discours est reporté dans *l'Edmonton Journal* sous le titre de "*We want No Dark Spots*". (Colin A. Thompson, 1979, p. 82). À l'exception du nombre très peu élevé de Noirs qui sont arrivés dès 1907, d'autres petits groupes s'installent dans cette province en 1909 et en 1910. Ils étaient originaires principalement de l'Oklahoma et ils débarquèrent entre Junkins (maintenant Wildwood) et les rives nord de Chip Lake, sur le chemin de fer entre soixante et quatre-vingt-dix miles à l'ouest d'Edmonton. Enfin d'autres Noirs se sont installés au sud du lac Wabumum près d'un virage de la rivière Saskatchewan du Nord. Dans les environs de Junkins, les nouveaux venus ont essayé sans succès de pratiquer la culture du blé, de l'orge et de l'avoine, avec très peu de matériaux, seulement des pelles pour briser la terre. Et bientôt ils s'installent dans des cabanes et des tentes dans le petit village lui-même. Pour leur survie, ils se tournent vers la culture des pois puis décident de mettre en place une conserverie qui ne verra pas finalement jour. (Robin W. Winks, 1997, p. 305).

Si les Noirs sont assez bien reçus en Saskatchewan et un peu moins bien en Alberta, au Manitoba, ils ont été plus chanceux en obtenant l'appui du gouvernement de cette province. Les autorités du Manitoba manifestent en effet ouvertement leur volonté d'accueillir plus d'immigrants noirs que les autres provinces des Prairies. Ainsi, en mars et avril 1911, le consul général américain à Winnipeg, John E. Jones, travailla de près avec le gouvernement manitobain pour l'accueil et l'aide de migrants afro-américains désireux de s'installer dans la province. Il est intervenu à la frontière au nom d'une bande de cent Noirs de Weletka, Oklahom, après qu'un avocat de la *Chicago-Great Western Railroad Company* eut transmis des informations au Département d'État en suggérant que les agents d'immigration canadiens avaient l'intention d'appliquer des règlements spéciaux à tous les futurs candidats. Cette collaboration entre les deux autorités a été fructueuse et a permis à plusieurs Afro-américains de s'installer au Manitoba.

IV. 3. Une communauté solidaire et bien organisée

Les Noirs installés dans les Prairies forment dans l'ensemble une communauté bien organisée et solidaire. Ils sont déterminés à obtenir des terres et le font savoir au gouvernement provincial. Ce dernier demanda à tous les colons de payer 10 dollars pour un lot de cent soixante hectares de terres. Les colons devaient aussi vivre sur leurs terrains pendant six mois chaque année pour une période de trois ans. Ensuite, ils devaient nettoyer et entretenir un minimum de trente acres, creuser un puits, construire une maison. Malgré les frais assez élevés pour tous ces travaux et entretiens évalués entre 300 et 500 dollars, les nouveaux arrivants acceptent les conditions. Cette démarche prouve bien leur volonté de rompre définitivement avec leur origine et de recommencer une nouvelle vie (Robin W. Winks, 1997, p. 304). Après avoir manifesté leur désir d'acquérir des terres, les Noirs des Prairies s'organisent également pour s'instruire et instruire leurs enfants. Ils voulaient en effet envoyer ceux-ci à l'église et à l'école. Ils sont autorisés à utiliser une école et des services ecclésiastiques pour leur communauté. En 1916, ils ouvrent leur propre établissement scolaire. Le premier enseignant de cet établissement est un Afro-Américain originaire du Kansas qui a fréquenté des cours scolaires normaux à North Battleford et a obtenu l'accréditation provinciale. Puis, deux autres enseignants noirs furent recrutés. Sept années plus tard en 1923, l'institution est intégrée au système éducatif de la province manitobaine. Les Noirs du Manitoba ont pu également siéger au conseil d'administration d'Eldon District jusqu'en 1954, -même si la plupart de leurs enfants fréquentassent les écoles dans leur localité, ils ont été admis sans difficulté, à Maidstone ou à North Battleford. Tout ceci démontre une certaine ouverture envers eux jusque dans les années 1929-30 où la situation commence à se dégrader avec la crise économique. À partir de cette époque, les Afro-Canadiens devaient non seulement se débrouiller seuls en cherchant à regagner les grandes villes pour trouver un emploi et surtout faire de plus en plus face au rejet et racisme dans toutes les Prairies.

Avec la crise économique de 1929, la carte de l'établissement des Noirs dans les Prairies se modifie. Ils quittent au fur et à mesure les petites villes abandonnant leurs terres pour aller vivre dans les grands centres urbains. Un certain nombre de Noirs décident dès les années 1920 de se rendre à Edmonton, capitale de la province d'Alberta, soit à la recherche de services religieux anglicans ou de *Holiness Standard* (norme de sainteté), pour donner naissance à une tradition locale de « blues », ou se marier avec des Blancs ou des Sikhs (immigrants venus d'Inde) car la mentalité est plus ouverte dans les villes que dans les petits endroits ou pour simplement réussir à obtenir du travail. En gros, la crise des années 1929-30 a freiné l'intégration de la communauté noire dans les Prairies. De plus en plus rejetés et indésirables, les Afro-Canadiens des Prairies restent distants et se replient sur eux.

IV.4. Les Prairies canadiennes cessent d'être le Paradis pour les Noirs

L'arrivée et l'installation d'Afro-Américains dans les Prairies ont provoqué une vague de racisme chez une bonne partie de la population. Ce racisme est relayé par certains groupes de presse et du monde des affaires. Il se traduit par une politique non officielle d'exclusion comme le souligne avec force Robin W. Winks:

"The Negro settlement failed to grow after 1911 partly because the Canadian government successfully frustrated attempts by reinforcement parties from Oklahoma to enter the West. Beginning in February, Winnipeg newspapers predicted that the Dominion government would move to exclude Negro immigrants. As unpleasant rape case involving a Negro reinforced the customary sexual mythology. Two Conservative

members of the House of Commons from Essex County in Ontario, and the member for Saint John, asked Sir Wilfrid Laurier's Liberal Minister of the Interior, Frank Oliver, to explain governmental policy. Oliver, an Albertan, replied that he knew of no discrimination on grounds of race or color, although exclusion officers had been appointed to help administer a new Canadian immigration law, passed in 1910, which was "restricted, exclusive, and selective." (Robin W. Winks, 1997, p. 306).
(Traduction : L'installation des Nègres n'a pas grandi après 1911, en partie parce que le gouvernement canadien a réussi à contrecarrer les tentatives des partis de renforts de l'Oklahoma d'entrer dans l'Ouest. À partir de février, les journaux de Winnipeg prédisaient que le gouvernement du Dominion allait exclure les immigrants nègres. Un cas de viol déplaisant impliquant un nègre a renforcé la mythologie sexuelle coutumière. Deux députés conservateurs de la Chambre des communes du comté d'Essex, en Ontario, et le député de Saint John, ont demandé au ministre libéral de l'Intérieur de Sir Wilfrid Laurier, Frank Oliver, d'expliquer la politique gouvernementale. Oliver, un Albertain, a répondu qu'il ne connaissait aucune discrimination fondée sur la race ou la couleur, bien que des responsables des exclusions aient été nommés pour aider à appliquer une nouvelle loi sur l'immigration au Canada, adoptée en 1910, " restreinte, exclusive et sélective.)

Devant l'afflux de Noirs au Canada, les mesures anti-immigration d'Afro-Américains se multiplient. Dès 1912, la *colour line* devient plus définitive. En février de cette année, le *Great Northern Railway* informe ses employés que les Noirs ne seraient pas admis au Canada en aucune circonstance et qu'il fallait leur refuser l'achat de billets notamment entre Saint Paul et la frontière. Le mois suivant, le surintendant de l'immigration, W. D. Scott, demande publiquement aux Noirs américains de ne pas venir s'établir dans l'Ouest canadien. Et il utilise comme argument le climat rigoureux des Prairies. Puis, en juin de la même année, même les simples visiteurs sont interdits. On décide purement et simplement de fermer les frontières. Les mesures les plus fortes sont prises en Alberta. La rumeur selon laquelle d'autres vagues d'immigrants noirs se préparent à arriver dans l'Ouest canadien provoque tout un tumulte. *L'Edmonton Board of Trade* (Chambre de commerce) prend la tête du mouvement et, en 1910, déclare :
« Nous voulons des colons qui vont s'assimiler au peuple canadien et un Noir ne pourra jamais le faire. »

C'est dans ce contexte que 3000 résidents d'Edmonton sur 25000 signent une pétition demandant au Premier Ministre fédéral de fermer les frontières à d'autres immigrants noirs[96]. La réticence envers eux devient intenable et parfois tourne à la violence :

"The issue of "land for niggers" is debated in the Canadian House of Commons. Petitions are sent to Ottawa from Winnipeg, Edmonton and Calgary demanding that the Federal government stop the movement of Blacks into the Prairies. There is reported "negro lynching" on the average of once every six days". (Colin A. Thompson, 1979, p. 102).

(Traduction : La question des "terres pour les Nègres" est débattue à la Chambre des communes du Canada. Des pétitions sont envoyées à Ottawa de Winnipeg, Edmonton et Calgary demandant au gouvernement fédéral d'arrêter le mouvement des Noirs dans les Prairies. On parle de "lynchage nègre" en moyenne une fois tous les six jours.)

À partir de ce moment, on observa une baisse marquée du nombre de Noirs venus s'installer dans les Prairies et dans le reste du Canada, jusqu'à l'assouplissement, dans les années 1960, des restrictions en matière d'immigration. Bien que victimes d'une discrimination officielle[97] et parfois privés d'accès aux services publics et aux institutions, les Noirs des Prairies canadiennes survécurent à l'oppression « naturelle » caractéristique de la société nord-américaine et parvinrent à fonder des communautés fortes, qui ont laissé un héritage durable dans les Prairies et l'Ouest du Canada[98].

---

[96] Stéphane Parent: http://www.rcinet.ca/fr/2016/02/17/etre-noir-au-pays-des-cowboys-et-des-amerindiens-du-canada/

[97] Cette dsicrimination est tout officielle puisqu'elle est inscrite dans les différentes lois sur l'immigration adoptées au cours du XXe siècle jusque dans les années 1960.

[98] https://www.canada.ca/fr/parcs-canada/nouvelles/2017/05/l_immigration_despionniersnoirsenalbertaetensaskatchewan.html

Quelques images de pionniers Africains-américains dans les Prairies:

Figure 10: Sage-femme de la colonie noire de Shiloh, Mattie Mayes a vécu jusqu'à l'âge de 104 ans.

(Archives de la Saskatchewan).

Figure 11: La famille de John Ware dans les Prairies.

Source : Site internet de Radio-Canada 28 février 2017.

Figure 12: La famille de John Ware dans les Prairies.

Figure 13: John Ware.

John Ware, l'un des premiers cowboys noirs canadiens à s'établir dans les Prairies canadiennes. On le voit sur la première image avec sa femme et ses enfants. Sur la deuxième image, un timbre de Poste Canada qui lui a rendu hommage et l'a immortalisé. Il a vécu dans ce que l'on peut considérer comme l'âge d'or de l'élevage à la frontière de l'Ouest et devient un héros de cette époque par sa force physique impressionnante, ses remarquables talents de cavalier, son caractère agréable et son courage. Ses deux enfants se sont engagés dans l'armée canadienne de 1914 et sont partis combattre au front en Europe. Un exemple d'une famille qui a tout donné au Canada.
Source: Archives Radio Canada Internationale.

John Ware : Un Afro-Canadien respecté et admiré de tous dans les Prairies

Figure 14: John Ware.

John Ware (appelé Nigger John), cow-boy et propriétaire de ranch, est né vers 1845 dans le nord du Texas. Il est l'avant-dernier de 11 enfants. Le 2 mars 1892, il épousa à Calgary en Alberta au Canada, Mildred Lewis. Ils eurent deux filles et quatre fils. Il décéda le 13 septembre 1905 près de Brooks, Alberta.

John Ware vécut au Canada à l'âge d'or du ranch, à l'époque où les grandes compagnies d'élevage allaient s'établir dans une région pionnière dont le cœur était le sud-ouest de l'Alberta. Les histoires qui ont contribué à faire de cet homme d'action, peu loquace, un héros populaire de l'Ouest, vantent ses remarquables talents de cavalier, sa force prodigieuse, son humour bon enfant, son amabilité, sa loyauté envers ses amis et voisins, et l'empressement avec lequel il acceptait de conseiller les jeunes bouviers. Toutes ces qualités sont celles des héros qui, parmi les cow-boys, ont marqué la culture de l'Ouest. Ce qui fait la particularité de Ware, c'est qu'il était Noir et qu'il était devenu un symbole de tolérance raciale.

La jeunesse de Ware a fortement contribué à sa réussite en Alberta. En effet, il naquit dans une famille d'esclaves et passa son enfance dans un petit ranch quelque part dans le nord du Texas. À la fin de la guerre de Sécession en 1865, l'industrie de l'élevage connut une expansion rapide dans les plaines arides de l'intérieur, et cette expansion lui donna probablement la chance de trouver du travail comme cow-boy et de se perfectionner dans ce métier. Au printemps de 1882, il rencontra Tom

Lynch dans le sud de l'Idaho. Lynch venait du Canada pour acheter un premier troupeau pour la *North-West Cattle Company* de sir Hugh Allan (connue généralement sous le nom de Bar U). Ayant obtenu plus de 3000 bêtes, il cherchait des bouviers d'expérience qui l'aideraient à ramener le troupeau vers le nord, à son nouveau pâturage des contreforts des Rocheuses. Il embaucha Ware. Le départ eut lieu en mai et, en septembre, Ware arriva au ranch, dans le district de l'Alberta, à l'ouest de la région de High River.

Les cow-boys expérimentés étaient rares dans les pâturages canadiens au début des années 1880, et Ware se laissa convaincre de rester au Bar U. Il y demeura jusqu'en 1884. Puis, il alla travailler non loin de là, au Quorn Ranch, qu'on venait d'établir sur le ruisseau Sheep (rivière Sheep). Ce ranch appartenait à des membres d'un club du Leicestershire, en Angleterre, le Quorn Hunt Club, et quoique son troupeau de vaches fut assez important, il faisait avant tout l'élevage de chevaux pour le marché anglais. On importa à grands frais des animaux destinés à la reproduction et on lui confia la charge du troupeau de chevaux, ce qui montre bien l'importance qu'il prenait auprès des éleveurs.

À la fin de mai 1885, 100 cavaliers accompagnés de 500 chevaux et de 15 chariots de nourriture quittèrent Fort Macleod dans le dernier des grands rassemblements du printemps, afin de ratisser les collines qui s'étendent de la frontière du Montana jusqu'à Calgary. Ware était du groupe pour représenter le Quorn et la *Macleod Gazette* écrivit à son sujet : « John n'est pas seulement l'un des hommes les plus accommodants et les plus serviables du pays, il est aussi l'un des plus habiles bouviers, et celui dont il protège les intérêts est considéré comme un homme bien chanceux. Il n'y a pas encore dans la prairie de cheval que John ne puisse monter. » Edward J. F. Hills, gentilhomme et apprenti cow-boy récemment arrivé d'Angleterre, participait aussi à ce rassemblement. Dans les lettres qu'il envoya à sa famille, il parla des « rudes » cow-boys du Montana, de la réputation de Ware, « meilleur dompteur de chevaux du Nord-Ouest », et de la gentillesse avec laquelle Ware l'avait aidé à apprendre ce qu'il fallait pour vivre dans la prairie. Le 25 mai, juste avant le début du rassemblement, Ware avait enregistré sa propre marque de bétail. Connue sous le nom de Quatre Neuf ou Walking-Stick, cette marque aurait été réenregistrée le 3 janvier 1898 sous le nom de Trois Neuf. Peut-être envisageait-il alors d'accepter qu'une partie de son salaire lui soit payée en bétail. Il est probable qu'il avait déjà les éléments de base d'un petit troupeau quand il ouvrit son propre ranch trois ans plus tard. Situé sur le bras nord du ruisseau Sheep, non loin du Quorn, ce ranch était une petite exploitation familiale, comme on en voyait de plus en plus à l'époque. Cette nouvelle étape dans la vie de Ware se confirma par son mariage, en 1892, avec Mildred Lewis, fille de Daniel V. Lewis, fermier et ébéniste noir de l'Ontario récemment installé dans la région de Calgary. À l'occasion du mariage, qui eut lieu dans l'église *First Baptist* de la ville, le *Calgary Tribune* offrit ses « plus sincères félicitations », soulignant qu'il n'y avait « probablement dans le district aucun homme qui ait autant de bons amis personnels que le marié ».

La fin de la construction du chemin de fer entre Calgary et Fort Macleod en 1892 ouvrit les contreforts des Rocheuses à la colonisation. Ainsi, les pâturages devinrent de moins en moins étendus, et certains éleveurs décidèrent d'aller s'installer plus à l'est, là où la prairie était moins peuplée. En 1902, Ware prit part à l'exode. Il vendit sa propriété et, pour 1000 $, acheta une ferme isolée sur la rivière Red Deer, au nord-est de Brooks. Là, dans le ranch qu'il voulait bâtir, il pensait pouvoir augmenter son troupeau et mieux subvenir aux besoins de sa famille. Il avait alors deux filles et deux fils, dont un mourut en bas âge.

Le rêve de Ware fut toutefois de courte durée. En avril 1905, sa femme mourut de typhoïde et de pneumonie. Tous ses enfants durent aller vivre dans sa famille à Blairmore, en Alberta. Le malheur frappa de nouveau en septembre : en tentant de séparer un bœuf d'une partie du troupeau, Ware fut écrasé par son cheval, qui avait trébuché contre un terrier de blaireau. Nombreux, des gens vinrent des fermes éloignées pour assister à ses funérailles à Calgary le 14 septembre. Tous pleurèrent l'un de leurs éleveurs les plus respectés.

Le 8 décembre 1943, les habitants donnèrent de Ware et de Nigger John, respectivement à un ruisseau et à un chaînon qui sont situés à proximité du premier ranch de Ware. En 1970, le chaînon Nigger John fut rebaptisé John Ware. Le mont Ware, dans la même région, avait aussi été reconnu officiellement le 6 septembre 1951[99].

---

[99]David H. Breen a fait un article très documenté sur John Ware qui est publié dans Dictionnaire biographique du Canada que j'ai repris pour mieux retracer la vie de ce héros noir des Prairies canadiennes. http://www.biographi.ca/fr/bio/ware_john_13F.html

V. Les Afro-Canadiens originaires des Caraïbes

Les Caraïbes constituent un chapelet d'îles qui se trouvent dans l'océan Atlantique au large de l'Amérique centrale. Elles sont habitées par des populations différentes. Quelques-unes sont d'origine aborigène et d'autres ont des racines asiatiques, européennes ou mixtes. Un grand nombre d'entre elles sont d'ascendance africaine car les îles des Caraïbes étaient le plus grand marché de la traite négrière. On estime que près de la moitié des esclaves expédiés d'Afrique étaient destinés aux Caraïbes. (Lawrence Hill, 1993, p. 37). Les Canadiens noirs qui y sont originaires[100] forment un groupe économique et culturel varié. Il s'agit de ressortissants de territoires aujourd'hui indépendants ou encore rattachés à un autre pays. La plupart adhèrent au Commonwealth et reconnaissent le souverain de la Couronne britannique et le roi ou la reine d'Angleterre comme leur chef d'État. Les anciennes colonies britanniques des Caraïbes sont formées par les Bahamas, la Jamaïque, Antigua-et-Barbuda, la Barbade, Dominique, Grenade, Belize, Guyana, Saint-Christophe-et-Niévès, Saint-Vincent-et-les Grenadines, St. Lucie et Trinité-et-Tobago (voir carte ci-dessous). Dans le recensement canadien de 2006, 578695 Canadiens (soit plus d'un demi-million) ont déclaré être originaires des Caraïbes et une écrasante majorité d'entre eux déclarent être arrivés au Canada au cours des Trente Glorieuses[101]. Les Canadiens d'origine caribéenne font donc partie de l'un des plus importants groupes non-européens du Canada. En plus de l'arrivée dans ce pays d'un groupe d'environ 600 Jamaïcains en 1796, après que les Britanniques tentèrent en vain de les réduire en esclavage, les contacts entre Canadiens et Noirs des Caraïbes à l'époque de la colonisation n'étaient pas rares. Des Caraïbéens sont venus pour travailler dans les mines du Cap Breton et de Sidney, d'autres ont débarqué comme esclaves avec leurs maîtres. Mais ce ne fut qu'après la Seconde Guerre mondiale que l'immigration caribéenne au Canada s'intensifie et, dès 1973, elle compte pour près de 13 pour 100 de l'ensemble de l'immigration[102]. Malgré

---

[101] La communauté haïtienne du Canada majoritairement basée au Québec est incluse dans ce recensement.
[102]Source:http://www.encyclopediecanadienne.ca/fr/article/antillais/

l'importance de cette vague migratoire, par souci de rester fidèle à la chronologie du sujet, seuls les Marrons de la Jamaïque arrivés en Nouvelle-Écosse à la fin du XVIIe siècle et d'autres insulaires débarqués au Canada dans la même période seront traités.

www.atlas.gc.ca © 2003. Sa Majesté la Reine du chef du Canada, Ressources naturelles Canada.

Figure 15: Carte des Caraïbes.

Source : http://www.e-voyageur.com/place/caraibe/atlas

V.1. Les Marrons de la Jamaïque. Qui étaient-ils et pourquoi s'étaient-ils retrouvés au Canada?

L'histoire des Marrons de la Jamaïque est assez longue et ne peut pas être reproduite de manière exhaustive dans cette étude. Ce qui importe c'est de noter qu'elle permet de mieux cerner la migration de populations originaires des Indes occidentales anglaises vers le Canada notamment dans les Maritimes. Les ancêtres des Marrons (*Maroons* en anglais) de la Jamaïque étaient des Africains asservis qui avaient été amenés par les Espagnols aux XVIe et XVIIe siècles, et plus tard par les Britanniques (qui ont repris la Jamaïque en 1655) pour travailler sur leurs lucratives plantations de canne à sucre. Le mot marron a été largement utilisé pour décrire un "fugitif" et un marronnage (*maroonage* en anglais) pour désigner l'acte et l'action d'échapper à l'esclavage, qu'il soit temporaire ou permanent. Après une série de guerres avec le gouvernement colonial en Jamaïque, un groupe de Marrons a été exilé en Nouvelle-Écosse en 1796. Samuel Sharpe reste à ce jour un de leurs plus grands héros[103]. Si l'on croit R.W Winks, les Marrons de la Jamaïque étaient réputés pour leur courage et auraient combattu farouchement les colons britanniques. En plus, c'est un groupe qui a su mobiliser beaucoup de personnes réfractaires à l'esclavage:

"Almost legendary warriors, feared respected for their courage and their cruelty. The Spanish taught the Maroons to fight the British as invaders, and for a century they remained hidden away in the island's interior, making sporadic upon white settlement. The original group was reinforced by many who escaped from British slavery; this influx also came to be known as *Maroons*, a term of no certain origin which many have meant "dwellers on mountain tops", "runaways", or "stray dogs", depending upon the book one reads". (R W. Winks, 1997, p. 78).

(Traduction : Guerriers presque légendaires, ils étaient craints et respectés pour leur courage et leur cruauté. Les Espagnols ont appris aux Marrons à combattre les Britanniques comme des envahisseurs et, pendant un siècle, ils sont restés cachés à l'intérieur de l'île, faisant des sporadiques sur des colonies blanches. Le groupe d'origine a été renforcé par de nombreux échappés de l'esclavage britannique; cet afflux est également connu sous le nom de Marrons, terme sans origine certaine, que beaucoup désignent par "habitants des sommets des montagnes", "fugueurs" ou "chiens errants", selon le livre qu'on lit.)

Ce que l'on retient des Marrons de la Jamaïque avant leur arrivée au Canada c'est qu'ils ont lutté farouchement, et pendant longtemps pour vivre et rester libre en Jamaïque, où ils avaient établi plusieurs communautés indépendantes dès le milieu des années 1600. Ensuite, en 1738-1739, après 84 ans de guerre presque continue, la première série d'épisodes conflictuels entre Marrons et colons européens a pris fin et un traité de paix a été négocié à cet effet avec les Britanniques. En paix, dans un paradoxe apparent, les Marrons se sont révélés être des alliés utiles des planteurs anglais, agissant comme escrimeurs et bénévoles

---

103 Il mena une révolte sanglante contre les esclavagistes et colons de la Jamaïque. Il fut pendu en 1831 mais reste un héros dans la mémoire des Jamaïcains. En 1975 le gouvernement de Michael Manley honora Samuel Sharpe en lui attribuant le titre posthume de héros national. Son histoire est mentionnée par Yves Antoine, dans son livre *Héros et rebelles du monde noir: De l'Afrique aux Amériques*, L'Harmattan, Paris, 2016.

volontaires dans la suppression de la rébellion occasionnelle des esclaves. À la grande surprise des Anglais qui avaient cru obtenir définitivement la stabilité avec les Marrons, ces derniers, mécontents des agissements des colons lancent en 1795 à partir la ville de Trelawny Maroons[104], un soulèvement soudain et brutal. La relation entre le gouvernement britannique et la communauté marronne locale dépendait souvent de la capacité des dirigeants et du représentant du gouvernement dans le village à s'entendre. Dans la ville de Trelawny, la relation s'est aggravée et, combinée à une variété de frustrations réprimées, a poussé les Marrons à renverser leur surintendant, à abandonner leur communauté et à ouvrir les hostilités. Sécurisés dans leurs endroits qui sont des lieux bien cachés dans le pays Coeckpit du centre de la Jamaïque, les habitants de Trelawny Maroons'engagent dans une sorte de guérilla contre les forces gouvernementales anglaises et tentent de faire des ravages dans les plantations voisines. Cette pratique consistant à détruire les plantations fut longtemps une arme qu'ils utilisaient pour ruiner les colons anglais et les affaiblir. Mais, il leur manquait des armes efficaces pour pouvoir vaincre les Européens qui eux étaient militairement très bien équipés. Par conséquent, bien qu'ayant des leaders courageux, déterminés et capables, comme Montague James, Leonard Parkinson et James Palmer, les Marrons n'ont pas réussi cette fois à prendre le dessus sur les Britanniques. En plus, les autres communautés marronnes des villes avoisinantes, fatiguées par les multiples conflits ne se sont pas jointes à cette guerre contre les colonisateurs. Ce qui eut pour conséqence un manque de coordination, une absence d'approvisionnements à temps et la propagation de maladies. Le résultat de tous ces facteurs combinés, est qu'ils furent assez rapidement dépassés par les forces gouvernementales anglaises dirigées par le général George Walpole. Les Marrons acceptent ainsi une trêve le 21 décembre 1795. En mars 1796, la guerre était officiellement terminée. Les Anglais décident d'en exiler certains pour éviter de futures révoltes.

V. 1.a. Les Marrons de la Jamaïque débarquent en Nouvelle-Écosse au Canada

Pour éviter que l'histoire tumultueuse et agitée entre Marrons et colons britanniques se répète après la tragique guerre de 1795, les

---

[104] Une des cinq principales communautés marronnes de la Jamaïque.

autorités gouvernementales anglaises décident donc d'exiler bon nombre d'entre eux afin de fragiliser leur communauté. Pour ce faire, ils arguent que les termes du traité n'avaient pas été pleinement respectés par les Marrons. Le gouvernement colonial de la Jamaïque décide ainsi d'exiler des membres de la communauté marronne la plus réfractaires à la colonisation, celle des Trelowny Maroons en les amenant loin de leur milieu naturel. Leur acheminement dans les Maritimes canadiennes n'est pas un choix prémédité ou planifié. Il s'est fait par pure coïncidence. En effet, la même année qu'on décide de les déporter, le hasard a voulu que la marine britannique dispose d'un certain nombre de navires de transport largement vides qu'elle pouvait utiliser. C'est ainsi qu'il fut décidé, sous la protection des convois, d'y transporter un nombre important de Marrons. Les autorités coloniales jamaïcaines avaient aussi discuté de diverses destinations. Mais le port britannique le plus proche est celui d'Halifax (capitale de Nouvelle-Écosse). En conséquence, sans consultation du gouverneur Sir John Wentworth ou de son gouvernement, la résolution fut prise : Halifax serait au moins la destination temporaire des Marrons. Le gouvernement de la Jamaïque accorda à cet effet une subvention de 25000 £ pour payer les dépenses. Il envoya des fonctionnaires administratifs et un médecin pour voyager avec eux. C'est dans ce contexte que les premiers Marrons débarquèrent en Nouvelle-Écosse à la fin du XVIIIe siècle:

"The Maroons reached Halifax on July 21st and 23rd 1796. Dozens of small craft converged upon the lead ship, and from one appeared Prince Edward to provide a welcome to the city; he found the Maroons offered to work on the citadel then being reconstructed on the hill back of the port. Chafing from a long sea voyage and inactivity, the Maroons offered to work without pay, but there were given the usual wage, which was ninepence a day, and they labored as a unit to reconstruct one of the fortress's bastions". (R W. Winks, 1997, p. 81).

(Traduction : Les Maroons ont rejoint Halifax les 21 et 23 juillet 1796. Des dizaines de petites embarcations ont convergé vers le navire, et l'un d'eux, le Prince Edward, s'est présenté pour souhaiter la bienvenue dans la ville; il trouva que les Marrons pouvaient travailler sur la citadelle puis la reconstruire sur la colline à l'arrière du port. Frustrés par un long voyage en mer et par l'inactivité, les Marrons ont offert de travailler sans rémunération, mais ils recevaient le salaire habituel, qui était de neuf cents par jour, et travaillaient en bloc pour reconstruire l'un des bastions de la forteresse.)

Trois navires britanniques: *Dover, Mary* et *Ann* débarquent dans le port d'Halifax emportant avec eux environ 600 hommes, femmes et enfants marrons en provenance de la Jamaïque. Une fois sur place, le sort de ces déportés fut laissé entre les mains du gouvernement de la Nouvelle-Écosse. Le prince Édouard Auguste (plus tard, le duc de Kent), qui avait examiné les Marrons à bord du navire, les employa à travailler sur *sare-fortification* de la Citadelle Hill[105]. Mais, compte tenu de l'importance de leur nombre et du fait que les autorités de la Nouvelle-Écosse n'étaient pas bien informées sur les nouveaux arrivants, les Britanniques prirent en main la question des Marrons. Leur sort fut confié à Wentworth qui devait régler leur installation en Nouvelle-Écosse. Parmi les nombreuses mesures qu'il a prises, il y avait celle de l'octroi de biens. Il s'agit en effet de terres et de maisons laissées vacantes par les Loyalistes noirs émigrés en Afrique (Sierra Leone). Des maisons supplémentaires furent construites pour eux. Un maître d'école et un ecclésiastique employé, des provisions furent mises à leur disposition. On encouragea également bon nombre de ces Marrons à devenir des agriculteurs d'autant plus qu'ils avaient tous des expériences solides dans les plantations de la Jamaïque; en reconnaissance de leur réputation militaire. Et parce que le gouvernement craignait une fois de plus qu'ils se soulèvent dans cette colonie ou qu'ils se joignent aux Français dans leurs tentaives d'envahir les Maritimes et se venger de la Grande déportation des Acadiens. Ces derniers avaient subi de nombreuses humiliations depuis la domination britannique. Pour mieux intégrer les Marrons et les asservir davantage en Nouvelle-Écosse, ils furent organisés en une Compagnie de Milice. C'était l'une des toutes premières au Canada mais qui n'allait pas être la dernière[106]. Ses principaux officiers sont choisis parmi les leaders de la rébellion de 1795 en Jamaïque et tous ont été endurcis. Ceci permet aux Anglais de s'éloigner un peu du commandement et d'éviter que le problème de couleur (Noirs contre Blancs) ne recommence.

---

105 Voir la photo de cette citadelle ci-dessous.

106 Pour la contribution militaire, l'apport déterminante des Noirs dans la fabrique du Canada commence avec la guerre de 1812. Cette Milice des Maritimes ne sera pas détaillée dans la deuxième partie.

V.I. b. Une nouvelle vie loin d'être facile

L'établissement des Marrons de la Jamaïque en Nouvelle-Écosse n'a pas été une aventure simple malgré les efforts considérables déployés par les autorités locales et celles de la Grande-Bretagne pour faciliter leur intégration dans cette région du Canada. Ils furent confrontés à des difficultés diverses notamment le climat. L'hiver de 1796-97 était très rigoureux et décrit comme étant plus long et plus froid que d'habitude. La neige était épaisse et profonde, n'arrêtant pas de s'accumuler. Les lacs et les rivières gelés. Ce qui était un coup dur pour ces nouveaux venus originaires d'une région tropicale. Ce fut une expérience affreuse pour beaucoup, y compris un certain nombre de dirigeants. Fidèles à leur esprit révolutionnaire, ils estiment que c'est mieux d'organiser eux-mêmes leur propre vie et leur avenir. Commence alors une série de protestations. Ils fustigent leurs conditions de vie et leur manque d'aliments familiers. Les Marrons allaient même pousser le bouchon plus loin, en retirant les jeunes garçons de l'école et en refusant de fréquenter l'église. Réfractaires à la vie européenne depuis la Jamaïque, ils n'étaient pas de véritables chrétiens. Ils avaient maintenu leur système de foi, une sorte de syncrétisme, un mélange de traditions et coutumes d'Afrique avec des notions de christianisme. Ils pratiquaient aussi la polygamie et suivaient les rites d'enterrement spécifiques et inconnues de leurs voisins de la Nouvelle-Écosse. Ce qui ne manqua pas d'inquiéter ceux-ci et de provoquer de la méfiance envers ces nouveaux venus. C'est en effet le début d'un rejet. Dès lors, leur intégration ne pouvait jamais se réaliser comme ils l'auraient voulu. Pour calmer leur mécontentement et créer des élites au sein de cette communauté marronne, Sir John Wentworth, gouverneur de la Nouvelle-Écosse eut l'idée d'envoyer des jeunes étudiants de la communauté marronne en Angleterre afin de les y former et pour qu'ils jouent le rôle d'intermédiaires entre leur communauté et les administrations de la Nouvelle-Écosse et de la Grande Bretagne à leur retour. Mais cela n'a pas réglé définitivement le problème et de nombreux Marrons manifestèrent leur volonté de partir. Même si quelques-uns d'entre eux sont définitivement restés et ont eu une descendance dans les Maritimes et ailleurs au Canada, on note tout de même que beaucoup sont repartis et leur histoire en Nouvelle-Écosse fut brève. Ils doivent recommencer une nouvelle aventure. Ils s'en allèrent en Afrique, la terre de leurs ancêtres. C'est dans ce cadre qu'en août 1800, un nombre de 551 Marrons hommes, femmes et enfants quittent le port de Halifax à bord du *HMS Asia* en direction de Freetown, en Sierra Leone, en Afrique de l'Ouest. Ils arrivent en toute sécurité le 30 septembre 1800 et s'ajoutent aux esclaves affranchis qui étaient retournés en Afrique en 1791 et 1792. À Freetown, capitale de l'actuel Sierra Leone, ils ont perpétué le souvenir de la Jamaïque par la création de *Trelawny Street*, et l'histoire orale soutient que certains de leurs descendants ont quadrillé le cercle vers le milieu des années 1800 et étaient retournés dans leur patrie insolite de l'île. Ce qui est sûr c'est qu'aujourd'hui encore on a des descendants de ces Marrons et tous les esclaves qui sont rentrés en Afrique. On les retrouve à travers leurs patronymes en Sierra Leone et au Liberia à travers leur mode de vie différent de celui des Africains « authentiques » qui n'ont jamais quitté le continent. Les Marrons ont aussi laissé un héritage encore visible et vivant en Nouvelle-Écosse. La tradition insiste sur le fait que tous les *Treowny Town Maroons* n'ont pas quitté la Nouvelle-Écosse. En dehors de leur contribution aux lignées de cette province canadienne, leur nom a été perpétué dans *Maroon Hill* et par référence au *Bastion Maroon* (longtemps remplacé) à *Citadel Hill*. Leur histoire est transmise aujourd'hui à travers les programmes scolaires publics de la Nouvelle-Écosse dans les études africaines canadiennes et les cours d'histoire de cette province[107]. Mais l'influence la plus importante et la plus durable des Marrons est celle qui est la plus difficile à mesurer, c'est-à-dire celle de leur apport en tant qu'éléments de la Milice en Nouvelle-Écosse, des gens qui ont aidé les Britanniques à sécuriser cette colonie menacée d'invasion par les Français. Par ailleurs, l'esprit des Marrons a survécu et durant les moments de célébrations comme lors du mois de l'histoire des Noirs au Canada, on évoque cette fierté du groupe marron de la Nouvelle-Écosse. Ce qui procure à leurs descendants et à tous les Noirs vivant en Nouvelle-Écosse, un sens intérieur de la dignité, de la cohésion et de la force qui peuvent fournir au peuple la volonté de persévérer[108].

---

[107] Mais cette histoire n'est pas enseignée à la majorité des Canadiens, elle reste donc marginale.

[108] Il existe une bibliographie non exhaustive sur cette question des Marrons. En plus de l'ouvrage de R W. Winks qui est une contribution majeure sur cette question des Noirs au Canada, on peut consulter les livres suivants: John N. Grant, *The Maroons in Nova Scotia* (2002) and "SubjectMinorities of Great Empires: A Case Study of the Maroons of Jamaica," in Exploring Cultural Perspectives: Integration and Globalization, Annette Richardson, Michael Wyness and E. Alice Halvorsen, eds. (2002); James D. Lockett, "The

Figure 16: Leonard Parkinson, Captain of the Maroons.

Il fait partie des Marrons qui ont acquis de l'expérience militaire durant les révoltes en Jamaïque. Son apport fut décisif pour la milice des Marrons en Nouvelle-Écosse. Source: http://www.understandingslavery.com/index.php-option=com_content&view=article&id=473_leonard-parkinson-captain-of-the-maroons&catid=147&Itemid=257.html

Deportation of the Maroons of Trelawny Town to Nova Scotia, Then Back to Africa," Journal of Black Studies 30, 1 (1999); Lennox O'Riley Picart, "The Trelawny Maroons and Sir John Wentworth: The Struggle to Maintain Their Culture, 1796–1800," Collections of the Royal Nova Scotia Historical Society 44 (1996).

Figure 17: La citadelle d'Halifax.

La citadelle d'Halifax classée lieu historique national au Canada en 1952 accueille tous les visiteurs qui veulent en savoir plus sur les moments déterminants dans l'histoire du Canada. Elle porte la marque indélébile des Marrons de la Jamaïque. La citadelle d'Halifax est une vaste fortification britannique construite à la fin du XVIIIe siècle par les Marrons fraichement arrivés de la Jamaïque puis restaurée entre 1828 et 1856. Elle servit à la protection de l'une des quatre plus importantes bases navales de l'Empire britannique.
Source: http://www.novascotia.com/explore/top-25/halifax-citadel
(Site d'information sur l'histoire de la Nouvelle-Écosse).

V. 2. D'autres Caribéens au Canada

En dehors de ces Marrons dont l'histoire est relativement bien connue dans les questions de migration de Noirs au Canada, il y a aussi d'autres individus originaires des Antilles britanniques arrivés au Canada à des périodes différentes. Dans l'*Acte Impérial de 1790*, il est fait état d'un encouragement de colons britanniques des Indes Occidentales à s'installer en Amérique du Nord avec leurs esclaves. À ce sujet, une protection juridique, une des plus importantes accordées à l'esclavage par la Grande-Bretagne pour les provinces du Nord, fut mise en place. À travers cet Acte, la Grande-Bretagne autorisa l'importation en Amérique du Nord, à partir des Bahamas et des Bermudes d'esclaves noirs au même titre que les meubles de maison, les ustensiles d'élevage, etc. Les Noirs libres n'étaient pas encouragés à faire le voyage, preuve indéniable d'une pratique esclavagiste très tôt au Canada par les Anglais tout comme les Français dans l'ancienne Nouvelle-France. Au moment de quitter les Antilles britanniques pour les colonies anglaises d'Amérique du Nord, tous les colons européens âgés de plus de quatorze ans devaient prêter un serment d'allégeance. Mais les enfants et les Noirs ne devaient pas le faire car ils ne pouvaient pas jurer. (Robin W. Winks, 1997, p. 26).

On note également la présence de Noirs des Caraïbes à Terre-Neuve, une colonie britannique qui n'intègre le Canada qu'en 1949:
"In 1788 "robust able black men" were at work in the Newfoundland fisheries; for thirty-four sloops from Bermuda, each carrying eight to twelve men - three quarters of whom were Negro slaves - arrived at the banks early in the spring. Although at first not feared as competitors because of the widespread belief that Negroes could not stand the climate, they soon excelled the locals at the catch, abandoning the banks only for lack of any place to dry their fish". (Robin W. Winks, 1997, p. 28). (Traduction : En 1788, des "hommes noirs capables et robustes" travaillaient dans les pêcheries de Terre-Neuve; 34 sloops des Bermudes, transportant chacun de huit à douze hommes - dont les trois quarts étaient des esclaves noirs - sont arrivés sur les berges au début du printemps. Même si, au début, ils ne craignaient pas la concurrence en raison de la conviction répandue que les Noirs ne supportaient pas le climat, ils ont rapidement surpassé les locaux en abandonnant les berges, faute de lieu pour sécher leurs poissons. »

Il faut signaler aussi qu'après l'abolition de l'esclavage dans les Caraïbes, il était devenu courant que les gens se déplacent à la recherche de meilleurs emplois ou de meilleures terres agricoles. Beaucoup de Caraïbéens quittèrent leur pays, pour trouver du travail ailleurs et pour aider leur famille, en envoyant de l'argent, une pratique qui continue à ce jour. (Lawrence Hill, 1993, p. 38).

Enfin, au tournant du XXe siècle, des hommes en provenance des îles des Caraïbes comme la Barbade, ont été amenés au Canada pour travailler dans des mines de charbon près de Sydney, en Nouvelle-Écosse. Des centaines de milliers de personnes partirent en Grande-Bretagne et aux États-Unis mais les candidats à l'immigration au Canada n'ont pas été acceptés. En effet, ce pays avait besoin de beaucoup de travailleurs à l'époque et mais il préférait inviter des immigrants blancs originaires d'Europe ou des États-Unis et éviter les Noirs. La politique d'accueil migratoire canadienne était en effet très discriminatoire et raciste envers les personnes dites de "couleur"[109]. On avait décidé de faire

[109] Les personnes de "couleur" ou coloured people (en anglais) est un descripteur ethnique utilisé historiquement aux États-Unis (principalement à l'époque de Jim

du Canada un pays de Blancs originaires notamment d'Europe et de confession chrétienne. C'est ce qui a freiné l'arrivée des Caribéens au Canada à cette époque. Malgré tout, quelques-uns ont pu atterrir au Canada en s'installant notamment dans les Maritimes en 1914. Ils sont originaires de l'île de St. Augustine. (Robin. W. Winks, 1997, p. 37). La Première Guerre mondiale a également favorisé les mouvements migratoires et dans ce contexte il y a eu une arrivée de ressortissants des Antilles britanniques vers le Canada. Ceux-ci s'établirent dans les Prairies :

"The second group of black newcomers, the West Indians, began to arrive during WWI. Cut off from Britain by the conflict, they landed Halifax and Saint John. Largely Jamaicans, many were British subjects from Bahamas, British Guiana, Bermuda, and St. Vincent as well. Hundreds worked in the coalmines around Sydney, Nova Scotia where they prospered. One, Isaac Phills from St. Vincent, who came in 1916, worked for the steel mill for forty-five years and raised a family included four college graduates. Other West Indians went to the shipyards of Halifax and Collingwood; and in time the majority moved on to Montreal, Toronto, and other urban centers, pushing the scale of Negroes urbanization up to eleven percent above the national average. While they retained much of their interisland sense of competition, they tended to band together in Canada and to hold themselves superior to other black men. They referred to the Maritime Negroes as "Canadians" and "coloured" and to the blacks in Quebec and Ontario as "Americans"; they were to be called "West Indians" only. Forming clubs for their own, attending Anglican churches, turning out to the cricket pitch for their sport, opposing integration, demanding freer West Indian Immigration, and supporting Back-to-Africa movements, they wanted to see the Negro districts remain distinct. The West Indians thus found little in common with the Negroes of Montreal who had arrived before them". (*Halifax Evening Mail*, July 11, 1928).

(Traduction : Le deuxième groupe de nouveaux arrivants noirs, les Antillais, a commencé à venir pendant la Première Guerre mondiale. Coupés de la Grande-Bretagne par le conflit, ils ont débarqué à Halifax et

---

Crow) et au Royaume-Uni. Aux États-Unis, le terme désignait initialement les individus non "blancs" en général. La signification était essentiellement la même au Royaume-Uni, avec "coloré" équivalant ainsi à "personnes de couleur". C'est ce terme aussi qu'on utilise au Canada.

à Saint John. Ils étaient composés en grande partie des Jamaïcains, beaucoup étaient des sujets britanniques des Bahamas, de la Guyane britannique, des Bermudes et de Saint-Vincent. Des centaines de personnes ont travaillé dans les mines de charbon autour de Sydney, en Nouvelle-Écosse, où elles ont prospéré. L'un d'entre eux, Isaac Phills, de Saint-Vincent, arrivé en 1916, a travaillé pour l'aciérie pendant quarante-cinq ans et a élevé une famille comprenant quatre diplômés d'université. D'autres Antillais se sont rendus sur les chantiers navals de Halifax et de Collingwood; et avec le temps, la majorité d'entre eux se sont installés à Montréal, Toronto et d'autres centres urbains, poussant l'ampleur de l'urbanisation des Noirs jusqu'à onze pour cent au-dessus de la moyenne nationale. Bien qu'ils conservent une grande partie de leur sens de la compétition entre les pays, ils ont tendance à se regrouper au Canada et à se tenir au-dessus des autres hommes noirs. Ils ont qualifié les Nègres des Maritimes de "Canadiens" et de "couleurs" et les Noirs du Québec et de l'Ontario, les "Américains"; mais eux, ils devaient seulement être appelés "Antillais". Constituant des clubs, fréquentant des églises anglicanes, se rendant sur le terrain de cricket pour leur sport, s'opposant à l'intégration, exigeant une immigration plus libre des Indes occidentales et soutenant les mouvements Back-to-Africa, ils voulaient que les quartiers noirs restent distincts. Les Antillais ont donc peu de points communs avec les nègres de Montréal arrivés avant eux.)

Même si l'épisode des Marrons est le plus connu de cette migration de Noirs en provenance des Antilles britanniques, on ne doit pas oublier que celle-ci est non seulement ancienne mais elle est aussi diverse comme le sont les autres migrations de Noirs au Canada. Les Caribéens établis dans ce pays avant 1945 ont joué un rôle important son histoire en s'engageant comme beaucoup d'autres Noirs qui les ont précédés dans les armées canadiennes.

Conclusion

L'immigration des Noirs au Canada est très ancienne. Elle est aussi vieille que celle des Européens. Les Noirs sont venus au Canada sous les Français et ils ont précédé les Britanniques dans ce pays. L'arrivée des Noirs au Canada s'est faite à travers plusieurs vagues différentes. Certains sont venus directement de l'Afrique notamment de la côte de Guinée dès le XVIIIe siècle comme esclaves, d'autres sont venus des

États-Unis et ils étaient composés en majorité par des esclaves mais certains étaient libres et enfin d'autres sont arrivés des Caraïbes aux XVIIIe, XIXe et surtout XXe siècle. Toutefois les vagues d'immigration des Noirs au Canada les plus connues et les plus popularisées sont celles des réfugiés et "fugitifs" avec le célèbre Chemin de fer clandestin et surtout la migration des Trente Glorieuse pendant la seconde moitié du XXe siècle qui est une immigration économique composée de beaucoup de femmes en provenance essentiellement des Caraïbes. La fin de la Seconde Guerre mondiale est l'occasion de nombreux changements sur le plan économique au Canada. Les entreprises du secteur primaire continuent de prospérer comme pendant la guerre puisque la demande de matières premières demeure active dans de nombreux pays à travers le monde. Le besoin en produits de consommation entraine le développement d'entreprises du secteur secondaire, déclenchant une expansion économique. Le Pacte automobile avec les États-Unis illustre bien cette situation. C'est dans ce contexte que le Premier Ministre Mackenzie King annonce que le Canada veut un « bon type d'immigrant » qui peut facilement s'intégrer dans la société canadienne. En 1955, le programme de recrutement de domestiques antillaises permet à des femmes célibataires âgées de 18 à 35 ans et en bonne santé de travailler au Canada comme domestiques pour une période d'un an avant de recevoir le statut d'immigrante. Même si plus de 2600 femmes sont admises en vertu de ce programme, ce n'est qu'après 1960 que le gouvernement fédéral canadien a facilité l'arrivée des Noirs et d'autres minorités non européennes, comme les Asiatiques et les Maghrébins. Les lois migratoires furent changées à ce moment-là afin que l'éducation et les compétences professionnelles nécessaires deviennent les principaux critères d'acceptation des immigrants potentiels. Les Caribéens purent soudainement venir en grand nombre - et chaque année, des milliers d'entre eux débarquent au Canada en provenance particulièrement de la Jamaïque, de la Guyane, de Trinité-et-Tobago, d'Haïti et de la Barbade. Pour couronner le tout, en 1967, le gouvernement du Canada abolit définitivement le système d'immigration basée sur la discrimination « raciale » de couleur ou d'origine géographique. Par conséquent l'immigration de personnes noires augmente encore de façon plus significative. C'est durant cette période des Trente Glorieuses qu'un nombre important de migrants originaires des Antilles britanniques et françaises s'installe en masse dans les grandes villes canadiennes. Québec voit sa population d'immigrants venus de Haïti s'accroitre rapidement comme c'est le cas dans les provinces anglophones avec l'arrivée des populations des des Indes Occidentales. Malgré cette ouverture, la discrimination professionnelle persiste. En effet, après leur arrivée au Canada, beaucoup de Noirs se sont vu refuser des emplois et des lieux de vie, simplement à cause de la couleur de leur peau. D'autres ont eu du mal à s'habituer à de nouvelles coutumes, de nouvelles écoles et de nouvelles façons de parler. Cette immigration récente bien que de loin la plus considérable, ne sera pas abordée dans ce travail, qui examine uniquement l'esclavage et la contribution militaire des Noirs du Canada installés dans ce pays avant 1945. En plus de contribuer à la création du Canada par leur force de travail en tant qu'esclaves, on peut se demander quel autre rôle ont joué tous ces Noirs établis au Canada depuis si longtemps dans la construction du pays ? C'est ce qui va être examiné dans la deuxième partie de ce travail en mettant uniquement l'accent sur la contribution militaire, le Noir comme soldat.

PARTIE II :
SOLDATS NOIRS: LES AFRO-CANADIENS DANS LES ARMÉES ET GUERRES DU CANADA (1812-1945)

Dans son célèbre livre sur l'histoire militaire du Canada, Desmond Morton montre, avec moults détails, que le Canada, quoi qu'en pensent ses habitants, a été fabriqué par la guerre. Et j'ajoute à son point de vue que dans toutes les guerres qui ont façonné le Canada ou ont contribué à son rayonnement sur la scène mondiale, les Afro-Canadiens ont bien été de la partie depuis au moins 1812. En effet, en Amérique du Nord, les Britanniques puis les Canadiens ont très souvent recouru aux minorités noires et autochtones pour les utiliser comme soldats dans les différentes guerres qu'ils ont eu à mener. Si la part des premiers dans celles-ci commence à peine à être connue, tel n'est pas le cas pour celle des seconds. Pourtant, depuis au moins la guerre d'Indépendance américaine, qui a déterminé l'existence du Canada, en passant par celle de 1812 qui l'a confirmée, sans oublier les révoltes des années 1837-1838, les guerres britanniques Outre-mer jusqu'à la Seconde Guerre mondiale et même après, comme la guerre de Corée, les Afro-Canadiens ont toujours servi dans différentes troupes britanniques et canadiennes. C'est cet aspect très peu connu de l'histoire du Canada que je me propose de revisiter et de réévaluer à sa juste valeur en analysant et en montrant ce que représentait véritablement leur contribution militaire pour la défense, la construction et l'affirmation du Canada sur la scène mondiale. Cette seconde partie du travail met donc l'accent sur les Noirs comme soldats sur une longue période de 133 ans, c'est-à-dire de 1812 à 1945.

CHAPITRE I : POURQUOI L'ARMÉE ? LES VÉRITABLES MOTIVATIONS DE L'ENRÔLEMENT DES AFRO-CANADIENS

Le recrutement de Noirs dans les armées et leur participation à toutes les guerres que le Canada a connues tant à l'intérieur qu'à l'extérieur de ses frontières, aussi bien avant qu'après la Confédération, s'explique par une série de facteurs. Parmi ceux-ci, la reconversion d'esclaves et d'affranchis en soldats.

I. Abolition de l'esclavage et reconversion d'esclaves en soldats?

L'utilisation d'esclaves ou d'affranchis comme soldats n'est pas une particularité nord américaine au XIXe siècle. Plusieurs éléments peuvent le prouver. D'abord, il est bon de savoir que les premiers Noirs arrivés dans les Amériques n'étaient pas des esclaves en tant que tels, mais des soldats ou des personnes occupants d'autres fonctions. Il s'agit d'anciens esclaves affranchis généralement de Noirs hispanisés[110] de la deuxième génération. Ils provenaient en effet d'Andalousie et du Portugal, et suivaient comme tant d'autres les chemins de la conquête des nouvelles terres de l'Amérique. Le cas le plus connu au Canada est Mathieu Da Costa venu dans ce pays de grand froid en 1604 avec l'explorateur français Samuel de Champlain. Da Costa qui parlait plusieurs langues européennes (français, anglais, espagnol et portugais) et le micmac, a servi d'interprète à Samuel de Champlain[111]. Sans lui, l'explorateur français n'aurait jamais pu entrer en communication avec les

[110] L'esclavage a d'abord existé dans le monde ibérique et ses colonies au moins un siècle avant qu'il ne soit pratiqué en Amérique Nord. Il est donc logique qu'il y ait des Noirs qui soient capables de jouer certains rôles avec les Européens en Amérique du Nord.

[111] Le fait qu'il parle une langue autochtone montre que ce n'est pas la première fois qu'il est venu en Amérique.

Autochtones. Il a par conséquent joué un rôle majeur dans l'établissement des premières relations entre Français et Autochtones au Canada. Une école élémentaire de Toronto porte aujourd'hui son nom. Ensuite on peut aller plus loin dans l'histoire, pour démontrer que cette utilisation des Noirs comme soldats est ancienne. Sans remonter jusqu'aux civilisations anciennes, on peut noter que durant tout un millénaire, c'est-à-dire depuis le IXe siècle jusqu'au début du XIXe les Arabo-musulmans ont régulièrement employé des esclaves comme soldats. Cela s'est produit dans presque tout le monde musulman, du Soudan (en Afrique centro-orientale) à l'Asie Centrale, de l'Espagne au Bengale, et peut-être plus au-delà. Beaucoup de dynasties dans cette longue période et dans cette vaste aire eurent des esclaves militaires[112]. Les Portugais puis les Espagnols qui ont vu les Arabo-musulmans le faire l'ont pratiqué à leur tour en utilisant des moyens techniques et militaires sans précédent. Dans les colonies portugaises et espagnoles de l'Amérique, des esclaves noirs ont également été employés pour la défense des territoires. C'est le cas à Lima au Pérou avec la mise en place le début dès du XVIe jusqu'au XVIIe sièclede corps de miliciens noirs et de mulâtres. On observe la même situation au Mexique sous la colonisation espagnole mais aussi au Chili. Au Brésil, colonie portugaise, il y avait des Noirs et des mulâtres dans les corps d'armée. Le Portugal avait introduit cette pratique dans sa plus grande colonie dès le XVIIe siècle. À Cuba, les Espagnols ont mis en place des bataillons de *pardos* et de *morenos* (1600-1868) sont encore dans les mémoires. Les Français n'ont pas été en reste. Ils ont fait appel à des esclaves noirs pour assurer leur défense dans les Caraïbes notamment en Haïti ou en Guadeloupe. Dans ces colonies françaises des Caraïbes[113], il est fait mention de soldats nés esclaves (1792-1802). Plus récemment, on sait que les derniers Noirs engagés par des Blancs au XXe siècle, bien après les abolitions et émancipations générales de l'esclavage dans les colonies, n'avaient pas le statut d'esclave non plus. Mais il s'agissait de soldats des armées coloniales. C'est le cas des Maures dans l'armée franquiste pendant la

[112] Daniel Pipes, « Les Soldats Noirs dans les Premières Armées Islamiques », *International Journal of African Historical Studies*, 1980. Article disponible en ligne : http://fr.danielpipes.org/8393/soldats-noirs-premieres-armees-islamiques

[113] Anciennes colonies, la Guadeloupe et la Martinique sont passées au statut de département français en 1946. Haiti quant à elle est devenue indépendante dès 1804.

guerre civile. On a aussi le fameux corps des Tirailleurs sénégalais qu'on a envoyé dans toutes les conquêtes et guerres que la France coloniale a menées. Du pays pays sakalava lors de la conquête de Madagascar jusqu'en Indochine en passant par le Liban jusqu' à Sétif en Algérie sans oublier le recrutement de masse lors des deux guerres mondiales. Ces Noirs utilisés par les puissances coloniales à la fin du XIXe et au XXe siècle, partageaient souvent des origines sociales communes: ils étaient pour la plupart issus des couches serviles des sociétés africaines. On n'est donc pas surpris de retrouver la même pratique en Amérique du Nord notamment après l'abolition de l'esclavage par la Grande-Bretagne dans toutes ses colonies. En effet, en 1807, le Parlement britannique adopte une loi pour interdire définitivement le commerce des esclaves à compter de l'année suivante. L'idée d'utiliser des esclaves comme soldats commença à être évoquée et parfois même appliquée comme ce fut le cas à Détroit en 1807 :

« Runaway Blacks were used to help to defend Detroit and served in Black military unit. In 1807, Upper Canadian slave-holder John Askin sent George, a Black 15- year-old, to Detroit on an errand. Blacks soldiers offered George a weapon and freedom. George considered staying but returned to Upper Canada and his master[114] ».

« Les Noirs "fugitifs" étaient utilisés pour aider à défendre la ville de Détroit et ils ont servi dans une unité militaire noire. En 1807, John Askin, un détenteur d'esclaves du Haut-Canada, envoya George, un Noir de 15 ans, à Détroit pour une course. Les soldats noirs ont offert à George une arme et la liberté. George envisagea de rester mais retourna dans le Haut-Canada et à son maître. »

Au début du XIXe siècle, émerge un mouvement anti-esclavagiste en Grande-Bretagne et en Amérique du Nord. C'est ici le lieu de préciser que loin d'être des actes dictés par des sentiments humanitaires, les véritables raisons de ce mouvement abolitionniste furent plutôt déterminées par des motivations économiques et surtout sécuritaires. Dans les premières décennies du XIXe siècle, les pays européens allaient connaitre une mutation économique engendrée par la Révolution Industrielle née en Angleterre au siècle précédent. Les besoins de l'Europe étaient de ce fait nouveaux. À la main-d'œuvre servile noire, devaient se substituer les machines. (Yves, Antoine, 2016, p. 38). Celles-ci peuvent désormais remplacer les esclaves dans les

---

[114] *Historica Canada*, Black History – Time Line 1800-1900.

plantations. C'est d'ailleurs ce qui explique que le nord des États-Unis, industrialisé en premier, a décidé de mettre fin à la servitude et a imposé au sud de renoncer à cette pratique. La suite est bien connue. Ce n'est donc pas un hasard si la Grande-Bretagne abolit l'esclavage dans ses colonies en 1833; la France fit de même quinze ans plus tard en 1848 et des nations comme le Brésil beaucoup plus tard (1890)[115].

À partir de ce moment les nations esclavagistes, se posèrent les questions suivantes : quelle utilisation faut-il faire des esclaves en Amérique du Nord? Peuvent-ils encore être profitables à leurs maîtres ou à leurs pays? Un autre facteur de taille qui explique l'interdiction de l'esclavage, c'est la résistance farouche que les esclaves ont opposé à ce système injuste et inhumain. Ce ne sont pas les esclavagistes devenus abolitionnistes qui ont libéré les esclaves noirs de leurs chaînes, mais les Nègres Marrons et les très nombreuses révoltes et insurrections qui ont ponctué leur histoire du début à la fin. La résistance fait partie intégrante de l'histoire du peuple noir. Ainsi, pendant le XIXe siècle et bien avant, on a noté des mouvements de résistance des esclaves contre leurs propriétaires un peu partout en Amérique[116]. Les plus connus sont ceux menés par les Marrons de la Jamaïque et surtout les esclaves à Haïti qui ont réussi à vaincre les armées de Napoléon et à chasser les maîtres en 1804. C'était inédit et impensable, car Napoléon avait à cette époque, la plus puissante armée d'Europe et par conséquent du monde. On peut aussi ajouter la révolte de la Nouvelle-Orléans, considérée comme la plus grande insurrection d'esclaves de l'histoire des États-Unis. Elle s'est déroulée du 8 au 10 janvier 1811 dans la région de la « Côte des Allemands » en Louisiane[117]. En dehors des révoltes physiques et violentes, il y a eu aussi des révoltes passives faites par des écrivains

---

[115] Voir aussi le livre de Nelly Schmidt, *L'abolition de l'esclavage : Cinq siècles de combats (XVIe-XXe siècle)*, Paris, Fayard, 2005 ou celui de Victor Schœlcher sur l'abolition de l'esclavage au Sénégal.

[116] Une chronologie intéressante des révoltes des esclaves du XVIe au XIXe siècle est répertoriée sur ce lien : https://www.nofi.media/2014/10/chronologie-des-revoltes-d-esclaves/1554?fbclid=IwAR3MZkZ9IINdzzThS6dmJoi1ghUe-cWUeBfMQYTPVnM_fUVD8PcTNmpagGI.

[117] https://www.nofi.media/2018/02/la-revolte-de-la-nouvelle-orleans/42442?fbclid=IwAR3t5_-Vw4hDrIOmTzsOQqPhbP3dPMIkyNibKqccsG_zQZKUO69lml_3DJw

noirs comme Olaudah Equiano[118] et bien d'autres qui par leurs écrits ont permis de mieux toucher l'opinion sur la dure réalité que vivaient les esclaves. Pour ces différentes raisons et bien d'autres encore, les nations esclavagistes précipitèrent successivement la fin de l'asservissement des Noirs et apportèrent un soutien de plus en plus réel à toutes les voix militantes pour son abolition. Ainsi, contrairement à l'idée admise selon laquelle l'abolition de l'esclavage est uniquement le fait d'un mouvement philanthropique, il est bien de rappeler que l'une des principales raisons est liée avant tout à l'existence d'un mouvement de résistance opiniâtre. Le fait que des esclaves se soient opposés à leurs propriétaires par des soulèvements sanglants est clairement mentionné par Sir Hastings parlant justement de Haïti (Saint-Domingue à l'époque) :

« Les Britanniques sont encore hantés par les soulèvements sanglants de Saint-Domingue. Sale affaire que ce massacre de Blancs. Le plus que nous pouvons demander c'est de faire cesser la traite. (Robin W. Winks, *The Blacks in Canada. A History*, 1997, p. 43).

Aux États-Unis par exemple, la loi sur l'abolition de la traite négrière fut également promulguée en 1808. Il fallut toutefois attendre le 1er août 1886 avant que le treizième amendement de la Constitution n'abolisse officiellement la servitude des Noirs dans ce pays. C'est dans ce contexte de changement dans la vie des Noirs que certains avançaient l'idée d'envoyer une partie des esclaves en Afrique. D'autres pensaient qu'il aurait été plus avantageux pour l'Amérique du Nord d'en faire un autre usage, par exemple en les mettant dans les armées. C'est ainsi qu'on voit des esclaves affranchis être reconvertis en soldats non seulement par les Britanniques mais aussi par les Français. Dès la fin du XVIIIe et au début du XIXe, la France commença à utiliser des esclaves affranchis dans ses possessions dans l'océan Indien[119] et ailleurs. Les Anglais l'avaient commencé eux dès les dernières décennies du XVIIIe siècle.

---

[118] Olaudah Equiano, né en 1745 à Isseke au Biafra au sud-est de l'actuel Nigeria et mort dans le Cambridgeshire le 31 mars 1797, plus connu en son temps sous le nom de Gustave Vassal, est un marin et écrivain britannique calviniste d'origine nigériane, qui vécut principalement dans les colonies britanniques d'Amérique et au Royaume-Uni. Il fut une figure importante de l'abolition de l'esclavage.

[119] Île Maurice, Île de la Réunion et les îles malgaches comme Sainte-Marie, Nosy-Bé, etc.

II. La guerre d'Indépendance américaine : un tournant dans l'utilisation de Noirs comme soldats en Amérique du Nord Britannique

En Amérique du Nord, l'utilisation réelle d'esclaves ou affranchis comme soldats remonte véritablement à la guerre d'Indépendance américaine (1775-1783). Pour faire face aux « rebelles » ou patriotes américains plus nombreux et très déterminés, les Britanniques n'hésitèrent pas un seul instant à faire appel aux esclaves noirs, leur demandant de combattre à leur côté. C'est dans ce contexte que furent créés les *Black Pioneers,* un des tout premiers corps militaires formés de Noirs qui se sont engagés du côté des Britanniques durant la guerre d'Indépendance. (Lawrence Hill, 2007, p. 127). Nombre de ces soldats se sont retrouvés en Nouvelle-Écosse après la guerre :
« Among those who arrived at Annapolis were two former sergeants in the Black Pioneers, Thomas Peters had been a slave in North Carolina until he took refuge with the British troops there; he had served with them, twice being wounded. Although illiterated he was ambitious and intelligent". (Robin. W. Winks, 1997, p. 43).
(Traduction : Parmi ceux qui sont arrivés à Annapolis se trouvaient deux anciens sergents appartenant aux Black Pioneers, Thomas Peters avait été esclave en Caroline du Nord jusqu'à ce qu'il se réfugie avec les troupes britanniques là-bas; il avait servi avec eux, ayant été blessé deux fois. Bien qu'analphabète, il était ambitieux et intelligent.)

Même si c'est avec la Révolution américaine que s'est concrétisée l'utilisation d'esclaves noirs comme soldats, il faut encore rappeler que l'idée a été évoquée bien avant cette période. Elle avait été même émise en Nouvelle-France dès le milieu du XVIIe siècle. Il s'agissait pour les Canadiens de convaincre le roi de France d'accepter officiellement la pratique de l'esclavage au nord de la Nouvelle-France (province du Québec) et d'appuyer l'arrivée d'Africains. Ces derniers pourraient non seulement servir comme domestiques, mais aussi être utilisés en tant que main-d'œuvre. Et plus tard, il serait possible de les employer comme défenseurs du Canada-français un vaste territoire sous peuplé et menacé à la fois par les Autochtones et surtout par les Anglais. On voit que cette volonté de se servir de Noirs comme soldats même si elle s'est concrétisée au Canada à partir de 1812, est tout de même ancienne. On n'est donc pas étonné qu'au XIXe siècle, avec les voix qui s'étaient élevées contre la pratique esclavagiste, on assista finalement à son abolition définitive. Ainsi, on chercha régulièrement à convertir les Noirs en soldats. Mais, il fallait en même temps être prudent en évitant de leur donner une grande liberté, de moyens militaires et surtout de faire d'eux de vrais professionnels. Partout au Canada, de l'Atlantique au Pacifique, on a eu recours à leurs services durant les moments de guerre comme il sera analysé dans le chapitre suivant. Même dans les Prairies canadiennes où leur immigration est plus tardive, cet usage de Noirs comme soldats existait :

« Others served in Negro regiments, recruited in Canada West by Osborn P. Anderson, Thomas F. Carey, or Josiah Henson. Seven hundred left Buxton alone". (Robin W. Winks, 1997, p. 288).

(Traduction : D'autres ont servi dans des régiments noirs, recrutés dans le Canada-Ouest par Osborn P. Anderson, Thomas F. Carey ou Josiah Henson. Sept cents laissèrent Buxton seul.)

III. Les promesses des Britanniques aux esclaves noirs

Un autre élément parmi les plus déterminants pour comprendre l'engagement des Noirs comme soldats dans les guerres canadiennes, est lié aux promesses que les autorités britanniques leur ont faites durant la guerre d'Indépendance américaine et celle de 1812. Dans ces deux guerres, les promesses alléchantes ont été faites aux esclaves noirs afin de regagner les forces britanniques pour combattre les Américains. Ces garanties consistaient, à obtenir la liberté, des terres, la « citoyenneté » et une promotion sociale, une fois les services rendus aux Britanniques. Plusieurs sources le mentionnent. À la une d'un célèbre journal new-yorkais, figurait une proclamation de Lord Dunmore, gouverneur de la Virginie. Celui-ci promettait la liberté à tous les Noirs qui accepteraient de combattre aux côtés des Britanniques pendant la guerre.

"Afin de restaurer le plus tôt possible la paix et l'ordre, disait la proclamation de Dunmore, je demande à toute personne capable de porter des armes de servir sous le drapeau de sa majesté (...) Et je déclare libres tous les domestiques engagés, Noirs ou autres (appartenant aux rebelles), capables de porter des armes et prêts à joindre les troupes de Sa Majesté le plus tôt possible, afin de ramener rapidement cette colonie dans le sens de son devoir envers la couronne et la dignité de sa

Majesté". (Lawrence Hill, 2007, p. 318).

À travers cette proclamation, on voit nettement que les Britanniques promettaient d'assurer la liberté et des garanties intéressantes faites aux Noirs s'ils acceptaient de se battre dans leurs rangs. On comprend dès lors que beaucoup d'esclaves aient cherché à quitter leur statut servile soient séduits par ces assurances. Au cours des premiers mois de la guerre, les Britanniques semblaient en meilleure position pour la remporter. Mais la situation allait bientôt changer notamment avec les deux batailles de Saratoga en automne 1777. Celles-ci sont considérées par la suite comme le tournant majeur de la guerre car les Britanniques venaient de subir une défaite cuisante. À cela, s'ajoute le soutien aux « rebelles » de pays étrangers telles que la France et l'Espagne. Ce qui finit par galvaniser les combattants américains. Les victoires de Saratoga conduisirent en effet les Français à reconnaitre l'indépendance américaine. Ils leur apportèrent un soutien militaire capital et même un appui financier. Une autre occasion aussi pour la France de se venger de la guerre de Sept ans. Face à cette situation et devant le nombre important de victimes du côté de leurs troupes, les Britanniques avaient de plus en plus besoin de renforts immédiats. Devant la difficulté de faire venir des combattants depuis Londres, ils se tournèrent sans hésiter vers les esclaves noirs. L'engagement de ceux-ci dans les forces loyalistes britanniques a rendu les rebelles américains fous de rage et a semé la confusion chez eux. Ils soutiennent que ce n'est pas acceptable de la part des Britanniques de voler des Noirs à leurs "bons" propriétaires (Lawrence Hill, 193, 2007, p. 319). Non seulement les Britanniques n'ont pas écouté ces critiques qui à leurs yeux n'ont aucun sens dans un contexte de guerre, mais ils sont allés encore plus loin dans leur volonté d'attirer les Noirs dans les rangs de leurs troupes en soutenant :

« Tous les esclaves noirs qui déserteront la cause des rebelles recevront une protection totale, leur liberté et des terres. (Extrait de la Proclamation de Sir Henry Clinton, commandant en chef des forces britanniques ». (Lawrence Hill, 1993, p. 320).

Il convient toutefois de noter que même si le métier de soldat était spécifiquement réservé aux hommes par la mention « toute personne capable de porter des armes », d'autres individus pouvaient apporter leur soutien en dehors de celui de combattant. Ainsi, tous les Noirs qui le pouvaient, proposèrent leurs services aux Britanniques. Ces derniers qui ne recherchaient pas que des soldats, engageaient aussi des

Noirs pour d'autres tâches comme cuisiniers, blanchisseurs, forgerons, débardeurs, etc. Ils avaient également besoin de tonneliers, de cordiers, de charpentiers et de nettoyeurs de latrines. C'est dans cette perspective que beaucoup de Noirs (des hommes et des femmes) ont répondu massivement à l'appel des Britanniques. On parle de plus de 5000 personnes qui ont répondu favorablement.

Du côté des Noirs, le fait de répondre positivement aux sollicitations des Britanniques leur procurerait plusieurs avantages. Ils espèrent avoir un autre pays, une autre patrie différente de ce qu'ils connaissent jusque-là. En démontrant un patriotisme et un ardent désir d'appartenir au Canada, les Noirs des treize colonies américaines voulaient surtout se venger du cours de l'histoire en se retournant contre un pays qui les avait tant faits souffrir. Pour concrétiser le rêve des candidats, la Nouvelle-Écosse leur fut présentée comme la Terre Promise par les Britanniques. Tous ceux et celles intéressés par ces promesses devaient s'inscrire dans le *Registre des Noirs*. (Lawrence Hill, 1993, p. 338). Parmi eux, il y avait des esclaves, des domestiques engagés et des soldats. En 1783, la guerre est terminée et les Britanniques sont vaincus. Par conséquent, tous ceux et celles qui les avaient soutenus, n'avaient d'autre choix que de les suivre dans leurs colonies du Nord à savoir le Québec, la Nouvelle-Écosse et Terre-Neuve et Labrador. Cependant, une fois arrivés dans leur nouvelle patrie, peu de Noirs se sont vu attribuer des Terres. Les Britanniques décident de les trahir en refusant d'honnorer leurs engagements. Seules les promesses faites aux loyalistes blancs ont été scrupuleusement respectées. Pis encore, les autorités britanniques avaient même réduit l'approvisionnement en nourriture pour les Noirs. Ce que déplore fortement Colin Thompson dans son livre consacré aux pionniers noirs au Canada :

"General George Washington meets with Guy Carleton in an unsuccessfully attempt to stop Blacks from escaping into British lines. One group of soldiers, The Black Pioneers, serves the British forces with distinction. After the American War of Independence, many of them come to the Maritimes where they fail to receive lands grants equal to those offered to other Empire soldiers". (Colin A. Thomson, 1979, p. 17-18).

(Traduction : Le général George Washington rencontre Guy Carleton dans une tentative infructueuse d'empêcher les Noirs de s'échapper dans les lignes britanniques. Un groupe de soldats, les Black Pioneers, sert les forces britanniques avec distinction. Après la guerre d'Indépendance américaine, beaucoup d'entre eux se rendent dans les Maritimes où ils ne reçoivent pas de concessions de terres équivalentes à celles offertes à d'autres soldats de l'Empire.)

Robin W. Winks en mentionant cette trahison, affirme clairement que les Britanniques n'ont pas du tout honoré les promesses qu'ils ont faites aux Noirs :

"Still, settlement did not go well anywhere in Nova Scotia, and misunderstandings over the nature and size of the promised grants of land rather than their segregation lay at the root of much of the Negroes' discontent, especially outside Shelburne County. In general, the government of Nova Scotia and, later, of New Brunswick offered a hundred of land to every head of a family, with an additional fifty acres for each member of that family, whether adult or child. A married couple with three children - the average free Negro family - might therefore expect to be granted three hundred acres of land. An alternative arrangement offered a town lot of one acre and fifty acres of farmland nearby. Several Negroes apparently were promised more land than this by officers who had no authority in the province; and in fact, they received much less, as we have seen". (Robin W. Winks, *The Blacks in Canada. A History*, 1997, p. 41).

(Traduction : Néanmoins, la colonisation n'a pas bien fonctionné nulle part en Nouvelle-Écosse et les malentendus sur la nature et la taille des concessions de terres promises plutôt que leur ségrégation, sont à l'origine d'une grande partie du mécontentement des Noirs, en particulier à l'extérieur du comté de Shelburne. En général, les gouvernements de la Nouvelle-Écosse et, plus tard, du Nouveau-Brunswick, ont offert une centaine de terres à chaque chef de famille, avec 50 acres supplémentaires pour chaque membre de la famille, qu'il soit adulte ou enfant. Un couple marié avec trois enfants - la famille nègre libre moyenne - pourrait donc s'attendre à recevoir trois cents acres de terre. Un arrangement alternatif offrait un lot urbain d'une acre et cinquante acres de terres agricoles à proximité. Apparemment, plusieurs Nègres se sont vu promettre plus de terres par des officiers n'ayant aucune autorité dans la province; et en fait, ils ont reçu beaucoup moins, comme nous l'avons vu.)

Enfin, Lawrence Hill pousse encore plus loin quand il affirme que c'est à cause des promesses non tenues par les Britanniques et des conditions de vie extrêmement difficiles que plusieurs loyalistes noirs de la Nouvelle-Écosse et du Nouveau-Brunswick ont choisi de rejoindre la

Sierra-Leone en 1792.

« Some got rocky, infertile lands and isolated locations. Others got none at all. Very little was done to help them get established and many suffered great hard ships ».

(Traduction : Certains ont des terres rocheuses et stériles et des endroits isolés. D'autres n'en ont pas du tout. Très peu a été fait pour les aider à s'établir et beaucoup ont enduré de grandes difficultés.)

La solution de retourner en Afrique, en allant s'établir dans la colonie britannique de Sierra-Leone, fut trouvée et pilotée par l'association anti-esclavagiste anglaise *English anti-slavery society* qui aida 1200 Noirs, des hommes, des femmes et des enfants à faire le voyage.

Certains restèrent malgré tout au Canada et ils refirent leur vie difficilement. Parmi eux, quelques-uns se tournèrent vers l'armée dans l'espoir de se faire une nouvelle carrière, obtenir une promotion sociale et une vie meilleure. C'est ce qui explique qu'on retrouve des Noirs dans les unités de milices en Nouvelle-Écosse tout au long du XIXe siècle avant que des mesures racistes et discriminatoires ne restreignent leur participation.

Peut-on reprocher aux Noirs leur engagement du côté des Britanniques? La réponse n'est pas simple puisqu'on ne peut pas refaire l'histoire. Ce qui est sûr est que ce ne sont pas les seuls à qui les Britanniques avaient fait des promesses pour les enrôler et les faire participer à la guerre. La communauté française du Canada a aussi eu des garanties de la part des Britanniques. En effet, après la guerre de Sept ans, la Nouvelle-France est tombée entre les mains des Britanniques. Pour éviter que le Québec et tous les Francophones du Canada s'allient aux rebelles américains pour chasser les nouveaux maîtres, ces derniers ont promis dans un document officiel *l'Acte du Québec de 1774* de tout faire pour que les Français du Canada gardent leur langue, la religion catholique et leurs coutumes. En contrepartie, ils restent neutres dans la guerre qui opposent les Américains aux Britanniques. Cette promesse a été respectée et c'est ce qui explique que les Français du Canada ont existé comme communauté avec une identité différente et la langue française a survécu dans un univers anglophone. Mais quelques années plus tard, il y a eu des élites politiques du Canada anglais qui ont voulu revenir sur ces garanties. Toutefois, cela n'a pas été facile et a même occasionné des révoltes dans le Bas-Canada (Québec) en 1837-1838. Pour ce qui est des Noirs, on peut expliquer ce refus de respecter les promesses par le racisme et leur infériorisation de la part des Blancs partout en Occident depuis les premiers temps des rencontres entre l'Europe et l'Afrique noire et la mise en place de l'esclavage transatlantique. En dehors de ces promesses non respectées et de la reconversion de Noirs comme soldats, un autre facteur permettant d'expliquer le recours à ces derniers est lié au désintérêt de certaines communautés autochtones à s'enrôler dans les guerres canadiennes qu'ils considèrent comme des conflits entre Européens.

IV. Démotivation des Autochtones et baisse de leur enrôlement dans les armées canadiennes après 1812

Les explorateurs européens qui arrivent au Canada au XVIe siècle débarquent sur une terre déjà habitée par une population indigène importante et hétérogène. Parfois ces populations entraient en conflit les unes contre les autres. Ces conflits préexistants allaient contribuer à façonner les réseaux d'alliances qui unissent les nouveaux venus et les peuples autochtones et allaient avoir d'importantes répercussions sur les guerres en Amérique du Nord jusqu'à la fin du XVIIIe siècle. Quand les Français et les Anglais entrent en conflit pour le contrôle d'une partie de l'actuel Canada, ils cherchent des alliés parmi les peuples des Premières Nations. Par exemple, pendant la guerre de Sept Ans (1756-1763), les Français obtiennent le soutien des Algonquins alors que les Iroquois réputés pour être de redoutables guerriers s'allient aux Anglais en leur apportant une aide précieuse. Au début du XIXe siècle, quand les Américains menacent d'envahir le Canada, les peuples autochtones ne sont plus capables de jouer le rôle aussi déterminant qu'ils avaient occupé par le passé dans les rivalités entre Européens en Amérique du Nord. D'abord, parce que leur population a considérablement diminué pendant que le nombre d'immigrants européens et de Noirs (réfugiés et "fugitifs" notamment) augmentait. Les peuples autochtones de l'Est du pays, submergés par l'afflux d'immigrants, voient rapidement décliner leur influence militaire et politique. Le nombre d'Européens dans la population du Haut-Canada passe de 60000 avant 1812 à plus de 400000 dans les années 1830, alors que la maladie continue de décimer la population autochtone déjà fortement réduite par les massacres perpétrés par les immigrants armés de l'Europe. Face à cette nouvelle réalité démographique, les résidents européens commencent à ne plus prioriser le potentiel militaire des contingents « tribaux » ou nationaux de guerriers autochtones. Les autorités coloniales britanniques commencent à les voir comme une source de problèmes plutôt que comme d'éventuels alliés militaires. On assiste ainsi au XIXe siècle à une profonde transformation des rapports que les Britanniques, et plus tard les Canadiens, entretiennent avec les peuples autochtones. Si ces derniers ont été très utiles pendant les guerres qui se sont déroulées en Amérique du Nord, leur participation allait donc progressivement diminuer au fil des années. Les raisons de cette baisse sont liées aux nombreuses guerres entre communautés autocthones et aussi celles contre les colonisateurs. Par conséquent, comme ils sont tassés par les Européens qui avancent vers l'Ouest, ils se replient vers le grand froid du Nord. C'est pourquoi, lorsqu'éclata la guerre de 1812, des Autochtones y participèrent certes mais pas à la hauteur qu'aurait pu être leur rôle. Pendant cette guerre, il y avait eu des chefs autochtones qui avaient une fois de plus apporté leur concours aux Britanniques. Sur le sol américain, les trois années de combats avaient occasionné de nombreux morts dont celle de leur chef Tecumseh. Cette guerre fut tellement tragique pour les peuples amérindiens de l'Est qu'ils décident par la suite de s'éloigner de l'armée. La mort de Tecumseh marqua non seulement la fin de toute véritable résistance dans le Nord-Ouest, mais aussi elle eut un retentissement dans le Haut et le Bas Canada. Elle découragea plusieurs membres autochtones à combattre dans les armées européennes avec les États-Unis ou avec le Canada. Le chef Odawa Naywash dira clairement à cet effet:

« Depuis que notre grand chef Tecumtha a été tué, nous ne nous écoutons plus les uns les autres, nous ne nous soulevons plus tous ensemble[120]. »

La fin de cette guerre marque ainsi un tournant dans l'engagement des Autochtones de l'Est dans les guerres canadiennes. À partir de ce moment, même si les Européens se tournent toujours vers ces peuples pour chercher leur appui, les choses n'allaient plus se passer comme elles l'étaient auparavant. La motivation a fortement diminué et beaucoup de chefs autochtones prônent la neutralité dans les guerres qui opposent les envahisseurs. Ainsi, le nombre d'Autochtones dans les unités canadiennes serait en baisse même si, quelques-uns allaient participer aux guerres canadiennes tout au long de XIXe siècle commence fut le cas

[120]http://www.encyclopediecanadienne.ca/fr/article/tecumseh-1/

lors des révoltes de 1837-1838 dans les Haut et Bas Canada ou encore durant l'expédition britannique dans le Nil (1884-1885) au cours de laquelle la Grande-Bretagne a demandé l'appui du Canada. Il faudra attendre le début du XXe siècle avec la Première Guerre mondiale pour les voir à nouveau former des contingents assez significatifs[121] pour servir dans les rangs canadiens. Durant la Seconde Guerre mondiale, leur participation est encore plus faible. Beaucoup étaient déçus des colonisateurs européens. Ces derniers ont massacré leurs ancêtres, confisqué leurs terres, détruit leur culture et mode de vie, les ont parqués dans des réserves et abusé de leurs filles et fils dans des pensionnats religieux. Or, le Canada était un pays peu peuplé et avait besoin d'hommes jeunes pour sa défense et sa sécurité. Le vide créé par les réticences et démotivations autochtones allait par conséquent être comblés en partie par le recrutement de soldats noirs. Ces derniers étaient très motivés. Ils voyaient l'armée comme l'une des rares solutions pour devenir véritablement libres, recommencer une nouvelle vie et avoir une patrie nouvelle, le Canada et surtout un moyen d'intégration. C'est pour ces raisons, que durant tout le long du XIXe siècle, pendant qu'on notait une baisse de la participation autochtone dans les guerres canadiennes, c'était l'inverse qui se passait chez les Noirs. C'est seulement au début du XXe siècle, avec la montée des préjugés raciaux et l'arrivée assez massive d'immigrants européens qui ont comblé le besoin démographique, que le Canada choisit de fermer la porte de l'armée aux combattants noirs malgré tout ce qu'ils ont apporté à ce pays et malgré leur ardent désir de le servir. C'est cela qui permet de comprendre le nombre modeste de Noirs qui s'étaient engagés entre 1914 et 1916. Il a fallu que la France et la Grande-Bretagne soient malmenées sur le champ de bataille par les Allemands pour qu'elles décident de faire appel aux populations des colonies d'Afrique, aux Noirs d'Amérique du Nord et aux différentes minorités vivant dans leur zone d'influence. C'est dans ce contexte qu'on note la tournée de Blaise Diagne[122] en AOF (Afrique

[121]4000 autochtones auraient combattu durant cette guerre. Pour plus d'information sur ce sujet, voir: Lackenbauer, P. Whitney, avec John Moses, R. Scott Sheffield et Maxime Gohier, « Les Autochtones et l'expérience militaire canadienne: une histoire » *Défense nationale et Forces canadiennes*. Dernière modification le 22 décembre 2009.

[122] Blaise Diagne est un homme politique français, né le 13 octobre 1872 à Gorée au Sénégal et mort le 11 mai 1934 à Cambo-les-Bains en France. Il est le premier africain élu à la Chambre des députés française. Il a joué un rôle majeur

Occidentale Française) en 1916, pour inciter les chefs traditionnels, les leaders d'opinion, les élites instruites à l'école française et les religieux communément appelés marabouts à mobiliser de jeunes africains pour aller combattre au front[123]. (A. Ba, 2012, p. 83). Au Canada, ce besoin de soldats et d'hommes pouvant être utiles à l'armée se voit dans le recrutement grandissant chez les Noirs et la formation d'un bataillon[124]spécialement composé d'Afro-Canadiens en Nouvelle-Écosse en 1916 indépendamment des autres bataillons qui comptent des minorités de Noirs. Enfin, il ne faut pas ommettre de mentionner un facteur intéressant qui a limité le recours au service militaire des Autochtones du Canada : c'est que certains officiers britanniques n'encourageaient plus leur enrôlement tout au long du XIXe siècle, tout simplement parce qu'ils estimaient qu'ils n'étaient pas très fiables, pas très dignes de confiance. Les Autochtones connaissent mieux l'environnement nord-américain que les Noirs par exemple et ils pouvaient déserter pour rejoindre la forêt, ou regagner les différentes armées de leurs communautés si celles-ci sont en conflits avec les Européens. N'ayant ni alternatives encore moins de moyens de s'enfuir dans la forêt ou ailleurs, les Noirs voyaient dans l'armée une des seules issues pour obtenir une vie meilleure. Cet élément est donc de taille pour bien saisir l'enrôlement des Noirs canadiens tout au long du XIXe siècle dans les différentes guerres canadiennes à l'intérieur comme à l'extérieur du pays.

---

dans le recrutement des soldats africains pour combattre avec la France durant la Première Guerre mondiale.

123 Voir aussi Marc Michel, *L'appel à l'Afrique, contributions à l'effort d guerre en AOF 1914-1919*, Paris, Publications de la Sorbonne, 1982.

124 Je reviendrai sur ce bataillon quand je parlerai des Afro-Canadiens dans la Première Guerre Mondiale.

Figure 18: Tecumseh (1768-1813), chef charismatique de la tribu des Shawnees. Son nom Tekoomsë signifie littéralement « Jaguar céleste » ou « Étoile filante ».

Source:
http://ici.radio-canada.ca/emissions/de_remarquables_oublies/serie/document.asp?idDoc=143182

V. Réticence des Canadiens-français de s'engager comme soldats : un vide à combler

Les Canadiens persistent sans doute à considérer leur défense comme limitée à celle du territoire national. Reste que le débat qui eut lieu en 1884-1885, autour de l'expédition de troupes canadiennes, pour défendre à l'étranger des intérêts anglais, ne tarda pas à ressurgir. (George F.G Stanley, 1974, p. 377). La réticence de certains Canadiens notamment les élites du Québec pour l'envoi de soldats francophones à l'étranger débuta avec les expéditions du Nil en Égypte et au Soudan en 1884-1885. Elle s'accentue lors de la guerre des Boers en Afrique du Sud 1899-1902 et tournent en véritablement conflit entre Francophones et Anglophones lors de la Première Guerre mondiale.

La guerre en Afrique du Sud et la Première Guerre mondiale sont très importantes pour analyser la réticence des Français du Canada à servir des causes britanniques à l'extérieur de leur pays. Le comportement belliqueux de la Grande-Bretagne à la fin du XIXe siècle et durant la Première Guerre mondiale eut des conséquences néfastes dans les rapports entre Canadiens-français et Canadiens-anglais[125]. Si le sentiment de patriotisme pousse les Canadiens d'origine britannique

[125] Je reviendrai plus en détails sur ces épisodes dans les pages qui suivent.

ainsi que des Noirs - voulant prouver leur appartenance au Canada- à rejoindre les rangs de l'armée, il ne conforte pas l'engagement des Canadiens-français majoritairement implantés au Québec et qu'on trouve aussi en bon nombre en Ontario et ailleurs au Canada. (Book, Michel, 2004, p. 119). Dans les provinces maritimes et partout au Canada, le refus de se faire recruter pousse plusieurs personnalités politiques anglophones à émettre de virulentes critiques envers les Canadiens-français. Ils les accusent de ne pas se montrer assez patriotes envers la couronne britannique et de ne pas faire preuve de bon sens en refusant d'apporter leur contribution à la Grande-Bretagne en guerre contre l'Allemagne, un ennemi aussi redoutable. Cependant, il faut bien étudier le contexte socio-économique pour mieux saisir véritablement les raisons qui sous-tendent le refus de l'enrôlement des Canadiens-français.

IV.1. Les Canadiens-français, une communauté qui se sentait de plus en plus exclue par la majorité anglophone

La population francophone du Canada fait face à un problème identitaire et d'exclusion sur la scène politique depuis la guerre de Sept Ans. Dès cette date qui marque la fin de la Nouvelle-France et le début de sa colonisation par les Britanniques, la cohabitation avec la majorité anglophone se fait difficilement. L'histoire du Canada regorge de plusieurs faits et épisodes qui démontrent ce malaise entre les deux communautés euro-canadiennes. L'un d'eux est la question de l'enseignement de la langue française dans les provinces à majorité anglophone. Ce fut le cas en Ontario, où en 1912, deux ans avant l'éclatement de la Première Guerre mondiale, le *règlement XVII* entre en vigueur. Ce dernier est un décret par lequel le gouvernement conservateur ontarien adopta une mesure visant à restreindre l'usage du français et à faire de l'anglais la principale langue d'enseignement dans les écoles élémentaires fréquentées par les élèves canadiens-français[126]. Le *Règlement XVII* limite l'enseignement du français et son usage comme langue de communication aux deux premières années du primaire. Dès

[126] Aujourd'hui encore en 2018, le gouvernement conservateur de l'Ontario joue toujours sur cette différence Anglophones et Francophones. Le premier ministre Doug Ford a pris la décision d'abolir le Commissariat aux services en français et d'abandonner le projet de création d'une université francophone.

sa promulgation, les Canadiens-français de l'Ontario s'organisent et livrent une lutte en faveur de leurs droits scolaires. Les principaux chefs laïcs et ecclésiastiques de l'Ontario français le dénoncèrent avec virulence. L'*Association Canadienne-Française d'Éducation d'Ontario* (ACFEO) fondée en 1910, prit la tête du mouvement de résistance. La lutte se dessine d'abord dans les écoles. Le *Conseil des Écoles Séparées d'Ottawa* (CESO) donna le ton en recommandant à ses enseignants de continuer à exercer en français comme avant. La décision du gouvernement ontarien de s'attaquer à un des éléments identitaires des Canadiens-français compliqua fortement les relations entre majorité anglophone et minorité francophone. Beaucoup de Canadiens-français et leur leader québécois Henri Bourassa ressentirent très mal cette décision. Ils ne voyaient les Anglais que comme des redoutables colonisateurs dont le but est de réduire à néant les éléments historiques et identitaires des Français du Canada. Face à cette situation, il n'est pas étonnant que deux ans plus tard, les Canadiens-français refusent de répondre présents à la campagne de recrutement quand éclata la Première Guerre mondiale et que la Grande-Bretagne demanda aux autorités canadiennes de mobiliser des soldats pour l'appuyer. Un autre élément important est lié au fait que la population française du Canada était majoritairement composée à l'époque par de fermiers, de ruraux occupés par les travaux agricoles et forestiers, c'est-à-dire des gens qui ne pouvaient pas être disponibles ni intéressés par le métier de soldat. Ces deux facteurs peuvent entre autres expliquer le non-engagement des Canadiens-français. Les Canadiens-anglais eux se sentaient au contraire très liés à la Grande-Bretagne, leur pays d'origine. Ils étaient plus animés par la volonté de défendre ce pays pour des raisons d'attaches identitaires et culturelles. Ensuite, il y a beaucoup plus d'Anglophones qui vivaient dans les villes. De ce fait, moins occupés par le métier agricole et par les fermes dans la campagne, ils étaient donc plus ouverts pour le recrutement d'autant plus qu'ils ont des salaires qui leur permettaient de subvenir à leurs besoins et ceux de leurs familles et d'échapper au chômage.

V.2. Les décisions politiques des autorités fédérales canadiennes motivent les Noirs

Pour faire face aux problèmes de recrutement de soldats notamment la démotivation autochtone et la réticence des Canadiens-français, le gouvernent fédéral du Canada se tourna de plus en plus vers les autres minorités. C'est dans ce contexte que l'armée s'ouvrit davantage aux Noirs, qui au début du XXe siècle en étaient écartés pour des raisons liées au racisme. Les autres minorités du tels que les Canadiens d'origine japonaise[127], l'étaient également. Si au début de la guerre, quelques soldats noirs recrutés en Ontario, dans les Prairies et dans les Maritimes avaient fait le voyage pour se battre en Europe, ils allaient bientôt être plus d'un millier à intégrer l'armée canadienne en tant que combattants ou travailleurs. Face au grand besoin en hommes, les autorités canadiennes n'eurent d'autre choix que de changer de façon de faire. Ils réalisent que les Afro-Canadiens avaient leur place dans l'armée et se tournent vers eux. Ainsi fut créé en 1916 le premier bataillon composé exclusivement de Noirs en Nouvelle-Écosse. Ensuite, le gouvernement fédéral instaure la Conscription en 1917. Le Premier Ministre du Canada Robert Laird Borden[128] créa en effet son propre gouvernement d'union où la Loi du Service militaire fut adoptée le 17 août. Cette nouvelle prescription stipulait que tous les citoyens de sexe masculin de 20 à 45 ans devaient participer au service militaire jusqu'à la fin de la guerre. Cette loi irrita au plus haut point les Canadiens-français à travers ce qu'on appelle la crise de Conscription, et se répercuta profondément sur l'identité nationale du pays (Monière, Denis; 1997, p. 361). En effet, les députés et agriculteurs français ainsi que des immigrants européens non britanniques[129] marquent leur désaccord. Décriée par les Canadiens-français mais aussi par les peuples autochtones, la loi sur la conscription est au contraire accueillie favorablement dans la communauté noire du

---

[127] Les Canadiens d'origine japonais ont formé aussi des bataillons lors de la Première Guerre mondiale à partir de 1916 et sont allés combattre au front en Europe.

[128] Né en Nouvelle-Écosse, Borden entre au Parlement provincial en 1896, prend la direction du parti conservateur en 1901 et est premier ministre du Canada de 1911 à 1920. Il s'adresse aux troupes canadiennes en Angleterre durant la Première Guerre mondiale en 1917.

[129] Il s'agit de minorités européennes installés au Canada : Irlandais, Allemands, Italiens, Européens de l'Est, Asiatiques, etc.).

pays.

V.3. La propagande militaire trouve un écho favorable chez les Afro-Canadiens

Le gouvernement fédéral du Canada utilisa aussi des moyens de propagande pour persuader les jeunes Canadiens de l'importance de s'enrôler dans l'armée comme c'est le cas aussi dans le reste de l'empire britannique et dans les colonies françaises d'Afrique noire, du Maghreb et de Madagascar. Au Canada, la publicité qui exalte le métier de soldat trouva preneurs chez les Afro-Canadiens. Les affiches et appels des autorités politiques et des associations créèrent au sein de la communauté noire du Canada un sentiment patriotique des citoyens et donna de la légitimité à l'effort de guerre. La propagande suscita chez les Noirs du pays un sentiment de solidarité très fort. Quelques affiches de la propogande (ci-dessous) pour le recrutement de soldats lors de la Première Guerre mondiale, permettent de comprendre, la décision de plusieurs Afro-Canadiens de rejoindre les rangs de l'armée. Pour tous ceux parmi eux qui cherchaient à prouver leur loyauté à la patrie canadienne, à vaincre les préjugés, à se faire une place dans le pays, c'est le moment de le démontrer.

Figure 19: Propagande pour recrutement de soldats de la Première Guerre mondiale.

Source : https://www.pinterest.ca/rexi44/black-history-military-and-law-enforcement/

Figure 20: Soldats afro-canadiens de la Première Guerre mondiale.

Source: https://www.pinterest.ca/rexi44/black-history-military-and-law-enforcement/

Figure 21: Cette propagande faite aux États-Unis pour inciter la population noire à s'engager dans l'armée durant la Première Guerre mondiale a été diffusée aussi au Canada pour pousser les Afro-Canadiens vers l'armée.

Source :https://www.pinterest.ca/rexi44/black-history-military-and-law-enforcement/

Figure 22: Dans les colonies anglaises d'Afrique, notamment au Nigeria, au Ghana ou en Ouganda, on retrouve les mêmes méthodes de propagande et de recrutement. Ce fut la même chose dans les colonies françaises.

CHAPITRE II : PARTICIPATION DES NOIRS AUX GUERRES CANADIENNES AVANT LA CONFÉDÉRATION (1812-1867)

La tradition du service militaire pour des Canadiens d'origine africaine remonte bien avant la Confédération. En effet, de nombreux Afro-Canadiens peuvent retracer leurs racines familiales à partir des Loyalistes qui ont émigré au Nord dans les années 1780, durant la Révolution américaine et qui ont fait les guerres canadiennes et britanniques. Ensuite, des soldats noirs déjà établis au Canada et d'autres qui ont quitté les États-Unis pour rejoindre le Canada suite à la guerre de 1812, ont participé activement à ce conflit qui dura jusqu'en 1815. Ces Afro-Américains devenus Afro-Canadiens ont pris part à la défense et à la sécurisation de leur pays d'accueil contre les attaques américaines. De ce fait, ils ont grandement collaboré à l'échec des envahisseurs. Ensuite, durant les rebellions des années 1837-1838 contre la Couronne britannique et la situation politique dans la colonie, des Canadiens noirs ont été sollicités pour faire partie des soldats recrutés dans le but de rétablir l'ordre. En outre, dans les années 1850, des Afro-Canadiens sont allés combattre avec d'autres Canadiens-Européens à l'étranger comme en Crimée (Russie) à partir de 1853 puis en Inde durant la révolte des Cipayes en 1857. En plus de ceux-ci, dans les années 1860, un corps d'unité noir The *Victoria Volunteers Rifle Corps* connu aussi sous le nom *African Rifles* est mis en place à Victoria en Colombie-Britannique pour des besoins de sécurité et de surveillance notamment contre les menaces autochtones. Ce corps dura cinq ans (1861-1865) et fut un des premiers dans la région. Quelques années plus tard (1863-1870), des *Fenians*, formés par des Américains et Canadiens d'origine irlandaise cherchèrent à se venger de la colonisation de l'Irlande par l'Angleterre en envahissant le Canada. Une fois de plus, ce pays eut recours à des miliciens dont des Noirs pour aider les troupes régulières à repousser les ennemis vers le sud. La participation de ces Noirs aux guerres canadiennes continue également après la naissance de la Confédération. Des soldats afro-canadiens furent également sollicités pour faire partie du voyage en Afrique du Sud lorsque la Grande-Bretagne demanda l'aide de son dominion canadien pour prendre possession des territoires boers entre 1899 et 1902. Enfin, beaucoup de soldats afro-canadiens ont été envoyés au front en Europe en tant que combattants ou dans le bataillon de construction lors de la Première Guerre mondiale. Ils n'ont pas été absents non plus quand éclata la Seconde Guerre mondiale. Dans ce chapitre, il s'agira de retracer cette participation militaire longue et méconnue puis la contribution déterminante mais oubliée des Canadiens noirs à l'édification du pays pour l'ajouter aux pages manquantes au grand livre de l'histoire du Canada.

I. *La Guerre de 1812 et son importance dans l'histoire du Canada*

La guerre de 1812 en Amérique du Nord est généralement considérée comme un conflit entre la Grande-Bretagne et les États-Unis. Mais ce conflit trouve son origine en Europe dans la grande lutte entre la France de Napoléon et la Grande-Bretagne, attirant d'autres nations à prendre parti. Dans le nord du continent américain, les États-Unis qui ont obtenu leur indépendance de la Grande-Bretagne après une sanglante guerre ayant duré plus de sept ans, bombent le torse et décident de prendre à la Grande-Bretagne sa plus grande colonie, le Canada. Se sentant désormais plus fort que « le père », le « fils » c'est-à-dire les États-Unis envahirent le Canada en 1812 pour l'annexer afin de former un seul pays. Les autorités militaires américaines pensant que les Britanniques allaient être incapables de gérer sur deux fronts (en Europe et en Amérique du Nord) occupent subitement des régions Canadiennes frontalières des États-Unis. Ainsi, les Canadiens, n'avaient pas d'autres choix que de s'unir derrière la Grande-Bretagne pour repousser l'agresseur. Face à la supériorité numérique de l'ennemi américain, Britanniques et Canadiens se tournent vers les peuples des Premières Nations pour obtenir leur soutien mais aussi et surtout font appel aux esclaves africains qui peuplent notamment le sud des États-Unis. La guerre dura trois longues années. Elle fit de nombreuses victimes et entraîna des conséquences encore actuelles au Canada. De nos jours, cette guerre est presque tombée dans l'oubli. Au Canada même, c'est à peine si on l'évoque dans les écoles. Et pourtant, elle constitue un événement crucial pour l'histoire de ce pays car c'est elle qui assura la survie d'un pays différent au nord des États-Unis et marqua le début d'une prise de conscience collective et nationale, une certaine identité commune ou en tout cas une volonté identique de vivre ensemble et de partager un même destin, celle de la nation canadienne. La guerre de 1812 qui est par conséquent le premier conflit qui poussa les Canadiens-européens (Français et Anglais) à s'unir, malgré leurs profondes différences et divergences, contre un ennemi commun et très redoutable, les États-Unis d'Amérique. C'est pour cela que ce conflit est encore cité par des élites politiques quand il s'agit de rappeler les moments forts de l'histoire du Canada. Les partis conservateurs des provinces et les leaders anglophones du parti conservateur fédéral comme Stephen Harper ancien premier fédéral, n'hésitent pas considérer cette guerre comme le point de départ de l'identité de la nation canadienne[130]. Pour les populations autocthones aussi la guerre de 1812 est un événement marquant. Si pour les celles de l'est canadien, ce conflit est une des dernières guerres auxquelles ils auront l'occasion de prendre part, tel n'est pas le cas pour des Noirs, pour qui cette guerre est une opportunité à saisir, un espoir pour se libérer définitivement. C'est donc à cette époque que les premières unités de miliciens canadiens noirs firent leur apparition. Depuis cette date jusqu'à la fin de la Seconde Guerre mondiale, les soldats afro-canadiens ont toujours été présents et ont montré leur attachement et leur désir de servir leur pays, le Canada.

I.1. Le déroulement des événements et les principaux terrains de bataille

En tant que colonie de la Grande-Bretagne, l'Amérique du Nord britannique a été balayée par la guerre. Incapable de frapper directement la Grande-Bretagne, les Américains ont ciblé le seul territoire britannique qu'ils pouvaient atteindre: le Haut et le Bas Canada, qu'ils ont tenté d'envahir à plusieurs reprises. Aux États-Unis, beaucoup croyaient que la prise du Canada, comme l'a dit l'ancien président américain Thomas Jefferson, était « une simple affaire de marche ». Les colonies britanniques des deux Canadas étaient défendues par 6000 soldats réguliers, des alliés autochtones et plusieurs milliers de miliciens parmi lesquelles des unités composées par de Noirs. Deux attaques américaines furent repoussées la première année de la guerre. L'une eut lieu à

130 Certaines élites et intellectuels francophones n'aiment pas trop ce point de vue car il remet en cause leur apport avant l'arrivée des Britanniques.

Queenston Heights au cours de laquelle une unité de combattants noirs s'est fortement illustrée[131].

I.1.a. Les forces en présence

En juillet 1812, le général Isaac Brock[132] qui avait la charge de diriger les combats, disposait de troupes réparties différemment. Dans l'actuel Ontario (Haut-Canada), principal théâtre des opérations, il n'y avait qu'un régiment[133] régulier britannique, le 41e, plus quelques hommes de la 10th *Royal Veteran Battalion* et du *Royal Newfouland Regiment*, ainsi qu'un petit détachement de 50 canonniers de la *Royal Artillery*, soit un total de plus de 1500 hommes (G F.G. Stanley, 1979, p. 214). Mais, il en fallait beaucoup plus pour réussir les lourdes tâches qu'exige cette guerre. Face à la supériorité numérique de l'effectif américain, le recours aux Autochtones et aux Noirs se révèle inévitable. En plus du manque d'hommes, il faut souligner aussi que la mission était énorme. En effet, les troupes recensées devaient protéger une frontière qui s'étend sur presque 1000 miles (1609 kilomètres), maintenir les communications avec Montréal et défendre Amherstburg, Chippewa, York, Kingston, et les forts Saint-Joseph, Érié et George. À l'arrière, se trouvent un régiment de territoriaux, le Glengarry Fencibles, en voie d'organisation, et la milice provinciale qu'Isaac Brock essaie de renforcer en entraînant des compagnies de flanc triées sur le volet. Dans les combats qui suivent, ces compagnies deviennent le pivot de la milice du Haut-Canada. C'est presque exclusivement dans leurs rangs que l'on recruta le bataillon de la Milice Incorporée, qui a été déterminant lors des opérations de la frontière de Niagara.

Dans le Bas-Canada, actuel Québec, on trouve une force un peu plus importante. Cinq bataillons[134] de ligne britanniques y sont en garnison pendant que d'autres sont cantonnés dans les Provinces maritimes. Il y a

---

[131] Je reviendrai sur cette unité dans les pages suivantes.

[132] Isaac Brockétait un général de division et administrateur britannique. Il est connu essentiellement comme un brillant commandant et stratège pour ses actions dans les colonies canadiennes. Ses efforts lui ont valu une médaille de chevalier, des accolades, ainsi que le surnom *The Hero of Upper Canada* (le Héros du Haut-Canada).

[133] Un régiment peut compter jusqu'à 1200 soldats.

[134] Un bataillon peut compter jusqu'à 300 soldats.

également les milices de diverses provinces. La plupart des bataillons n'existent que sur papier et dont les hommes n'ont reçu que peu de formation militaire, voire aucune, comme c'est le cas dans le Haut-Canada et le Bas-Canada. Il n'était pas possible d'envoyer au Haut-Canada une grande partie des troupes stationnées dans le Bas-Canada et dans les Maritimes. Du point de vue stratégique, ces régions restent la partie la plus importante de l'Amérique du Nord Britannique, et il aurait été un risque énorme que de les priver de leurs défenses. La prise de Québec et de Montréal couperait la ligne principale de communication entre l'Atlantique Nord, placée sous domination britannique, et les territoires du Haut-Canada: tout le pays tomberait alors aux mains des Américains (G F.G Stanley, 1979, p. 215). La seule force dont disposaient les Britanniques et les Canadiens pour faire face à l'envahisseur américain est la force navale dont le Haut-Canada jouit sur les Grands Lacs. Il se trouve que les Grands Lacs n'allaient pas être les seuls champs de bataille dans cette guerre avec les États-Unis dont la frontière avec le Canada est la plus longue au monde. Il est en effet clair que la guerre se joue au sol. Il faut donc mobiliser des troupes au plus vite et surtout des troupes très déterminées. Or, il s'avère que les esclaves noirs font partie de ceux qui sont les plus motivés dans cette guerre car leur avenir, leur liberté et leurs conditions de vie en dépendent. Voilà pourquoi ils se montrent très disposés à combattre aux côtés des Britanniques et des Euro-Canadiens. Ils se portent volontaires dès qu'on leur ouvre les portes de l'armée.

Quant à l'ennemi américain, il avait à sa disposition les atouts suivants: si les soldats américains sont moins formés et militairement moins équipés que les Britanniques, une chose est certaine, l'avantage démographique tourne en leur faveur. Les effectifs des États-Unis étaient deux fois supérieurs à ceux du général canadien Isaac Brock. Il n'est donc nullement surprenant que les Britanniques recourent au service des Autochtones et surtout des Noirs. Le déroulement des opérations le confirme assez nettement.

I.1.b. Les principaux champs de batailles

Les combats les plus déterminants de la guerre eurent lieu principalement dans le Haut-Canada et dans une moindre mesure dans le Bas-Canada. Il s'agissait des épisodes suivants: Détroit, Queenston

Heights, Moraviatown, Stoney Creek, Niagara, Chateauguay et Chrysler's Farm. Plusieurs historiens ont relaté ces événements. Parmi eux, George G. F. Stanley, *Nos soldats, histoire militaire du Canada de 1604 à nos jours*. Dans son livre, l'auteur consacre tout un chapitre (5), ce qu'il appelle la guerre de survivance (1812) et ses principales batailles. Il y a également Desmond Morton, auteur du livre *Histoire militaire du Canada*. Il apporte un éclairage sur les différentes batailles au cours de cette guerre. Ces deux livres ainsi que d'autres écrits par des spécialistes de l'histoire des Afro-Canadiens comme Robin W. Winks, Lawrence Hill ou encore le sociologue Joseph Mensah puis des articles et des documents d'archives, sont nos principales sources d'information pour mieux étudier la part des Noirs dans cette guerre de 1812 et son importance dans la construction du Canada. Si l'apport des recrues noires n'est pas mentionné dans toutes les batailles de cette guerre, il demeure incontestable que les Afro-Canadiens étaient présents lors des opérations. Ils se sont illustrés dans plusieurs épisodes y compris les plus stratégiques et déterminantes du conflit, celles qu'on pense être les tournants ou qui ont remotivé les troupes britanniques et canadiennes à savoir: Détroit, Stoney Creek, Niagara, Fort-George et celle de Queenston Heights, etc.

La bataille de Détroit

Le premier front d'attaque que les Américains ont ouvert est celui élaboré par le commandant en chef Henry Dearborn, vétéran de la guerre d'Indépendance américaine. En fait, la partie ouest du Haut-Canada était le dernier maillon d'une chaîne d'approvisionnement longue et fragile, et sa vulnérabilité en a fait une zone fortement contestée pendant toute la guerre. Dès le début des hostilités, le poste de Détroit était devenu d'une importance cruciale pour les deux camps. Les États-Unis ont rapidement choisi la frontière de Détroit comme voie principale d'invasion et pour la rupture des communications entre Britanniques et Premières Nations à l'ouest. Pour leur part, les Britanniques étaient décidés à conserver la région, justement pour maintenir cette liaison. Le général américain Hull fut le premier à traverser la frontière, et il occupa Sandwich (maintenant Windsor). L'occupation fut de courte durée; le général Brock, commandant des forces britanniques du Haut-Canada (jusqu'à sa mort à Queenston Heights), amena des renforts notamment des recrues noires qui avaient fui les États-Unis pour se joindre aux Britanniques mais aussi il a réussi à rallier le concours des Autochtones avec Tecumseh à leur tête. En août, cette coalition força les troupes de l'ennemi à se reculer, puis à céder le fort américain de Détroit. La victoire britannique fut une merveilleuse nouvelle pour le moral des habitants du Haut-Canada. En effet, une défaite aurait empêché les Britanniques de défendre la province avec succès au cours des deux années suivantes. Le plan des Américains qui consistait à envahir l'actuel Ontario (le Haut-Canada) en deux endroits très éloignés l'un de l'autre: sur la rive de la rivière opposée à Détroit, à l'ouest, et sur celle de la Niagara à partir de l'État de New York ne se réalisa pas. Mais, il s'en est fallu de peu. En effet, lorsque les premiers combats éclatent dans la ville de Détroit, le 11 juillet 1812, la petite force canadienne ne résiste pas. Elle se replie sur la ville d'Amherstburg. Il a fallu attendre quelque temps, environ un mois pour que le général Brock puisse mobiliser une force de 50 réguliers et 250 miliciens venus d'York (actuel Toronto) et arrive à Amherstburg le 13 août. Ces miliciens, avec de nouvelles recrues noires et autochtones épaulent les troupes régulières. Cette pratique qui consiste à recourir à des colonisés ou à des esclaves comme combattants afin de vaincre l'ennemi n'est pas une particularité dans les guerres nord-américaines. On la retrouve aussi dans les colonies britanniques d'Afrique. Par exemple en Afrique Occidentale les WAFF's[135], une force militaire composée de recrues locales a joué un rôle majeur pour que la Grande-Bretagne puisse s'emparer de vastes colonies comme le Nigeria, la Gold-Coast (Ghana actuel) ou encore le Soudan qu'elle a failli perdre au profit des Français en 1898 avec le célèbre épisode de Fachoda. (A. Ba, 2012, p. 46-47). C'est donc la même pratique que l'on retrouve un peu partout dans les possessions britanniques.

Ayant par conséquent obtenu beaucoup de renforts notamment des milices mises en place chez des Autochtones et chez des Noirs, les Britanniques et les Canadiens attaquent Détroit à coups de canon tirés de la rive canadienne puis ils somment Hull de capituler. D'autres renforts arrivent le lendemain matin et les Britanniques débarquent sur la rive américaine avec 700 soldats (dont 500 miliciens parmi lesquels des Noirs) et 600 Autochtones[136]. Ragaillardis, les assaillants se préparent à une

---

[135] Troupes coloniales britanniques recrutés en Afrique de l'Ouest dans l'actuel Nigeria et le Ghana (ancien Gold Coast).

[136] https://www.erudit.org/en/journals/jcha/2012-v23-n1-jcha0586/1015727ar.pdf

véritable attaque. Le général américain Hull concède la victoire et se rend avec toute son armée, 35 canons et une grande quantité de matériel. Le général Isaac Brock remporte une victoire retentissante et ruine la première moitié du plan de conquête de l'ennemi. Le matériel pris aux vaincus pallie le manque d'armes de la milice. Brock, ayant assuré la sécurité de la frontière à l'ouest, peut désormais porter son attention sur la frontière du Niagara, d'où se préparait une incursion est imminente (G F.G. Stanley, 1979, p. 218-219).

L'apport des recrues autochtones et des Noirs même s'il n'était que vaguement ou totalement occulté (pour les Noirs) est pourtant d'une importance majeure dans ce premier champ de bataille qu'est celui de Détroit. On remarque la même chose ou même plus encore dans les opérations qui se sont déroulées à Queenston Heights.

La bataille de Queenston Heights

Après les événements de Détroit et la déroute des Américains, ces derniers ouvrent un autre front stratégique à Queenston Heights. La mission d'attaquer le Haut-Canada sur la frontière de la rivière Niagara revenait au général Van Rensselaer, commandant de la milice de l'État de New York. Les Américains disposaient environ de 6300 hommes dont 3650 réguliers. Leurs adversaires britanniques et canadiens avaient dans leurs rangs 1750 combattants dont des Autochtones et des Noirs qui contribuèrent fortement à la défense du Haut-Canada contre les envahisseurs américains. Le *Coloured Corps* (également connu comme le Corps d'hommes de couleur du capitaine Runchey ou le Corps d'hommes noirs) a joué un rôle majeur dans cette bataille de Queenston Height. C'était une compagnie de miliciens formée exclusivement de combattants. Créé au Haut-Canada, où l'esclavage est limité en 1793, le corps était composé d'hommes libres et d'esclaves qui ont quitté fraîchement les États-Unis. Bon nombre des hommes libres étaient d'anciens combattants de la Révolution américaine qui se sont installés au Canada après la guerre de Révolution. Le *Coloured Corps* avait été très actif lors de la guerre de 1812. Il participa pleinement à la bataille des Hauteurs-de-Queenston et à celle du Fort George avant d'être rattaché au Corps royal du génie à titre de compagnie de construction. Parlant de cette compagnie de *Coloured Corps*, Lawrence Hill soutient qu'un certain nombre de volontaires de la région de Niagara étaient regroupés dans une nouvelle unité, la *Company of Coloured Men*, qui joua un rôle essentiel lors de la bataille de Queenston Heights:

« In 1812, war broke out again between Britain and United States, and this time, much of the fighting was done on Canadian soil, especially in Upper Canada. Many Africans fought for the British, and some of them joined a special military unit for Blacks, called *Capitain Runchey's Company of Coloured Men*. The United took part in the many border skirmishes and several major battles, including the war's most famous one, the battle of Queenston Heights » (Lawrence Hills,1993, p. 23).

(Traduction: En 1812, la guerre reprit entre la Grande-Bretagne et les États-Unis. Cette fois-ci, une grande partie des combats se déroulèrent sur le sol canadien, en particulier dans le Haut-Canada. De nombreux Africains se sont battus pour les Britanniques et certains d'entre eux ont rejoint une unité militaire spéciale pour les Noirs appelée la Compagnie des hommes de couleur du capitaine Runchey. Les États-Unis ont pris part aux nombreuses escarmouches à la frontière et à plusieurs batailles majeures, dont la plus célèbre de la guerre, la bataille de Queenston Heights.)

Les combattants noirs du *Coloured Corps* étaient sous les ordres de Robert Runchey lui-même commandé par le général Isaac Brock, le héros de Détroit. Pour empêcher les Américains de traverser la rivière du village de Queenston, situé juste au bas de l'escarpement de la rivière Niagara, Brock mit en place le détachement du 49e régiment, sous les ordres du capitaine Dennis et quelques miliciens du *York Volunteers* et de la *Lincoln Militia*, soit environ 350 hommes au total. Les hostilités qui devaient débuter la nuit du 12 octobre 1812, lorsque les Américains essayaient de traverser les 250 verges de tourbillons qui émergent des gorges de Niagara, eurent lieu beaucoup plus tard. (G F.G. Stanley, 1979, p. 221-222). Lorsque finalement les Américains attaquèrent, bien qu'en surnombre, ils furent repoussés par les forces canadiennes et britanniques. Pour en finir une bonne fois pour tout contre les envahisseurs, le général Brock ordonna à tous ses hommes disponibles de se rendre à Queenston et de partir au galop vers le village. En véritable chef de guerre, Brock lui-même donna l'exemple en montant témérairement à la charge. Il fut finalement atteint d'une balle. Sa mort au combat fit de lui un héros. Son aide de camp, le lieutenant-colonel McDonell, fut lui aussi tué. Mais les Américains ont essuyé de lourdes pertes et il ne leur restait que très peu de munitions. Ils commencent alors à désespérer d'autant plus que les renforts qu'ils attendaient de la milice de New York refusent de combattre. Démoralisés et fatigués par la guerre, se trouvant sur les hauteurs canadiennes dont un général de brigade et cinq lieutenants colonels, les 958 combattants américains furent obligés de se rendre. L'héroïsme des soldats noirs engagés aux côtés des 41e et 49e divisions d'infanterie est mentionné. Ils firent preuve de courage et d'une habileté d'exécution considérable. Puis ils chargèrent l'ennemi », provoquant sa capitulation. À cause de son absence le matin de la bataille, Robert Runchey dut démissionner. La compagnie se retrouva temporairement sous le commandement du lieutenant James Cooper, de la 2e milice de Lincoln. D'après les dépêches de l'époque au sujet de Cooper, celui-ci dirige ses hommes « en faisant preuve d'un grand courage ». Sous les ordres de Sheaffe, les Noirs, estimés entre 150 et 200 environ, étaient présents lors de ces événements de Queenston Heights. Ceux-ci, bien que marqués par la triste perte du vaillant Brock, constituèrent une autre victoire canadienne et britannique sur l'ennemi américain et remontèrent davantage le moral des habitants du Haut-Canada. (G F.G Stanley, 1979, p. 222-223).

Le *Coloured Corps* a participé aussi à la bataille de Fort George. Au cours de celle-ci, la compagnie du Corps des combattants noirs fut transformée en une unité de milices de service général. Celle-ci passa l'hiver au Fort George afin de se préparer pour la bataille décisive. Les combats s'engagent le 27 mai 1813, lorsqu'un grand détachement américain lance une attaque maritime contre le fort. Dépêchés sur la plage pour s'opposer au débarquement, la milice afro-canadienne et les troupes britanniques « échangent une rapide salve destructrice » avec l'ennemi qui se trouvait tout près. Cette unité perdit quatre hommes, qui furent blessés ou faits prisonniers, avant d'être repoussé par les tirs de l'artillerie navale américaine. Puis, elle batit en retraite vers Burlington Heights avec les troupes du brigadier général John Vincent. Le reste de l'année, le *Coloured Corps* prit part au blocus de l'armée américaine au Fort George, où il endura les mêmes privations et conditions difficiles que les troupes britanniques.

Compte tenu du rôle important joué par le *Coloured Corps* durant les batailles les plus stratégiques et les plus déterminantes de la guerre de 1812, à savoir celles de Détroit, de Queenston Heights, de Fort George ou encore de Stoney Creek, il n'est pas inutile de marquer un peu le pas sur ce corps afin de mieux comprendre les raisons et les conditions de sa formation, son historique et sa vraie utilisation durant les premières décennies du XIXe siècle dans les guerres canadiennes.

Formation du *Coloured Corps*

Vers 1812, le spectre grandissant d'une invasion américaine représente une menace considérable aux libertés accrues dont jouissaient certains Afro-Canadiens. Ce qui en poussa plusieurs à rejoindre les rangs des milices. Ils étaient persuadés qu'une victoire américaine pourrait conduire à maintenir l'esclavage encore plus longtemps. C'est pourquoi, des Noirs libres servent dans la milice depuis sa mise sur pied en 1793. Toutefois, la création d'une compagnie indépendante, constituée entièrement d'Afro-Canadiens, ne fut proposée qu'à la veille de la guerre de 1812, lorsque Richard Pierpoint proposa de former un corps d'hommes de couleur à la frontière du Niagara. Initialement rejetée par le gouvernement du Haut-Canada, l'offre fut révisée après l'occupation américaine de Sandwich (Windsor) le 12 juillet 1812. À la fin du mois d'août, le noyau d'une compagnie d'hommes noirs est formé à Niagara, au sein de la 1re milice Lincoln. Cependant, au lieu de désigner Richard Pierpoint comme chef, on confie le commandement de cette unité à un officier blanc de la région, le capitaine Robert Runchey. Qualifié de « mécontent gênant et sans envergure », celui-ci se montre à la hauteur de sa réputation de mauvais dirigeant en séparant les hommes noirs des autres miliciens. Dans certains cas, il rétrograde même des officiers noirs au rang de domestiques au service d'autres officiers. Comme on pouvait s'y attendre, le recrutement s'avère difficile dans la péninsule du Niagara. Le Corps des hommes de couleur de Robert Runchey demeura de petite taille. Au début du mois d'octobre, 14 soldats noirs de la 3e milice de York furent mutés dans cette unité. La majorité des hommes vivaient au Haut-Canada dans des villes et villages de la région de Niagara, à York (Toronto), et dans la baie de Quinte, près de Belleville (voir Quinte West). L'un d'eux, George Martin, de Niagara, avait été libéré de l'esclavage par son père, Peter Martin, en 1797. Quatre ans auparavant, ce dernier avait signalé l'incident impliquant Chloe Cooley au lieutenant-gouverneur John Graves Simcoe. Cet événement avait précipité l'adoption de la Loi limitant l'esclavage au Haut-Canada. Une fois portée au nombre d'environ 40 hommes, la compagnie entama sa formation militaire au Fort George. Son nombre ne cessa d'augmenter, atteignant selon certains auteurs entre 300 et 400 recrues[137]. Les milices noires continuérent de servir dans les batailles qui eurent lieu durant toute la guerre notamment à Morontviatown et surtout la seconde bataille de Niagara.

La bataille de Moraviantown

Après leurs échecs de 1812 à Détroit et à Queenston Heights, les Américains opèrent un grand changement avant le début de la bataille de Moraviantown. Leur ministre de la Guerre du nom de Eustis est remplacé par le général John Armstrong qui, pendant les élections présidentielles, avait soutenu les Républicains et la guerre. Il est décrit comme un homme fort, "extrêmement querelleur" et assez compétent et capable de redonner espoir aux Américains. Pour mener à bien les opérations, le nouveau commandant confie au général Harrison la mission de bloquer l'avancée du commandant britannique Procter à l'ouest, tandis qu'il incombe à Dearborn de prendre Kingston, puis d'attaquer la capitale provinciale, York et de s'en emparer. Ce qui permettrait de passer tranquillement à l'attaque décisive du Fort George. (D. Morton, 2007, p.80-81). L'arrivée de ce nouveau commandant apporte ainsi plus de motivation aux Américains qui avancent de plus en plus sur la position britannique de Frenchtown et forcent la garnison à se replier sur Brownstown au début de janvier 1813. Mais les forces britanniques et canadiennes ne se laissent pas intimider. Procter réagit rapidement contre la menace américaine. Il avait sous ses ordres 500 soldats britanniques et canadiens mais aussi un nombre important de recrues autochtones (450 environ). Avec cet effectif, il traversa la glace et surprend les Américains sur les bords de la rivière Raisin. Le commandant, le général Winchester fut prisonnier, et de nombreux Américains perdirent la vie alors qu'ils s'enfuirent à travers les bois pour échapper aux Autochtones qui les poursuivaient. Les Américains laissèrent derrière eux 397 morts ou disparus et 536 prisonniers; 33 hommes seulement avaient pu s'échapper. Les Britanniques eux avaient eu 24 morts et 158 blessés. (G F.G Stanley, 1979, p. 224).

Si cette nouvelle victoire avait renforcé le moral des Britanniques et des Canadiens, la suite des événements n'allait pas être aussi facile qu'ils

---

[137]http://encyclopediecanadienne.ca/fr/article/le-coloured-corps-les-afro-canadiens-et-la-guerre-de-1812/

ne le pensaient. En décidant d'empêcher les Américains de reprendre Détroit, Procter avec 900 soldats, dont 406 miliciens canadiens, et 1200 Autochtones sous les ordres de Tecumseh, livra l'une des premières batailles les plus difficiles pour les Canadiens et les Britanniques. Malgré des victoires au début, la fin de cette bataille tourna au désastre pour les forces britanniques et canadiennes. Les Autochtones qui avaient démontré une grande détermination furent presque tous massacrés ou s'étaient enfuis dans la forêt. Leur chef Tecumseh mourut sur le champ de bataille. À partir de cette date, l'utilisation des Autochtones dans les guerres commence à être décriée. Les Autochtones eux-mêmes ne s'intéressent plus aux querelles opposant des Européens qu'ils considèrent comme des envahisseurs, leurs ennemis de toujours. Les choses sont alors à refaire pour les Canadiens et Britanniques qui pensaient que tout allait bien finir pour eux. L'année 1813 apparaît ainsi comme un tournant dans cette guerre et les troupes des deux camps allaient s'affronter à Niagara puis à Chateauguay et Chrysler's Farm. Les Noirs sont de plus en plus sollicités pour compenser le vide laissé par les Autochtones. Ils continuent de venir des États-Unis et prennent part aux combats des années 1813 et 1814 notamment à Niagara et lors des opérations de Stoney Creek.

La bataille de Stoney Creek

La bataille de Stoney Creek eut lieu durant la nuit du 5 au 6 juin 1813. Fort George ayant été capturé à la fin du mois de mai, le major-général américain Henry Dearborn était prêt à lancer une nouvelle attaque dans le Haut-Canada, mais des hésitations et le mauvais temps empêchèrent le brigadier américain Winder et ses 1400 hommes d'avancer vers Burlington jusqu'au 2 juin. Àprès cette date une autre brigade commandée par le brigadier Chandler rentra dans la danse. Les deux brigades se rencontrèrent à Forty Mile (Grimsby, Ontario) et prirent la route de Stoney Creek le 5 juin. Cette nuit-là, les troupes installèrent leur campement dans un champ, non loin de la route.

L'attitude et la cadence relativement décontractées des troupes américaines allaient donner aux Britanniques une occasion de prendre le dessus. Un jeune homme des environs, Billy Green, avait recueilli des renseignements cruciaux sur les troupes américaines, notamment l'endroit où elles étaient stationnées et leur répartition. Il se rendit à cheval à Burlington où étaient stationnés les Britanniques qui le prirent d'abord pour un espion américain. Green transmit bien vite toutes les informations qu'il avait glanées au lieutenant-colonel John Harvey qui avait par ailleurs obtenu d'un prisonnier récemment libéré les mots de passe des troupes américaines à Stoney Creek. Il y avait peu de sentinelles et la forêt voisine offrait un excellent abri.

Le raid britannique de nuit sur Stoney Creek

Harvey défendit ardemment auprès de son supérieur, le brigadier-général John Vincent, l'idée de lancer une attaque nocturne, fort risquée, contre l'ennemi endormi dans le but de frapper fort et rapidement avant qu'il ne puisse faire appel à des renforts. Vincent accepta, Harvey et 700 de ses hommes des 8e et 49e régiments lancèrent une attaque-surprise contre les troupes d'invasion américaines composées de 3500 hommes. Les Britanniques avancèrent en silence; ils avaient retiré la pierre à feu de leurs mousquets pour éviter que des coups de feu ne soient tirés accidentellement. Green, natif de Stoney Creek, aurait déclaré à son petit-fils qu'on lui avait demandé d'aider les troupes à traverser la forêt. Les sentinelles furent bâillonnées avant qu'elles ne puissent donner l'alerte, et il se trouva que l'ennemi n'était pas très discipliné, pas plus d'ailleurs que certains soldats britanniques des troupes régulières, qui refusèrent de garder le silence et tirèrent des coups de feu un peu trop tôt. Les Américains se réveillèrent, découvrirent leur campement envahi par les tuniques rouges et illuminé par des feux. Ils eurent beaucoup de difficultés à charger leurs mousquets alors qu'au même moment, les Britanniques lançaient leur attaque. Malgré la confusion et les effusions de sang, les troupes de Harvey réussirent à se replier, emportant avec elles un butin de taille. Le major Charles Plenderleath, commandant du 49e régiment britannique, ordonna à ses hommes de saisir les canons de campagne de l'ennemi avant qu'il n'eût le temps de les charger. Remarquant une agitation autour des canons, Chandler courut pour rappeler ses hommes à l'ordre - du moins était-il convaincu qu'il s'agissait de ses hommes - et fut fait prisonnier par les Britanniques qui avaient pointé leur baïonnette sur lui. Le même sort fut réservé à Winder; les deux commandants de brigade furent faits prisonniers. Les canons furent saisis, affaiblissant ainsi la chaîne de commandement américain et la puissance de feu dont ils auraient pu disposer pour se rassembler et transformer l'attaque britannique en déroute. Les Britanniques se replièrent, avec à leur actif, une victoire décisive.

Pour les Britanniques, ce fut une attaque audacieuse, risquée, mais qui porta fruit grâce autant à la chance qu'au talent. Le prix de cette victoire fut élevé: 23 morts, 134 blessés et 5 disparus. Les Américains recensèrent 55 hommes tués, de nombreux blessés et une centaine de disparus. Ils se replièrent bien vite à Fort George, poursuivis par des éclaireurs britanniques ou autochtones. Le colonel James Burn du 2e régiment de dragons légers avait dirigé le repli et avait rapporté ses actions au général Dearborn. À la suite de la capture de deux officiers, ne disposant que de très peu de munitions, il ordonna la tenue d'un conseil auquel furent conviés tous les officiers supérieurs. Les Américains espéraient se réapprovisionner à Forty Mile Creek, mais ils s'aperçurent assez rapidement que le campement avait été entièrement détruit par l'escadron naval de sir James Yeo, le nouveau commandant naval britannique du lac Ontario. Si Yeo était capable de s'en prendre aux 40 miles (65 kms) de logistique et de communication qui devaient être franchis pour obtenir des renforts, il n'y avait d'autre choix que de retourner à Fort George. Les Américains durent faire face à de nombreuses escarmouches tout au long du trajet de retour et nombre de leurs hommes faits prisonniers. Les recrues noires ont joué un rôle déterminant dans la bataille de Stoney Creek. En effet, après les événements de Fort George, le 27 mai 1813, le *Coloured Corps* appuie les troupes britanniques lors des combats de Stoney Creek à partir de Burlington à près de 13 km de là. Ce renfort de soldats noirs permit aux troupes britanniques et canadiennes de prendre l'avantage sur les Américains.

La bataille de Stoney Creek, un tournant dans la guerre de 1812

La bataille de Stoney Creek marqua un tournant dans les opérations militaires des Américains au Haut-Canada. Bien qu'étant toujours maîtres de Fort George, leur champ d'action pour prolonger et renforcer leurs victoires était limité par le nombre d'avant-postes britanniques qui se refermaient sur eux. Comme allait l'être la bataille de Beaver Dams deux semaines plus tard, celle de Stoney Creek permit de replacer la péninsule de Niagara sous contrôle britannique et canadien et mit fin à la tentative américaine de conquérir la région occidentale de la province. Cette bataille marqua également un tournant dans la carrière de Harvey qui allait ajouter d'autres victoires à son tableau, notamment celles de Crysler's Farm, Lundy's Lane et Fort Érié. Les efforts déployés par

Greene, lui valurent d'être surnommé le Paul Revere du Canada. Et il sera immortalisé par le musicien canadien Stan Rogers dans l'une de ses chansons.

La première bataille de Niagara (1813)

Les événements qui se déroulent sur la frontière de la rivière Niagara sont nettement plus importants pour la défense du Canada. (G F.G Stanley, 1979, p. 227). C'est donc l'occasion de mobiliser toutes les troupes disponibles composées des corps provinciaux qui sont au nombre de cinq: le *Glengarry Fencibles,* les Voltigeurs, le *Canadian Fencibles* et le *Newfouland Regiment* auxquels est venu se joindre, pendant l'hiver 1812-1813, le 104e régiment du Nouveau-Brunswick. Les unités régulières comptent les 1er, 8e, 41e, 49e, 100e et 103e régiments. En outre, sir James Yeo, de la *Royal Navy,* arrive au mois de mai, accompagné de charpentiers et de marins, pour construire et armer de nouveaux navires pour les Grands Lacs. Plus tard, les 13e et 89e régiments plus celui de Watteville, unité étrangère au service de la Grande-Bretagne, arrivent au Canada. Ils n'y seront pas toutefois à temps pour prendre part à la campagne (G F.G Stanley, 1979, p. 227).[138]. Après les événements de Niagara de 1813 ainsi que les batailles pour le contrôle de Montréal et Fort George, les deux autres temps forts de la guerre qui méritent d'être mentionnés sont ceux de Chateauguay et Chrysler's Farm ainsi que ceux de Niagara en 1814.

Les operations de Chateauguay et Chrysler's Farm

À l'instar de leurs compatriotes blancs, les Noirs du Québec ont participé aux opérations qui se sont déroulé au Québec et ailleurs au Canada. Au cours de la décisive bataille de Chateauguay, des Noirs ont vaillamment combattu. L'action méritoire des *Voltigeurs canadiens* commandés par le Lieutenant-colonnel Salaberry, pour assurer la

---

[138] Dans ces vidéos on en apprend advantage sur la vie et le role de Richard Pierpoint et son rôle dans la construction du Canada: https://www.historicacanada.ca/fr/content/heritage-minutes/richard-pierpoint

https://www.canada.ca/en/canadian-heritage/campaigns/black-history-month/transcript-black-soldiers-fight-canada.html défense du Bas-Canada, de Montréal en particulier, appartient à l'histoire. Ce qui est très peu connu ou très peu dit, c'est la présence de Noirs parmi ces voltigeurs. Selon Camille Bertrand, auteur de *l'Histoire de Montréal,* la courageuse résistance offerte, à cette occasion, par les « bataillons d'élite », obligea l'ennemi à rebrousser chemin, sauva Montréal de l'invasion étrangère et protégea l'intégrité territoriale du Canada. La participation de Noirs à cette bataille est réelle. Elle est effective et documentée. Les combattants d'origine africaine sont bien identifiés dans le document officiel intitulé : *Voltigeurs canadiens. Listes des hommes enrôlés dans le district de Montréal, 1812-1813.* (Daniel Gay, 1899, p. 64.)

En voulant atteindre Montréal par une route différente de celle empruntée traditionnellement par le nord, le commandant américain Hampton se voit barrer la route par un petit groupe de voltigeurs commandé par le lieutenant-colonel Charles-Michel de Salaberry près d'Allan's Corner. Harcelés à la fois du côté du fleuve et de la rive, les Américains à qui il restait peu de provisions, devaient encore franchir les rapides du Saint-Laurent longues, de plus de 8 miles (environ 9 kms). Au lieu de combattre, de manière organisée, le commandant Boyd envoie tous les hommes à sa disposition par petits groupes sans soutien suffisant. Au cours des combats, les Américains perdirent beaucoup d'hommes et ils furent battus. La performance du 25e régiment d'infanterie canadienne dans ces combats était à noter. Parmi les Noirs recensés dans les Voltigeurs canadiens, figurent un dénommé Cokbrun (Thomas) âgé de 28 ans et natif de Montréal et un certain Jay (Carter) âgé de 31 ans. Ils furent honorés après les combats par l'État et obtinrent une cinquante âcres de terre chacun. Tous furent gratifiés de demi solde à la conclusion de la paix. Ils ont par la suite été oubliés dans l'histoire militaire du Québec et du Canada. (Daniel Gay, 1899, p.64-65).

La victoire canadienne et britannique durant les batailles de Chateauguay montre aussi que la supériorité numérique n'avait pas suffi à elle seule pour assurer le succès des opérations. Grâce à la hargne des Voltigeurs canadiens, les événements de Chateauguay et de Chrysler's Farm empêchent toute possibilité aux Américains de réaliser leur objectif de mettre la main sur la ville stratégique de Montréal. Il fallut attendre 1814 pour les voir reprendre l'offensive de nouveau, en retournant à leur cible initiale : Niagara. Comme lors des événements précédents, les recrues noires furent très actives dans ces batailles stratégiques qui ont davantage redonné espoir et motivation aux troupes canado-britanniques. N'ayant pas pu s'emparer du Bas-Canada, les Américains envahissent de nouveau le Haut-Canada en franchissant la frontière du côté de Niagara en 1814.

La seconde bataille Niagara (1814)

Au début de la troisième année du conflit, la situation est plus prometteuse pour le Canada qu'elle ne l'était en 1812 ou en 1813. Si quelques renforts réguliers furent dépêchés pour apporter leur soutien aux troupes britanniques qui défendaient le Bas et le Haut Canada, du côté américain aussi, la qualité des troupes s'est considérablement améliorée. Les vieux gradés incompétents furent balayés à la suite des échecs et des fiascos de 1813 et ils furent remplacés par de jeunes officiers. C'est ainsi qu'en 1814 que se déroulent certains des combats les plus âpres de toute la guerre. (G F.G Stanley, 1979, p. 238). Étant donné que le plan qui visait à annexer le Bas-Canada a échoué, c'est le Haut-Canada qui allait être de nouveau le principal théâtre des opérations. L'objectif réel ici est de s'emparer de Niagara même si les Américains avaient ouvert un front à Kingston pour induire les Canadiens et Britanniques en erreur. Les réguliers américains, bien entraînés, rompus à l'exercice de la discipline sous les ordres de Winfield Scott, étaient prêts à combattre à la fin de juin. Ils étaient environ 3500 le 1er juillet. Le 3 du même mois, ils commencent à traverser la rivière Niagara, leur objectif étant de chasser les troupes britanniques de la frontière, d'occuper la tête du lac, d'avancer d'abord vers l'ouest, puis en direction de York et Kingston. Les troupes américaines se préparèrent pendant quelques semaines à Buffalo. Elles avancèrent calmement sous les tirs de l'ennemi et firent montre d'une régularité de mouvement et d'une discipline qui, jusque-là étaient considérées comme l'apanage des Britanniques. Face à cette bonne organisation des Américains et à la supériorité numérique de leur effectif, les Britanniques et Canadiens cèdèrent du terrain et se retirèrent à Fort George pour attendre de nouveaux renforts, composés de membres des régiments de Glengarry et du Nouveau-Brunswick, de réguliers et de membres de la Milice incorporée, avant de prendre position à quelques miles de Queenston avec 2000 hommes. Peu de temps après, le général Drummond, venu précipitamment de Kingston pour diriger le commandement des opérations à la Niagara, débarque au fort George avec des renforts des 89e et 8e régiments ainsi que des Royal Scots. Plusieurs autres forces se joignent à celle-ci. La bataille commence tard dans l'après-midi et les Américains réussirent à s'approcher de la position britannique sur la colline au point d'attaquer les canonniers à la baïonnette. Il s'ensuivit une mêlée serrée. Au bout de quelques instants, le sommet de la colline et les canons tombèrent aux mains ennemies. Loin de se décourager, le général britannique Drummond rassembla ses régiments dispersés pour lancer une force contre les Américains qui, doivent se défendre. Ce fut un combat serré et âpre, en grande partie au corps à corps. Les salves sont tirées presque à bout portant. À la fin, les Américains en avaient assez. Ils se retirèrent, laissant la colline aux mains des Britanniques épuisés. Les pertes avaient été lourdes. Selon le rapport de Drummond, il y avait dans les rangs britanniques 81 morts, 562 blessés, 233 prisonniers et disparus, soit un total de 876 hommes. Au sein de la milice, il y eut 16 officiers tués ou blessés. Les Américains se retirèrent de façon quelque peu confuse et laissèrent leurs bagages sur place. À part les opérations de Niagara, les Américains, en 1814, n'essayèrent pas sérieusement d'envahir le Canada. La guerre est finie en Europe et les Britanniques avec leurs alliés européens sortirent victorieux. Ils pouvaient dès lors envoyer tranquillement des renforts en Amérique du Nord. Au cours de cette année 1814, les Britanniques et les Canadiens attaquèrent les États-Unis en trois points éloignés: dans la vallée du Mississipi, dans celle du lac Champlain et sur la côte atlantique. La première et la troisième de ces attaques furent victorieuses, la deuxième fut un véritable fiasco. La guerre se termina avec la signature du traité de Gand en 1814. Elle connut plusieurs rebondissements et chaque partie pensa avoir atteint ses objectifs. Le Canada demeura. Mais la guerre n'aurait jamais connu la même issue sans la participation des Noirs qui ont saisi ce conflit avec intelligence et ont compris qu'il y avait un coup à jouer pour changer le cours de l'histoire en leur faveur. Leur participation dans cette guerre, si elle est occultée par l'historiographie militaire officielle du Canada, elle est en revanche mentionnée par de grands historiens spécialisés sur la question des Noirs en Amérique du Nord en général et au Canada en particulier. Compte tenu de l'importance de la guerre de 1812 dans la naissance du Canada moderne, il est primordial de montrer véritablement en quoi le rôle des Afro-Canadiens a été déterminant. Pour cela, il n'est pas inutile de consacrer une sous-partie à cet effet.

I.2. La part des Afro-Canadiens dans la guerre de 1812

Comme constaté à travers les différentes batailles dans cette guerre, la part des Noirs n'est pas négligeable même si elle est loin d'être évaluée à sa juste valeur. Non seulement ils ont combattu mais aussi, ils ont laissé leurs empreintes dans cette guerre. En plus d'être des combattants, les Afro-Canadiens ont aussi effectué de travaux de reconstruction très utiles après la guerre.

Avant d'analyser l'apport des Noirs du côté canadien, il serait bien de rappeler qu'aux États-Unis aussi, il y avait un régiment noir dans la bataille de la Nouvelle-Orléans. Cependant, la communauté noire du pays était divisée quant à leur implication dans le conflit. Un groupe d'intellectuels noirs du nord a soutenu qu'ils devraient participer au conflit sans hésitation pour prouver leur loyauté envers leur pays. S'ils se battaient pour les États-Unis, raisonnaient-ils, les Noirs pourraient faire valoir cet argument pour exiger la fin de l'esclavage en considérant celui comme injuste et nuisible à la société américaine. Donc pour les partisans de l'implication des Noirs dans la guerre, ceci permettrait d'arriver plus rapidement à la fin de l'asservissement des leurs dans le pays. D'autres pensaient que la rhétorique de la liberté utilisée pour justifier la guerre ne s'appliquait pas aux Afro-Américains qui, par conséquent, ne devaient pas s'impliquer. Ils devaient rester neutres dans cette affaire entre colonisateurs blancs. Pendant que les uns voulaient rester fidèles aux Américains, et que les autres prônaient la neutralité, il y avait beaucoup de Noirs qui eux ont vu dans cette guerre une chance à saisir pour quitter définitivement les États-Unis et recommencer une nouvelle vie ailleurs. C'est ainsi que plus de 4000 esclaves se sont enfuis avec succès pour rejoindre les Britanniques. Les uns ont combattu sur la frontière canado-américaine dans les principales batailles citées auparavant et les autres avec les Britanniques sur le sol américain et ont participé au saccage de Washington. La participation de ces combattants aux différentes guerres est très peu abordée au Canada. Mais cela ne réduit en rien la bravoure, la témérité et l'importance du rôle joué par ces soldats noirs. On peut par exemple citer le régiment d'esclaves recrutés parmi ceux qui s'étaient enfuis vers l'île de Tanger en traversant la rivière Potomac. Ce régiment, après avoir été bien entraîné, a montré tout son courage et sa détermination. Il a marché sur Washington et a même participé à l'incendie de la capitale. D'autres recrues ont pris part à des opérations toujours sur le sol américain comme en Géorgie et en

Floride.

Le rôle des Afro-Canadiens dans la guerre de 1812 pour défendre le territoire canadien et participer à toutes les grosses batailles est relaté par un certain nombre d'auteurs, parmi lesquels, on peut citer Colin Thompson et Robin W. Winks. Le premier nommé avance un chiffre approximatif de 2000 combattants et réfugiés noirs qui sont partis des États-Unis pour s'établir dans les Maritimes canadiennes et dans le Haut Canada et le Bas Canada; le second quant à lui met l'accent sur le succès des Britanniques à convaincre des Noirs à se retourner contre leurs maîtres en rejoignant massivement leurs troupes ou en servant comme travailleurs dans divers domaines de l'armée :

« During the Wars (1776 and 1812), the British employed Negroes against the enemy in many ways. In the army, they were boatmen, woodsmen, general laborers, buglers and musicians. One corps, the Black pioneers, was formed entirely from free Negroes. Sir Henry Clinton encouraged slaves to desert rebel masters and promised them their freedom if they did so. To regularize such offers, late in the war Sir Guy Carleton, then commander-in-chief of the British troops in North America, guaranteed that all slaves would be free who, upon seeking refuge behind British line, made formal claim to British protection; and as he supervised the massive evacuation of the Loyalists and troops from New York in 1783, sought out places to which these Negroes might go. The Great majority of them were resettled in the British West Indies, and others temporarily in East Florida, but many - slave and free - went to the remaining British provinces in North America". (Robin W. Winks, 1997, p. 150-151).

(Traduction : Pendant les guerres (1776 et 1812), les Britanniques employèrent les Nègres contre l'ennemi de nombreuses façons. Dans l'armée, il y avait des bateliers, des bûcherons, des ouvriers généraux, des clairons et des musiciens. Un corps, les pionniers noirs, était entièrement constitué de Nègres libres. Sir Henry Clinton a encouragé les esclaves à déserter les maîtres rebelles et leur a promis leur liberté s'ils le faisaient. Afin de régulariser de telles offres, sir Guy Carleton, alors commandant en chef des troupes britanniques en Amérique du Nord, garantissait la libération de tous les esclaves libres qui, cherchant refuge derrière la ligne britannique, revendiquaient officiellement la protection britannique; et alors qu'il supervisait l'évacuation massive des Loyalistes et des troupes de New York en 1783, cherchait des endroits où ces nègres pourraient aller. La grande majorité d'entre eux ont été réinstallés dans les Antilles britanniques et d'autres temporairement dans l'est de la Floride, mais beaucoup - esclaves et libres - se sont rendus dans les dernières provinces britanniques en Amérique du Nord).

Tout comme Robin W. Winks, Lawrence Hill, un autre historien qui s'est intéressé au rôle des Noirs dans la guerre de 1812 donne le même chiffre de 2000 Noirs. Mais, il insiste sur le fait que ces Noirs ont combattu dans les mêmes rangs que des troupes blanches et autochtones (notamment les Mohawk) :

"In the United States, thousands of slaves escaped to fight for the British, who promised them freedom. After the war, about 2,000 of them came to Canada as refugees seeking protection from American slavery and settled in Nova Scotia and New Brunswick". (Lawrence Hill, 1993, p. 15).

(Traduction : Aux États-Unis, des milliers d'esclaves se sont échappés pour se battre pour les Britanniques, qui leur ont promis la liberté. Après la guerre, environ 2 000 d'entre eux sont arrivés au Canada en tant que réfugiés cherchant à se protéger de l'esclavage américain et se sont installés en Nouvelle-Écosse et au Nouveau-Brunswick. »

Il poursuit en expliquant que des volontaires et des soldats noirs très motivés ont servi dans plusieurs batailles qu'il énumère ici :

« During the war of 1812, Black volunteers fought and distinguished themselves at Queenstown Height, Fort George, Niagara Town, Stoney Creek, Lundy's Lane and other border skirmishes. Following the war, Sir Peregrine Maitland, lieutenant-Governor of Upper Canada, offered black veterans grants of land in what was to become the Township of Oro, near Barrie, Ontario ». (Lawrence Hill, 1993, p. 16).

(Traduction : Pendant la guerre de 1812, des volontaires noirs se sont battus et se sont distingués à Queenstown Height, à Fort George, à Niagara Town, à Stoney Creek, à Lundy's Lane et à d'autres escarmouches à la frontière. Après la guerre, sir Peregrine Maitland, lieutenant-gouverneur du Haut-Canada, offrit des terres à des anciens combattants noirs, dans le futur canton de Oro, près de Barrie, en Ontario.)

Enfin, on disposed'une autre source qui mentionne le chiffre de 2000 Noirs pour quantifier le nombre de ceux qui ont quitté les États-Unis suite à l'appel des Britanniques. Mais, contrairement aux autres auteurs, ce chiffre de 2000 concerne uniquement les Noirs établis dans les Maritimes (Nouvelle-Écosse et Nouveau-Brunswick) et il inclut des femmes et enfants:

« More than 2,000 African Americans emigrated to Maritime Canada during and immediately following the War of 1812. Sixteen hundred were resettled in Nova Scotia with about 400 people going to New Brunswick[139]. Most were formerly enslaved men, women and children who were transported on British Naval vessels and merchant ships hired for the purpose. They came mainly from two areas: the Virginia and Maryland Tidewater, and from the Carolinas and the Sea Islands of Georgia. As new African Canadians, they arrived with widely divergent experiences and cultural backgrounds. These intrepid veterans of the War of 1812 and their families joined with existing communities of Black Canadians to forge a common culture and mutually supportive community infrastructure which endures to this day[140] ».
(Traduction : Plus de 2 000 Afro-Américains ont émigré vers le Canada maritime pendant et immédiatement après la guerre de 1812. Seize cents ont été réinstallés en Nouvelle-Écosse et environ 400 personnes se sont rendues au Nouveau-Brunswick. La plupart étaient d'anciens hommes, femmes et enfants esclaves qui ont été transportés sur des navires de la marine britannique et des navires marchands loués à cette fin. Ils venaient principalement de deux régions: les Marrées de la Virginie et du Maryland, ainsi que les îles Carolines et les îles de la mer de Géorgie. En tant que nouveaux Afro-Canadiens, ils sont arrivés avec des expériences et des antécédents culturels très divergents. Ces intrépides anciens combattants de la guerre de 1812 et leurs familles se sont unis aux communautés noires canadiennes d'origine pour forger une culture commune et une infrastructure communautaire solidaire qui perdure à ce jour.)

Les quelques cas cités ici ne closent pas la question de la participation des Noirs au sein des forces armées canadiennes durant la guerre de 1812. L'historien Marcel Trudel mentionne d'ailleurs un autre cas de soldat noir des Voltigeurs canadiens du nom de John Williams qui a servi dans ce corps jusqu'en 1816. (Trudel, 1960, p. 187). Un autre Noir est le porte drapeau du 104e Régiment qui fut hautement apprécié du général Sherbrooke lors du défilé de cette unité militaire à Québec,

---

[139] W.A. Spray, *The Blacks in New Brunswick* (Fredericton, NB: Brunswick Press, 1972) and "The Settlement of the Black Refugees in New Brunswick, 1815-1836," *Acadiensis 6:2 (Spring 1977)*: 64-79.

[140]http://tubman.info.yorku.ca/files/2013/05/Report-Black-Refugees-WEB-READY.pdf

pendant l'hiver 1812-1813. (Robin W. Winks, 1997, p. 120).

À tous ces Noirs qui ont pris les armes pour défendre le Canada, il faut ajouter un autre corps sans lequel les Américains auraient gagné la guerre et annexer le Canada assez rapidement. Il s'agit du *Royal Navy Corps of Marines,* formé pendant la guerre de 1812 par le contre-amiral britannique Sir Alexander Cochrane. Bien qu'ils soient d'origine africaine et que beaucoup d'entre eux fussent autrefois asservis, ces troupes reçurent la même formation, les mêmes uniformes, les mêmes salaires et pensions que leurs homologues de la *Royal Marine.* Le *Corps of Colonial Marines* a participé à une vaste action militaire du Canada jusque dans le sud des États-Unis comme en Géorgie dans les années 1814 à 1816. Ces anciens soldats choisis parmi les esclaves du Sud des États-Unis avaient souvent une vaste connaissance de leur environnement comme les criques de marée et des routes fluviales du sud des États-Unis. En raison de cette connaissance, ils participèrent à de nombreuses batailles, escarmouches et raids pendant la guerre de 1812. Ils appuyèrent les forces britanniques qui brûlèrent Washington, DC en 1814 et furent plus tard repoussées par les troupes américaines à Baltimore, dans le Maryland. Les *Colonial Marines* ont soutenu la campagne côtière britannique en protégeant le flanc droit de l'armée britannique pendant l'invasion et la bataille de la Nouvelle Orléans en 1815. Lorsque le traité de Gand de 1814 mit fin à la guerre de 1812, le *Corps of Colonial Marines* fut transféré sur les bases britanniques des Bermudes[141].

En dehors des champs de bataille, les Noirs servirent aussi comme musiciens dans les armées. En effet, outre les unités de milice, d'autres Noirs s'enrôlent au sein des forces régulières britanniques et servent au Haut-Canada comme percussionnistes dans les orchestres

---

[141] Pour plus d'informations sur ce corps, voir les auteurs suivants :
Horne, Gerald, *Negro Comrades of the Crown, African Americans and the British Empire Fight the United States Before Emancipation,* New York: New York University Press, 2012; Gene Smith, *The Slaves Gamble, Choosing Sides in the War of 1812*, New York: St. Martin's Press, 2013; John Weiss, "The Corps of Colonial Marines: Black Freedom Fighters of the War of 1812," http://www.mcnishandweiss.co.uk/JWhistoryindex.html;
The Merikins: Free Black Settlers 1815-1816, Trinidad and Tobago's National Library and Information System Authority.
http://www.nalis.gov.tt/Research/SubjectGuide/TheMerikinsFreeBlackSettlers18151816/tabid/563/Default.aspx?PageContentMode=1

militaires. À ce titre, un officier de la 104e division d'infanterie raconte qu'un joueur de grosse caisse, le soldat Henry Grant, a accompagné son régiment lors d'une épique traversée hivernale, en parcourant la distance qui sépare le Nouveau-Brunswick du Haut-Canada dans la neige, de février à avril 1813. Après avoir atteint Kingston, il prit part, au même titre que l'orchestre, à la bataille de Sackets Harbor le 29 mai 1813, au cours de laquelle plusieurs membres de l'orchestre trouvèrent la mort. Ces musiciens noirs avaient pour mission de redonner aux soldats un moral positif leur permettant de mieux tenir sur le champ de bataille. D'autres régiments britanniques ayant mis garnison au Canada pendant une longue période recrutent également des musiciens noirs, notamment la 100e division d'infanterie, dont le cymbaliste fut noir.

Enfin, les Noirs servirent comme travailleurs dans les chantiers de construction après la guerre. Les hommes du *Coloured Corps* furent activement sollicités pour la reconstruction de certaines villes dans le Haut-Canada. Ce fut le cas lors de la construction du fort Mississauga. Puis, après la capture du fort Niagara par les Britanniques, le 19 décembre 1813, le *Coloured Corps* est rattaché au *Corps Royal* du génie afin de contribuer à la réparation des fortifications à l'embouchure de la rivière Niagara. Ce choix est sans aucun doute influencé par le seul fait qu'ils sont des Noirs, qu'ils étaient d'anciens esclaves coupés de leurs racines et qu'ils ne savaient pas où aller. D'ailleurs une haute autorité du Haut-Canada ne cache pas sa surprise de voir des soldats de la *Coloured Corps* reconvertis en travailleurs après la guerre :
« Lors de ma visite de la frontière du Niagara [...] j'ai constaté qu'on y avait formé un corps d'hommes de couleur libres [...] mais qu'on l'avait mis à la disposition des ingénieurs. Je n'en ai jamais compris la nécessité, mais il semble que la coutume veut qu'au Canada on accable ce dernier des tâches les plus diverses[142]».

Vers le printemps 1814, la compagnie reçoit l'ordre de construire un nouveau fort sur la rive canadienne; qu'on baptisa le fort Mississauga. Puisque la marine américaine avait alors la mainmise sur le lac Ontario, les travaux se révélèrent essentiels à la sécurité des forces britanniques dans la péninsule du Niagara. « Mississauga est un joli petit fort, qui empêchera les navires de remonter la rivière », fit remarquer un officier britannique par la suite. En conséquence, ces tâches empêchent le

[142]http://encyclopediecanadienne.ca/fr/article/le-coloured-corps-les-afro-canadiens-et-la-guerre-de-1812/

Coloured Corps de participer à la campagne de Niagara durant cet été, et même au siège du fort Érié, lors duquel les forces britanniques souffrent désespérément de l'absence d'une troupe d'ingénieurs suffisamment formés. On continue encore et encore de les utiliser dans les travaux après la guerre :

« Le *Corps Royal* du génie retient les services du *Coloured Corps* dans la péninsule du Niagara après la guerre de 1812. Son ardeur au travail impressionne, à juste titre, les ingénieurs militaires britanniques. En février 1815, l'un d'eux relate d'ailleurs que « nul ne serait mieux destiné à la construction des casernes temporaires que ces hommes libres de couleur, qui sont des experts bûcherons, en général[143] ».

Malgré tous ces services rendus sur les champs de bataille et dans les travaux de reconstruction, on refuse de payer aux hommes du *Coloured Corps* leur dû. Ce qui démontre qu'il y avait une différence de traitement au détriment des Noirs et au profit des Canadiens d'origine européenne. Lorsqu'ils réclamèrent leur récompense pour services rendus, bon nombre de soldats du *Coloured Corps* firent face à la discrimination. On informa le sergent William Thompson qu'il « devait effectuer lui-même les démarches nécessaires à l'obtention de sa solde », tandis qu'on refusa à Richard Pierpoint, septuagénaire, son voyage de retour en Afrique (au Sénégal) en guise et lieu d'octroi d'une terre. Lorsqu'on procèda à ces octrois en 1821, les anciens combattants du *Coloured Corps* ne reçurent que 100 acres de terre, soit la moitié de la superficie accordée à leurs homologues blancs. De plus, de nombreux vétérans ne s'installèrent pas sur leur nouvelle terre parce qu'elle était de piètre qualité. Malgré toutes ces inégalités, le *Coloured Corps* a su défendre honorablement le Canada, créant un précédent dans la formation des futures unités de soldats noirs. La compagnie fut démantelée le 24 mars 1815, après la fin de la guerre. Mais, elle allait être réactivée un peu plus de vingt ans après, lors des rebellions des Haut et Bas Canada de 1837-1838.

Quand on voit tous ces témoignages sur la contribution des Noirs dans la guerre de 1812 en tant que soldats et travailleurs, on est plus qu'étonné de ne pas les retrouver dans les livres de ceux qu'on considère comme étant les grands spécialistes de l'histoire militaire du Canada, à savoir G.F Stanley, Desmond Morton ou encore Goodspeed,

---

143 http://encyclopediecanadienne.ca/fr/article/le-coloured-corps-les-afro-canadiens-et-la-guerre-de-1812/

négligence ou amnésie volontaire?

En définitve, il est permis d'affirmer que les Noirs ont joué un rôle majeur dans la construction du pays en apportant une contribution remarquable à la victoire lors de la guerre de 1812. Leur apport est d'ailleurs reconnu entre autres par le Procureur Général John Robinson du Haut-Canada qui décida après cette guerre de garantir la liberté à tous les esclaves noirs qui quittent les États-Unis pour venir s'installer dans sa province. Il était tellement fier de leur apport, qu'il voulait faire du Canada une terre promise pour eux. Cette reconnaissance s'explique par le fait que les Noirs ont d'abord répondu massivement à l'appel et ensuite parce qu'ils étaient très motivés, car ils considéraient leur participation à la guerre comme un moyen de se battre pour leur propre liberté. Il est également à noter que la guerre de 1812 a permis aux partisans abolitionnistes et anti-esclavagistes de trouver de nouvelles façons de formuler leurs arguments afin de mettre la pression sur les autorités de Londres pour qu'elles renoncent définitivement à la servitude des Noirs dans les colonies britanniques. Elle a de ce fait permis d'accélérer le processus d'abolition définitive de l'esclavage par les Britanniques dans toutes leurs colonies en 1833. La part des Noirs dans la guerre de 1812 ne doit pas être oubliée ou minimisée car si les Américains étaient parvenus à leur fin, il est certain que cette nouvelle conquête aurait presque immanquablement entraîné la mort des valeureux loyalistes britanniques et très probablement remis en question les valeurs culturelles des Canadiens-français. Ce pays n'existerait pas ou aurait été de gré ou de force, dans le « melting pot » américain.

D'autre part, on peut aussi se demander quel aurait été le sort des Noirs qui se réfugiaient au nord de la frontière américaine pour échapper à l'esclavage qui se pratiquait encore à grande échelle dans le sud, si les Britanniques et les Canadiens avaient perdu la guerre de 1812 ? Les questions ne manquent pas car on serait dans un pays totalement différent du Canada d'aujourd'hui.

Quelques photos ci-dessous montrent la participation des Noirs dans la guerre de 1812.

Figure 23: Photo représentant Richard Pierpoint durant la guerre de 1812.

Source : http://www.thecanadianencyclopedia.ca/en/media/7255/

Figure 24: Un soldat de la Black Colonial Marines, source : Back to Online Encyclopedia.

Figure 25: La bataille des Hauteurs de Queenston qui se déroula le 13 octobre 1812 fut à la fois une victoire et une tragédie pour les troupes britanniques et canadiennes contre l'envahisseur américain. C'est au cours de cette bataille que sir Isaac Brock fut tué (au premier plan) (tableau de John David; avec la permission de Bibliothèque et Archives Canada/C-000273).

Figure 26: Un soldat du Coloured Corps.

Source : http://encyclopediecanadienne.ca/fr/article/le-coloured-corps-les-afro-canadiens-et-la-guerre-de-1812/

II. La participation de Canadiens noirs dans les rébellions dans le Haut et le Bas-Canada 1837-1838

Les conflits ayant secoué le Canada pendant les années qui ont suivi la guerre de 1812, se sont déroulés à l'intérieur du pays. Dans le Haut et le Bas Canada, les petites querelles des années 1820 prennent l'aspect d'une guerre civile dans les années 1830. En 1837, on eut recours carrément aux armes. (G F.G Stanley, 1979, p. 265). Dans le Haut Canada, ce fut une révolte à caractère nationaliste ayant pour but de chasser l'occupant britannique et de créer un pays libre et souverain comme l'ont fait les Américains. Au Bas-Canada, c'est une révolte identitaire et nationaliste, dont le but était de refuser l'assimilation des Canadiens-français et de mettre fin au joug britannique. Dans les deux cas, on note la présence de miliciens noirs.

II. 1. Révoltes dans le Bas-Canada

Dans la province du Bas-Canada, les agitations s'étaient concentrées principalement à Montréal et alentour. Les antagonismes « ethniques » qui opposaient une bonne partie de la population du Québec supportant mal la domination du Canada anglais, se transformèrent en revendications politiques et même en un mouvement de révolte patriotique[144]. Les autorités canado-anglais ne restèrent pas insensibles à cette situation. Elles cherchèrent ainsi à en neutraliser assez rapidement le principal instigateur à savoir Joseph Louis Papineau[145] et tous ses partisans. Le 6 novembre 1837, une bataille éclate entre les *Fils de la Liberté* et le *Club Doric*. Les *Fils de la Liberté* est une association de 700 à

---

[144] Cette opinion est encore présente au Québec notamment chez les militants du Parti Québécois (PQ) qui exigent la sortie de la belle province de la Fédération du Canada. Un référendum a été organisé à ce sujet au milieu des années 1970 et en 1995 et à chaque fois, le NON l'a emporté de justesse. Aujourd'hui encore, on célèbre au Québec la journée du 21 mai comme celles des Patriotes en souvenirs de ces individus qui se sont battus dans les années 1837-38 contre la domination des Canadiens-anglais.

[145] Louis-Joseph Papineau, né le 7 octobre 1786 à Montréal et mort le 23 septembre 1871 à Montebello, est un homme politique, avocat et seigneur de La Petite-Nation.

800 jeunes gens, fondée à Montréal le 5 septembre 1837. Ils se définissaient avant tout comme des patriotes. Inspirés par les idéaux de la Révolution américaine, les *Fils de la Liberté* publient, le 4 octobre, un manifeste où ils affirment le droit pour un peuple de choisir son gouvernement et celui à l'indépendance pour une colonie. André Ouimet dirige la section civile et politique de ce regroupement, tandis que Thomas Storrow Brown s'occupe de la section militaire[146]. Le *Club Doric* quant à lui est une organisation formée en 1836 par de jeunes Montréalais, en majorité anglophones et conservateurs. Ils soutiennent la Couronne anglaise et le *British Party* qui, minoritaire à la Chambre d'assemblée, est néanmoins proche du gouverneur, et donc, du pouvoir. Le *Doric Club* s'oppose entre autres aux 92 Résolutions, texte du Parti patriote réclamant des réformes profondes du système parlementaire afin de donner de réels pouvoirs au peuple.

Le 6 novembre 1837, les associations s'affrontent dans une violente bagarre à Montréal. L'éclatement des rébellions de 1837 mit fin à l'association. Au cours de la nuit, des piquets militaires sont postés à divers endroits de Montréal. Le *Montréal Royal Artillery* défile dans les rues. (G F.G. Stanley, 1979, p. 266). Parmi les forces loyalistes mises en place chargées de défendre un Canada britannique fort, il y avait des Noirs. En effet, en plus des loyalistes noirs venus lors de la guerre de 1812, on note ceux arrivés plus récemment fuyant leurs conditions insupportables aux États-Unis. À ces derniers s'ajoutent les descendants des loyalistes de la guerre d'Indépendance américaine qui s'étaient établis dans le Haut et le Bas Canada dès 1783. Il était donc bien possible pour les autorités du Haut-Canada de créer un corps de miliciens noirs pour appuyer les forces régulières. Les recrues d'origine africaine participèrent activement aux combats dès les premiers instants et leur apport est loin d'être négligeable. Avant le recrutement de miliciens autochtones et noirs et leur déploiement sur les champs de bataille, la victoire était pratiquement acquise par les rebelles comme l'illustre la défaite du lieutenant John Colborne le 23 novembre. (Lieutenant-Colonel Goodspeed, 1967, p. 8-9). Mais avec l'arrivée des recrues issues des minorités du Canada, les choses changèrent. La victoire tourna au profit du Haut-Canada. Papineau, dont les armées avaient provoqué les actes de violence, ne participa pas aux combats. Il s'enfuit vers les États-Unis. Mais le véritable héros de la rébellion dans le Bas-Canada est J.O

[146]*Historica Canada* oublié le 2 juillet 2006.

Chénier. Il avait relié une force rebelle à Saint-Eustache, dans le Comté des Deux Montagnes. Chénier et sa bande sont neutralisés par l'armée du Haut-Canada fidèle à la Grande-Bretagne. Il comptait dans ses rangs de nombreux loyalistes blancs comme noirs et des recrues autochtones. Plusieurs rebelles n'eurent autre choix que de s'enfuir et de chercher refuge aux États-Unis. À partir de cette base arrière, ils se proclament les membres du gouvernement en exil de la "République du Bas-Canada". L'année suivante (1838), deux tentatives d'invasion de peu d'envergure, dirigées par ce groupe, ne donnèrent rien contre la force mixte de l'armée du Haut-Canada. Ce qui démontre que les rebelles n'avaient aucune chance de succès contre les troupes organisées et mixtes.

II. 2. Les événements du Haut-Canada

Dans le Haut-Canada, les injustices dont la population est victime depuis longtemps, la politique arbitraire et discriminatoire du *Family Compact* (le Pacte des Familles) et la crise économique qui assombrit le pays entier au cours des années 1830, ont concouru à créer un climat tendu à l'intérieur de la province. La défaite des Réformistes aux élections générales de 1836 et l'exaltation non dissimulée du lieutenant-gouverneur devant la victoire du *Family-Compact* plongèrent les Réformistes extrémistes dans le désespoir. Leur lutte pour obtenir satisfaction à leur revendication, par des moyens constitutionnels a échoué. La solution réside peut-être dans la révolution, comme celle qui a eu lieu aux États-Unis. Les habitants du Canada qui partagent cette idée trouvent en la personne de William Lyon Mackenzie un leader, un porte-parole et un chef engagé. Ce dernier eut l'idée de se séparer de la Grande-Bretagne lors de sa visite aux États-Unis en 1833. Il concrétisa son projet autonomiste dans un Manifeste daté du mois d'août 1837. (G F.G Stanley, 1979, p. 274).

Les contextes économique et politique étaient par ailleurs favorables au projet de Mackenzie. En effet, les semaines qui suivirent l'élection de 1836 furent marquées par de nombreux soulèvements violents. Quelques mois plus tard, le chef rebelle du Haut-Canada décida d'exécuter son plan. Au cours de l'automne 1837, la presse fit constamment allusion à des manœuvres militaires et à des rumeurs selon lesquelles les partisans de Mackenzie fabriquaient des piques de façon clandestine. L'indépendance apparaît régulièrement dans les discours politiques. Des emblèmes et des devises révolutionnaires, dont beaucoup étaient empruntés à la guerre d'Indépendance américaine, ainsi que des reproductions de tracts radicaux provenant d'Irlande et des États-Unis firent leur apparition. Il est évident qu'une crise était imminente. La rébellion du Haut-Canada avait des visées indépendantistes. Il s'agissait pour les révoltés et leurs partisans de se défaire du joug des Britanniques.

Pour calmer les alarmes des Loyalistes face à cette situation, Sir Francis Bond Head, le Lieutenant-Gouverneur accepte de faire venir des armes de Montréal, de former deux bataillons de miliciens et de nommer au poste d'adjudant-général le colonel James Fitzgibbon. (G F.G Stanley, 1979, p. 275). L'idée de recruter des miliciens autochtones et surtout des Noirs - qui regagnent de plus en plus le Canada pour fuir l'esclavage aux États-Unis - est retenue. Les loyalistes voulaient que le Canada reste encore sous le joug britannique. Ils s'activèrent pour mobiliser un corps militaire capable d'écraser rapidement la révolte.

N'ayant pas d'expériences militaires, Mackenzie de son côté misa sur les soutiens américains qui se multiplièrent notamment dans les villages et villes frontaliers avec le Canada. Depuis le Maine jusqu'au Michigan, on forma des complots pour envahir le pays. Pour organiser son armée, Mackenzie nomme Samuel Lount et Anthony Anderson commandants militaires et il écrit à Anthony Van Egmond, un Hollandais ancien colonel sous Napoléon doté de beaucoup d'expériences en lui demandant de rejoindre la taverne Montgomery afin d'entrer dans Toronto à la tête des forces rebelles. La bataille est donc engagée.

Pour venir à bout de la rébellion et en finir avec Mackenzie et ses idées sécessionnistes, les autorités loyalistes demandèrent de nouveau des renforts. En quelques jours, on mobilisa plus de 1000 combattants. (Lieutenant-Colonel Goodspeed, 1967, p. 8). De Niagara à Hamilton en passant par Oakville jusqu'à Port Crédit, les miliciens affluent vers Toronto. Frappés par le chômage et la crise, beaucoup de jeunes n'hésitèrent pas à s'enrôler. Certains venaient même de loin comme la ville de Perth, dans l'intention de réaliser de prodigieux exploits. C'est aussi dans ce contexte que le *Coloured Corps* qui a été très actif lors de la guerre de 1812 fut réactivé. Cette unité composée exclusivement de soldats noirs reprit en effet du service à Niagara pendant les années 1837-38. Il y avait aussi d'autres unités d'hommes noirs volontaires – les autres se forment à Toronto, à Hamilton, à Chatham et à Sandwich[147] (Windsor). Pour accentuer le recrutement d'Afro-Canadiens et inciter davantage les jeunes du Haut-Canada à rejoindre les troupes, le gouvernement annonce qu'il offre de la nourriture et diverses aides aux recrues et leurs familles. C'est dans cette perspective qu'un nouveau corps de combattants noirs a été mis en place en décembre 1837 :

« 11 December 1837: Corps of Negroes. In the early 19th century, few Upper Canada militia units inculded Blacks. When the Mackenzie Rebellion broke out, the government welcomed Blacks men into the provincial forces. On 11 December 1837, a militia order authorized Capitains Thomas Runchey and James Sears to raise a « corps of Negroes. Four days later, approximately 50 Blacks had joined the corps »[148].

(Traduction: 11 décembre 1837: Corps des Nègres. Au début du XIXe siècle, peu de milices du Haut-Canada incluaient des Noirs. Lorsque la rébellion du Mackenzie a éclaté, le gouvernement a accueilli des hommes de « race » noire au sein des forces provinciales. Le 11 décembre 1837, un ordre de la milice autorise les capitaines Thomas Runchey et James Sears à constituer un « corps de Nègres ». Quatre jours plus tard, environ 50 Noirs avaient rejoint le corps d'armée.)

Quand on sait qu'avant que beaucoup de Noirs retournèrent aux États-Unis à la fin de l'esclavage en 1865, que Toronto et ses environs comptait plus de 6000 Noirs[149], que la rébellion avait duré quasiment deux ans et que le recrutement s'était poursuivi pratiquement jusqu'à la fin de 1838, on devine aisément que le nombre de Noirs ayant participé à cette guerre est de loin supérieur au chiffre fourni ici. Face à cette mobilisation des forces loyalistes, les rebelles ne tiennent pas longtemps. Le combat entre les deux parties fut bref et vif. Les troupes de Mackenzie prirent la fuite. Ce dernier réussit à s'échapper et parvint à se régugier aux États-Unis. On arrêta Van Egmond, Lount, Matthews, ainsi que d'autres chefs. Lount et Matthews, accusés de haute trahison sont exécutés; Van Egmond mourut en prison. Mackenzie devient très populaire aux États-Unis et obtient le soutien d'un grand nombre

[147] http://www.thecanadianencyclopedia.ca/en/article/the-coloured-corps-african-canadians-and-the-war-of-1812/

[148] http://www.blackhistorycanada.ca/timeline.php?id=1800

[149] Robin W. Winks, « Biographie de Wilson Ruffin Abbott », *Dictionnaire biographique du Canada*, Vol. X (1871-1880). Article disponible en ligne : http://www.biographi.ca/fr/bio/abbott_wilson_ruffin_10E.html

d'Américains impatients de se porter volontaires pour toute action qui aiderait les Canadiens à secouer la "domination néfaste de la mère-patrie". (G F.G Stanley, 1979, p. 277-278).
Cependant, en se repliant aux États-Unis, les rebelles ont un nouveau soutien. Les hostilités reprennent et durent même toute l'année 1838. Le combat le plus acharné est sans doute celui de novembre 1838, à Prescott, sur le Saint-Laurent. Le 12 novembre, un grand nombre d'hommes armés venus de Syracuse, Watertown, French Creek, Oswego, Ogsdenburg et d'ailleurs débarbarquent à Oswego et à Sackett's Harbour dans l'intention d'envahir le Canada. Officiellement, ils ont pour chef le général John Birge, mais, en réalité, c'est l'officier polonais Nils Von Schoultz qui assure le leadership. Les combats durent quatre jours. On recense au moins 80 soldats canadiens et britanniques tués et blessés. Les pertes des rebelles et leurs alliés envahisseurs sont difficiles à évaluer puisque certains ont déjà été ramenés aux États-Unis; on estime à environ 50 le nombre de morts et blessés. Les miliciens noirs ont joué un rôle très important dans cette guerre en ayant permis aux forces loyalistes de mettre fin à la rébellion. Dès le printemps 1838 avant même que la guerre ne finisse, le Lieutenant-Gouverneur avoue publiquement l'apport des Afro-Canadiens dans l'issue des batailles et décide d'être reconnaissant:
« In the Spring of 1838, Lieutenant-Governor Sir Francis Bond Head addressed the legislature to publicly praise Black Upper Canada Canadians for their loyalty and service during the recent rebellion [150]». (Robin w. Winks, 1997, p. 329).
(Traduction : Au printemps 1838, le Lieutenant-gouverneur sir Francis Bond Head s'adressa à l'Assemblée législative pour féliciter publiquement les Canadiens noirs du Haut-Canada pour leur loyauté et leur service lors de la récente rébellion.)
S'il n'a pas été possible d'obtenir la liste de tous les Noirs recrutés dans ces événements, on dispose au moins de quelques cas connus. Par exemple Wilson Abbott dont la participation à cette guerre est mentionnée par Robin W. Winks :
« Wilson Abbott committed himself entirely to Canada, never returning in the United States. During the uprising of 1837 he served in defense of the Crown; the following year he helped found the Colored Wesleyan Methodist Church of Toronto, partially because he hoped that such

[150]*Historica Canada*, « Black History Canada – Time Line ».

institutions - although separate - would create a sense of permanence among Canada's Negroes. » (Robin w. Winks, 1997, p. 329-330).
(Traduction : Wilson Abbott s'est entièrement engagé envers le Canada et n'est jamais revenu aux États-Unis. Lors du soulèvement de 1837, il servit à la défense de la Couronne; l'année suivante, il participa à la fondation de l'église méthodiste Wesleyan colorée de Toronto, en partie parce qu'il espérait que de telles institutions, bien que distinctes, créeraient un sentiment de permanence chez les noirs du Canada.)
Wilson Abbott est le père d'Anderson R. Abbott qui fut le premier médecin afro-canadien. Il était aussi éducateur, journaliste, fonctionnaire et administrateur de l'hôpital. La famille Abbott alla s'installer à Toronto après que leur magasin en Alabama fut saccagé. Ils ont d'abord déménagé dans les États du nord, en restant peu de temps à New York. Mais dans les années 1835-36, le climat racial négatif a précipité leur déménagement à Toronto[151].

La victoire du Haut-Canada sur les rebelles est rendue possible par l'engagement de tous ses fils, des miliciens loyalistes, composés de Blancs, de Noirs et d'Autochtones qui réussirent ensemble à mettre fin à ce soulèvement. Mackenzie s'enfuit sur l'île Navy, dans la rivière Niagara, pour établir "un gouvernement provisoire de l'État du Haut-Canada", mais en janvier 1838, il dut quitter son refuge par crainte de la destruction par des Canadiens de son navire de ravitaillement, le Caroline. (Lieutenant-Colonel Goodspeed, p.8). Après la guerre, les Canado-anglais décident de sécuriser définitivement la frontière entre le Haut-Canada et les États-Unis. En 1840, le gouvernement du Haut-Canada autorise la levée d'une unité spéciale, le *Royal Canadian Riffles,* pour garnir les postes-frontières de l'Amérique du Nord Britannique. Pour encourager les soldats à s'engager, on donne des rations gratuites à leurs familles: "suivant un arrêt de 1861, les "épouses méritantes des soldats de ce régiment qui se sont mariées avec permission, ainsi que leurs familles", ont le droit de "recevoir des rations gratuites". On aménage des logements familiaux dans les casernes. Le régiment dura jusqu'en 1870, année où il fut dissout. Bien que n'ayant jamais fait partie de la milice canadienne, le *Royal Canadian Riffle Regiment*, au cours de ses 30 ans d'existence, a gardé vivace un esprit martial et a fourni des instructeurs professionnels aux régiments de miliciens. (G F.G Stanley, 1979, p. 283).

---

[151] http://www.biographi.ca/en/bio/abbott_anderson_ruffin_14E.html

Les rébellions des années 1837-1838 ont failli remettre en cause l'existence des provinces des Haut et Bas Canada, et donc compromettre la naissance de la future Confédération canadienne. Si les rebelles du Bas-Canada ou du Haut-Canada ou encore les deux avaient gagné les guerres, on ne serait sans doute pas dans le même pays que l'on connaît aujourd'hui. Les Afro-Canadiens ont énormément contribué à la victoire des loyalistes au Haut-Canada et la déroute des indépendantistes du Bas-Canada. Cet apport est passé sous silence dans les livres d'histoire du pays.

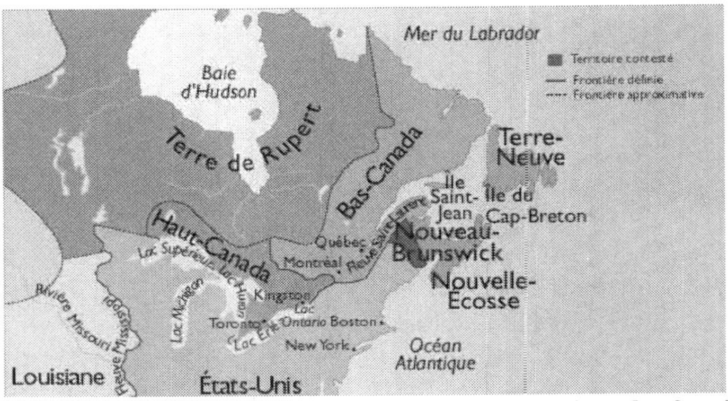

Figure 27: Sur cette carte, on voit les provinces des Haut et Bas Canadas dans les années 1830. **Source :** http://www.1837.qc.ca/1837.pl?out=article&pno=n0067

Figure 28: Wilson Ruffin Abbott (1801-1876).

Source : Dictionnary Of Canadian Biography, disponible en ligne : http://www.biographi.ca/en/

III. Les Afro-Canadiens dans les guerres extérieures du Canada avant la Confédération

La participation de Canadiens noirs dans les conflits extérieurs auxquels le Canada s'est joint avant la Confédération concerne essentiellement deux guerres : celle de la Crimée en 1853-1856 et la répression contre le soulèvement des Cipayes en Inde en 1857-1858. Pour appuyer l'Angleterre, le Canada a mobilisé un corps expéditionnaire au sein duquel il y avait quelques Afro-Canadiens.

III.1. L'engagement du Canada dans la guerre de Crimée (1853-1856)

Pour bien comprendre l'importance de la guerre de Crimée et son extension dans une partie du monde, il faut en retracer les causes profondes même si ces dernières ne concernent pas directement le Canada. La Guerre de Crimée est en effet une péripétie des tentatives continuelles de la Russie pour accentuer son influence dans les Balkans et au Moyen-Orient, et de la ténacité de la France, et surtout de l'Angleterre à s'opposer aux ambitions de la Russie. Elle est la conséquence d'un conflit entre chrétiens orthodoxes et chrétiens catholiques au sujet des Lieux Saints en Palestine. Les uns et les autres se disputaient la garde de certains sanctuaires à Bethleem et à Jérusalem. Au début de l'année 1853, Le Tsar de Russie, Nicolas 1er, suggère à l'Angleterre un fractionnement de l'Empire ottoman. Or, depuis la fin du XVIIIe siècle, l'Angleterre est opposée à tout partage, car l'intégralité de l'Empire ottoman est l'une des bases de sa politique. C'est alors que Nicolas 1er tente, par un artifice, d'assigner un protectorat de la Russie à l'Empire ottoman, ce « vieil homme malade de l'Europe ». Il sollicite le Sultan Abdülmecit 1er pour obtenir le droit de protection de tous les chrétiens orthodoxes de son Empire, soit 12 millions d'habitants. Sur les conseils de l'ambassadeur d'Angleterre, le sultan refuse l'offre en mai 1853. Quelques jours plus tard, les troupes russes occupent les provinces roumaines de Moldavie et Valachie. La guerre n'est pas déclenchée tout de suite. Mais, lorsque la flotte du Tsar anéantit celle du Sultan le 30 novembre 1853 à Sinope sur la Mer Noire, la guerre eut lieu. Le 12 mars

1854, la France et l'Angleterre d'une part[152], et l'Empire ottoman d'autre part, concluent un traité par lequel ils apportent un soutien militaire au Sultan. Le 27 mars 1854, l'Angleterre et la France déclarent la guerre à la Russie. (Andrew C. Rath, 2011, p. 3). L'Angleterre est obligée par conséquent, de prendre des soldats de ses garnisons d'Outre-mer pour monter la force expéditionnaire de Crimée. C'est dans cette logique qu'elle fit appel à une de ses plus fidèles colonies, le Canada. Le recrutement de soldats de ce pays pour combattre dans cette guerre ne fut pas une tâche ardue. Le conflit de Crimée suscitait en effet un élan d'enthousiasme militaire dans toutes les possessions anglaises y compris le Canada. (Desmond Morton, 2007, p. 291). La ferveur pour la vie militaire que fit naître la guerre de Crimée, amène des milliers de recrues et les autorités ne savent que répondre à tous ces volontaires.

La participation canadienne aux côtés de l'Angleterre dans ce conflit s'explique aussi par d'autres facteurs. D'abord, parce que ce conflit s'est déroulé loin des frontières de la Crimée actuelle et le Canada se sentait concerné notamment dans son souci de faire face aux agressions dans le Pacifique[153]. En effet, la guerre a aussi eu lieu dans le Pacifique. Ainsi, entre 1854 et 1856, les forces britanniques et françaises attaquent la Russie tsariste non seulement dans la mer Baltique et la mer Blanche mais aussi dans l'océan Pacifique, donc pas loin des frontières de l'Amérique du Nord Britannique. Le conflit a également permis à ces acteurs d'envisager comment acquérir ou défendre des colonies éloignées, en particulier l'Alaska voisin et l'île de Vancouver. Par conséquent, il y avait aussi un enjeu territorial et stratégique et pour l'Angleterre et pour ses colonies en Amérique du Nord.

Même si elle est minime et difficilement quantifiable - par manque de sources disponibles au Canada, mais, sans doute pas en Angleterre, car les combattants étaient recrutés par la *British Navy* - la contribution des Noirs du Canada dans la guerre de Crimée est quand même visible à travers l'engagement de William Hall dans les forces canadiennes présentes dans ce conflit comme le souligne Robin W. Winks:

« William Hall was the third British North American, and the

[152] Pour la première depuis plusieurs siècles, la France et l'Angleterre les éternelles ennemies s'unissent pour combattre un adversaire commun.

[153] La Crimée fait partie de l'Empire russe depuis le XVIIIe siècle, puis de la SSR de Russie jusqu'en 1954, date à laquelle elle est donnée à la SSR d'Ukraine.

first black man, to win the Victoria Cross. Born in Hants County, Nova Scotia, in 1827, of Refugee Negro parentage, Hall went to sea in his teens and later joined the British Navy. He was decorated during Crimean War for his exploits at the battles of Inkerman and Sebastopol». (Robin W. Winks, 1997, p. 330).

(Traduction : William Hall est le troisième nord-américain et le premier Noir à remporter la Croix de Victoria. Né dans le comté de Hants, en Nouvelle-Écosse, en 1827, de famille de réfugiés nègres, Hall partit en mer à l'adolescence puis rejoignit la marine britannique. Il a été décoré pendant la guerre de Crimée pour ses exploits lors des batailles d'Inkerman et de Sébastopol.)

Bien qu'on ne dispose pas de sources mentionnant d'autres Afro-Canadiens dans cette guerre, on peut avancer l'idée selon laquelle, William Hall ne devait pas être le seul noir du Canada dans la *British Navy* ni le seul dans le conflit contre la Russie. D'abord parce qu'il avait une bonne communauté de Noirs la province de la Nouvelle-Écosse, lieu de son recrutement, et ailleurs au Canada, ensuite parce que les Afro-Canadiens ont toujours montré leur intérêt à s'enrôler dans les armées. Le fait d'être le noir le plus connu dans cette guerre s'explique simplement par son obtention de la Croix de Victoria après s'être illustré en Crimée et en Inde. C'est en retraçant sa biographie que des auteurs ont été amenés à mentionner son engagement dans la guerre. Les autres Canadiens noirs qui n'ont pas obtenu cette médaille ont été oubliés. Il n'y a aucun doute, et il est permis d'affirmer que William Hall fait tout simplement partie de ces volontaires noirs qui ont une tradition de service militaire dans les armées canadiennes depuis 1812. Il s'est retrouvé dans les forces britanniques à l'étranger, dans la *Royal Navy* comme d'autres allaient être envoyés en Afrique du Sud en 1899 et en Europe pendant les deux grandes guerres. Une autre participation très connue dans cette aventure de Crimée est celle d'une infirmière noire du nom de Florence Nightingale. Certains la citent comme britannique, d'autres la considèrent comme canadienne. Quoiqu'il en soit, elle a joué un rôle majeur par son dévouement à son métier et est restée une héroïne dans cette guerre de Crimée :

« Florence Nightingale is famous nurse for pioneering sanitary and administrative techniques in the Crimean War's disease-ridden hospitals, but she wasn't the conflict's only notable medical figure. Allied soldiers also received aid from Mary Seacole, a Jamaican-born woman who traveled to Crimea and divided her time between selling supplies, food and medicine and treating the wounded on the front lines. Newspapers later nicknamed her "The Creole with the Tea Mug" for her work in providing battle-weary troops with the comforts of home. On the Russian side, a woman named Daria Mikhailova became known as "Dasha from Sevastopol" for dressing soldiers' wounds using supplies purchased on her own dime, and doctor Nikolai Pirogov helped introduce field surgery and the use of anesthetics. Despite the best efforts of people like Nightingale and Pirogov, infectious disease still killed far more Crimean War soldiers than combat. The British alone suffered an estimated 16,000 deaths from illnesses compared to just 5,000 from battle »[154].

(Traduction: Florence Nightingale est une infirmière réputée pour ses techniques sanitaires et administratives pionnières dans les hôpitaux déchirés par la maladie de la guerre de Crimée, mais elle n'était pas la seule personnalité médicale notable du conflit. Les soldats alliés ont également reçu l'aide de Mary Seacole, une femme d'origine jamaïcaine qui s'est rendue en Crimée et a partagé son temps entre la vente de fournitures, de nourriture et de médicaments ainsi que le traitement des blessés sur les lignes de front. Les journaux la surnommèrent plus tard « la créole à la tasse de thé » pour son travail consistant à fournir aux troupes épuisées le confort de la maison. Du côté russe, une femme nommée Daria Mikhailova est devenue connue sous le nom de « Dasha de Sébastopol » pour avoir soigné les blessures des soldats avec des fournitures achetées à sa guise, et le docteur Nikolai Pirogov a aidé à introduire la chirurgie sur le terrain et l'utilisation d'anesthésiques. Malgré tous les efforts déployés par des personnalités comme Nightingale et Pirogov, les maladies infectieuses ont encore tué bien plus de soldats de la guerre de Crimée que les combattants. Les Britanniques à eux seuls ont subi environ 16000 décès dus à la maladie, contre seulement 5000 au combat. »

III.2. L'engagement du Canada dans la révolte des Cipayes en Inde 1857-1858

La révolte des Cipayes, aussi nommée la « grande mutinerie »,

---

154 http://www.bbc.co.uk/history/historic_figures/seacole_mary.shtml

est une période de soulèvement et de rébellion survenue dans le nord et le centre de l'Inde contre la domination britannique. Les Indiens la considèrent parfois comme le premier mouvement pour l'indépendance de leur pays. Elle est un soulèvement limité aux forces armées comme on le présente souvent. Le mécontentement gronde alors en Inde du fait de la campagne d'occidentalisation forcée imposée par la *Compagnie Anglaise des Indes Orientales* (CAIO). Les Cipayes, mot venant de l'hindî *shipahi* ou combattant qui donna aussi le mot *spahi*, étaient des soldats indiens servant dans l'armée de la *Compagnie anglaise des Indes orientales* sous les ordres d'officiers britanniques. On désigne donc sous le nom de cipayes, les soldats indiens au service des Européens comme les Tirailleurs sénégalais en Afrique Occidentale Française ou les Harkis en Algérie sous les ordres de la France coloniale.

Les présidences de Bombay, Madras et du Bengale maintenaient leur propre armée. Chacune de celles-ci avait son propre commandant en chef et entretenait plus de troupes que l'armée officielle de l'empire britannique. En 1857, elles intègrent quelque 200000 Cipayes contre près de 40000 soldats d'origine britannique. Mais les soldats indiens sont mécontents de certains aspects injustes ou inacceptables de la vie militaire. Par exemple, malgré leur solde relativement faible, le transport de leurs bagages vers des théâtres d'opération lointains devaient se faire à leurs frais. En outre, la *Compagnie Anglaise des Indes Orientales* recrute des Indiens de caste dites inférieures autre que brahmane et kshatriya. Par ailleurs, en 1856, on demande aux Cipayes de servir hors de leur région. Ce qui aurait entraîné une grande impureté pour les membres des hautes castes[155]. À la fin du mois de mai 1857, la mutinerie s'étend en Inde centrale avec la prise d'Allâhâbâd au Rajasthan, à la plaine du Gange ainsi qu'au Bihar. Dépassés par l'ampleur des événements, confrontés à un problème d'effectif, et craignant de perdre un territoire aussi riche et stratégique que l'Inde, les Britanniques font appel à leurs colonies en leur demandant de mobiliser des troupes pour les aider à combattre les cipayes. Lorsque les troubles éclatent en Inde, la sympathie des Canadiens d'ascendance britannique va donc naturellement à l'Angleterre. Des ordres de services sont envoyés de Londres à travers tout le Canada. En conséquence, lorsque la Grande-Bretagne demande à nouveau à ce pays de lever des troupes, elle reçoit la permission de former un *Regiment of Foot*. (George F.G. Stanley, 1974, p. 294). C'est dans

[155]http://www.indiablognote.com/article-23259855.html

ce contexte que le Canada mit en place un contingent au sein duquel il y avait des recrues issues de la communauté noire du pays. Comme en Crimée, ici aussi l'exemple le plus connu est celui de William Hall dont la contribution et le rôle dans cette guerre restent gravés dans les livres d'histoire ou dans les articles écrits sur les Afro-Canadiens pour évoquer leur apport des leurs dans l'histoire du Canada. William Hall promu capitaine après sa brillante prestation en Crimée, fut en effet envoyé en 1857 en Inde avec une brigade de soldats à Lucknow, pour prendre la relève d'une garnison britannique assiégée qui luttait contre une rébellion sur place[156]. Étant membre de l'une des quatre équipes de canonniers, Hall tenta de faire une percée à travers les murs d'un important bastion ennemi. C'était une mission très dangereuse et par conséquent, seuls William Hall et un autre officier survécurent au feu nourri de l'ennemi. Ils continuèrent de charger et de tirer avec le dernier canon jusqu'à l'écroulement d'une partie du mur. Ce qui permit aux soldats de la garnison britannique de sortir. Après avoir servi sur le navire *NSM Shannon*, de la Marine royale britannique, William Hall s'engagea sur divers navires de la *Royal Navy* pendant des années. Il prit sa retraite de la *Royal Navy* en tant que maître de 1re classe, le 10 juillet 1876, après 25 années de service. Il retourna dans sa Nouvelle-Écosse natale et acheta une ferme. Là, il vécut dans un anonymat tranquille. William, qui ne s'est jamais marié, vivait à la ferme avec deux de ses sœurs. Il fut le premier Noir – et le premier Néo-Écossais – à recevoir la Croix de Victoria, la plus haute distinction de l'Empire britannique pour bravoure militaire. Grâce à ses exploits lors de la guerre de Crimée et celle de l'Inde, la participation des Noirs dans les guerres extérieures canadiennes avant la Confédération est un peu mieux connue. Mais elle reste encore à étudier notamment par une exploitation plus sérieuse des archives de la *Royal Navy* et des différentes corps britanniques et canadiens du milieu du XIXe siècle pour avoir une idée plus globale de ce que les Noirs de l'empire britannique et du Canada en particulier ont véritablement représenté dans ces guerres qui se sont déroulées à l'extérieur du Canada.

---

[156] https://www.friends-amis.org/index.php/fr/document-repository/english/fact-sheets/29-william-hall-the-first-black-person-the-first-nova-scotian-and-the-first-canadian-sailor-to-receive-victoria-cross-award/file

Figure 29: William Hall, 1er Afro-canadien médaillé de la Croix de Victoria et le 3e en Amérique du Nord Britannique.

Source :http://www.veterans.gc.ca/fra/remembrance/those-who-served/black-canadians-in-uniform/profiles#hall

IV. Victoria Pioneer Rifle ou African Rifles (1861-1865)

Des Noirs dans l'Ouest canadien ont aussi forgé leurs propres traditions militaires. À la fin des années 1850, des centaines de colons noirs ont déménagé de la Californie à l'île de Vancouver, à la recherche d'une vie meilleure. Environ 50 d'entre eux ont vite organisé le *Victoria Pioneer Rifle Corps,* une force de volontaires, tous noirs, aussi connus localement comme les *African Rifles*. Même si le corps a été dissous en 1865 après seulement quelques années d'existence, il a été la première unité de miliciens officiellement reconnue dans la colonie de la côte ouest. Il a joué un rôle déterminant dans la sécurisation et la protection de l'Île de Vancouver157. Dès lors il est important de comprendre les véritables raisons qui ont mené à la création de ce corps.

[157] L'une des plus remarquables études sur ce corps est celle d'Adam Goulet, *La milice coloniale sur l'île de Vancouver et en Colombie-Britannique entre 1853 et 1871*, Collection d'œuvres d'art de l'université Simon Fraser de Fils natifs et Filles natives de la Colombie-Britannique, numéro 2, 2004. Publié dans la *Revue militaire canadienne*, Vol. 14, No. 3, été 2014.

IV.1. Les raisons de la création du Victoria Pioneer

Étant donné que la Colombie-Britannique dispose d'un vaste littoral, la défense des côtes a toujours reposé essentiellement sur des ressources navales, qu'il s'agisse de la *British Royal Navy* (jusqu'en 1910) ou de la Marine royale canadienne, ainsi que sur les milices locales. L'île de Vancouver comme le reste de la Colombie-Britannique, était confrontée à des menaces récurrentes : actes illégaux commis par des Autochtones, déclaration de la guerre avec les Américains (guerre du cochon, guerre de Sécession, etc.), arrivée massive de chercheurs d'or américains, menace d'une invasion des *Fenians*, etc. Aux yeux des colons de la côte ouest, toutes ces raisons étaient parfaitement valables pour justifier leur crainte par rapport à leur sécurité et à leur souveraineté. La deuxième raison permettant d'expliquer la création de l'*African Rifle*, c'est celle qui consistait à pallier le manque d'effectifs de la troupe de surveillance inexpérimentée et mal formée, les Voltigeurs de la Victoria. En effet, au milieu de 1851, les *Victoria Voltigeurs* - les Voltigeurs de Victoria - sont mis sur pied. Il s'agit d'un petit corps de volontaires, le premier en Colombie-Britannique, qui peut occasionnellement prêter main-forte à la justice. Ces hommes en arme sont habituellement des voyageurs canadiens-français ou des Métis (d'ascendance canadienne et autochtone - mobilisés au gré des circonstances). Leur nombre peut varier considérablement, oscillant entre la demi-douzaine et la trentaine. Ils étaient payés et nourris durant leurs périodes de service, et recevaient des fusils de traite et un « uniforme » de la compagnie. Il ne s'agit cependant pas d'un uniforme militaire à l'européenne, mais du capot canadien bleu ciel assorti d'une ceinture en laine rouge. Cette petite unité était en réalité formée de nomades travaillant auparavant pour la *Compagnie de la Baie d'Hudson*. Elle ne répondait pas véritablement aux aspirations de la colonie. Or, il se trouve qu'au milieu du XIXe siècle, la population non-autochtone de la colonie augmentait. Il y avait en effet une nécessité de protéger ces nouveaux arrivants contre les Autochtones qui se sentaient envahis et par le besoin de trouver des hommes motivés pour sécuriser la colonie de Vancouver. Enfin, la dernière raison est le désir des immigrants noirs de prouver leur attachement, leur loyauté et leur volonté de vivre dans un nouveau pays qui les accepte. De plus en plus mal accueillis par les résidents de la Colombie-Britannique en raison de la couleur de leur peau, ils se voient refuser le droit d'intégrer le corps local de sapeurs pompiers volontaires. C'est pourquoi ils proposent au Gouverneur James Douglas de mettre sur pied leur propre unité militaire de volontaires. Celui-ci accepte l'offre et met sur pied une force de volontaires composée exclusivement de Noirs dont les dépenses sont couvertes grâce au parrainage de M. Mifflin Gibbs, un marchand noir prospère. Le recrutement a commencé au printemps 1860. De 40 à 50 Noirs se sont enrôlés, et le *Victoria Pioneer Rifle Corps* a vu le jour. En juillet 1861, ayant gagné rapidement en popularité, le Corps a été reconnu officiellement. Entièrement composé de Noirs, il devient la première troupe organisée dans l'histoire de l'Ouest canadien. En plus d'être très motivés et disponibles pour servir comme militaires, pour défendre la colonie contre toutes les menaces qui pesaient sur elle, les volontaires noirs étaient très enthousiastes, organisés et se finançaient le plus souvent eux-mêmes.

IV.2. Les African Rifles des miliciens hors-pair et très enthousiastes

En plus de s'être engagés de façon volontaire, les membres des *African Rifles* ont financé par leurs propres moyens un certain nombre de choses essentielles à la réalisation et au maintien de leur unité. Ils ont par exemple construit leur propre salle d'exercices sur *Yates Street* et ils s'étaient même cotisés pour embaucher un instructeur de la *Royal Navy* pour se former. Commandés directement d'Angleterre, leurs uniformes étaient constitués de vestons verts à revers orange, à la manière des fusiliers britanniques (voir photo des *African Rifles* à la page 204. Cependant, leur armement posait un problème récurrent. Les membres du Corps étaient seulement en mesure d'acquérir des fusils à silex usagés de la *Compagnie de la Baie d'Hudson* et, malgré leurs demandes répétées au gouverneur, ils n'ont pas obtenu de carabines avant 1864. Lorsque M. Arthur Kennedy a remplacé M. Douglas en tant que gouverneur, on a prêté au *Victoria Pioneer Rifle Corps* un certain nombre de carabines pour que ses membres puissent s'exercer à les utiliser à l'occasion du défilé en l'honneur du nouveau gouverneur. Pour des raisons de racisme au sein du comité organisateur, on leur refusa le droit de participer au défilé. Une semaine plus tard, lorsque les membres du

Corps se sont présentés au nouveau gouverneur, celui-ci leur donna une réponse très politique, visant à reconnaître leur place au sein de la communauté, sans pour autant s'engager à les soutenir à l'avenir, de peur de perdre les faveurs des factions racistes de la colonie. Près de deux ans après le défilé, le gouvernement demanda au *Corps* de rendre les carabines. Il obéit et il transmit la note suivante avec les armes :

« [...] le VPRC n'est pas dissous, mais ses membres ne se sont pas exercés en raison du manque de soutien de la part du gouvernement et de l'exode de certains vers les États-Unis ». (Crawford Killian, 1978, p.135).

Malgré tous ces désagréments, la milice noire ne s'est jamais découragée elle a continué à rendre service à sa colonie sans attendre rien en retour et surtout à se prendre en charge. Les activités sociales du *Victoria Pioneer Rifle Corps* étaient bien connues. Les femmes de la communauté noire de l'île de Vancouver organisaient constamment des collectes de fonds pour le maintien de l'unité (étant donné que celle-ci n'était pas régulièrement financée par le gouvernement). La communauté était également connue pour la célébration annuelle l'émancipation des esclaves des Antilles britanniques le 1er août[158]. Les officiers des *African Rifles* étaient même réputés pour faire des visites de courtoisie à des personnalités de marque de passage dans la colonie. Ces gestes d'attention étaient très bien reçus, dans la majorité des cas[159]. Malgré leur constante visibilité auprès du public, la plupart des unités de la milice éprouvaient couramment des problèmes financiers. Bon nombre de citoyens payaient les uniformes et l'équipement de leur poche, pour conclure des marchés ou veiller à leurs affaires. Les membres d'une unité étaient connus pour avoir mis leurs ressources en commun. Il leur arrivait de donner plus de 50 sous pour rémunérer un instructeur de drill afin que ce dernier puisse leur enseigner son art[160]. Par conséquent,

---

[158] Derek Pethick, Victoria : *The Fort, Vancouver, Colombie-Britannique*, Mitchell Press Limited, 1968.

[159]Dorothy Blakey Smith (éd.), *Lady Franklin Visits the Pacific Northwest, February to April 1861, April to July 1870*, Victoria, Colombie- Britannique, Archives provinciales de la Colombie-Britannique, mémoire no XI, 1974.

160The Royal Westminster Regiment, http://www. army.gc.ca/iaol/143000440001719/index-Fra.html.

les unités de la milice n'étaient pas toujours à court d'argent.

Durant les premières années des *African Rifles*, une autre unité de volontaires avait existé pendant une courte période sur l'île de Vancouver. Il s'agissait d'une unité de milice blanche mise sur pied à l'été 1861, certainement parce que les Blancs ne voulaient pas s'enrôler dans l'*African Rifles*. Ce deuxième corps, le *Vancouver Island Volunteer Rifle Corps*, a été dissous après seulement quelques mois, sous pretexe de conflits internes et un manque de motivation. Toute la différence avec les hommes de l'*African Rifles*, qui non seulement ont pu s'organiser seuls mais aussi ont pu apporter leur part à la construction de la province de Colombie-Britannique. Ayant mesuré l'importance de la milice noire et son rôle pour la colonie, le gouverneur Kennedy, successeur de Douglas mit sur pied une autre milice, le *Victoria Volunteer Rifle Corps*. Rémunérée par le gouvernement, cette nouvelle organisation continua la tâche de l'*African Rifles*. Elle resta active jusqu'à ce que la Colombie-Britannique fasse partie de la Confédération en 1871. On réalise ici la part énorme des Noirs et la voie qu'ils ont tracée dans la sécurisation de la Colombie-Britannique avant l'intégration de la province dans la Confédération et l'obtention d'une défense plus forte et des moyens plus conséquents de la part du gouvernement fédéral. En effet, le 16 octobre 1871, presque trois mois après l'entrée de la Colombie-Britannique au sein de la Confédération, le District de la Milice numéro 11 a été mis sur pied par le gouvernement fédéral lorsque ce dernier a assumé la responsabilité de la défense. Les unités de la milice en place ont été démantelées puis réorganisées. Ensuite de nouvelles unités ont été mises sur pied de façon permanente grâce au financement du gouvernement fédéral.

Figure 30: Le Victoria Pioneer Rifle Corps.
Source : Archives militaires du Canada
http://www.veterans.gc.ca/fra/remembrance/those-who-served/black-canadians-in-uniform/history

V. La lutte contre les Fenians et le recrutement de Canadiens noirs (1863-1870)

Dans les années 1860, les Féniens ou *Fenians* (en anglais) ont tenté à plusieurs reprises d'envahir les colonies britanniques de l'actuel Canada dans le but ultime d'obtenir l'indépendance de l'Irlande vis- à-vis de la Grande-Bretagne. Les *Fenians* étaient une organisation de nationalistes irlandais vivant en Amérique du Nord. Au milieu des années 1860, la confrérie des *Fenians* était à son apogée. Avec les soldats libérés notamment de la guerre de Sécession et qui erraient dans les rues, il n'était pas difficile de trouver des recrues pour aider l'Irlande à se défaire du joug des Anglais.

V.1. Qui sont les Fenians et quel était leur objectif ?

Depuis les années 1840, les États-Unis avaient accueilli des centaines de milliers de réfugiés irlandais. La conférence des *Fenians*, une société secrète s'adonnant à la violence, avait élaboré un plan: une vaste armée recrutée parmi d'anciens combattants irlandais, prendrait comme otages pour l'Irlande les colonies nord-américaines britanniques afin de faire pression sur la Grande-Bretagne.

Après les tentatives des États-Unis d'envahir le Canada entre 1812 et 1815, les rebellions à caractère nationaliste dans le Haut et le Bas Canada en 1837-1838, sans parler des menaces autochtonnes notamment dans l'Ouest, voilà que les colonies britanniques de l'Amérique du Nord sont confrontées à une autre menace : celle des *Fenians* décidés et déterminés à envahir le Canada protestant et anglican. Les *Fenians* tiraient leur force d'un certain nombre de facteurs. D'abord, de l'existence d'un nombre important d'immigrants irlandais aux États-Unis et dans les colonies britanniques de l'Amérique du Nord. Ensuite, du soutien non affiché de colons nationalistes, qui gémissaient sous le joug britannique et qui accueilleraient les *Fenians* comme des libérateurs. Et enfin, les *Fenians* savaient que les gouvernants américains, avides de suffrages irlandais, fermeraient les yeux sur cette flibuste (brigandage) sous prétexte de la liberté. À cela s'ajoute le fait qu'à la fin des années 1860, la Grande-Bretagne commence à diminuer le nombre de ses soldats stationnés en Amérique du Nord à cause de la montée de la Prusse en Europe occidentale et de la menace que celle-ci représente pour elle et pour la France. Les Britanniques décident alors de diminuer leur contingent sur le sol canadien en demandant au Canada de prendre une part dominante à sa propre défense. À la fin de 1868, les Britanniques étaient déterminés à faire accepter aux Canadiens le fardeau tout entier. À partir de 1869-1870, les Canadiens doivent se défendre eux-mêmes en se débrouillant comme des responsables. (Robin W. Winks, 1997, p. 136). Déterminés et prêts à se battre contre les Britanniques sur le terrain nord-américain, les *Fenians* profitèrent de ce contexte favorable et déclenchent plusieurs raids notamment dans les provinces de l'est canadien (Nouveau-Brunswick, Haut et Bas Canada à l'ouest des Maritimes).

V.2. Les raids menés par les *Fenians*

La première attaque des *Fenians* fut dirigée, sans enthousiasme contre l'île de Campobello, à l'entrée de la baie Passamaquoddy, lieu de rassemblement de la milice du Nouveau-Brunswick. La présence de navires de guerres britanniques, ainsi que la prompte intervention des autorités américaines, les empêchent d'atteindre leur but, mais, la peur qu'ils sèment chez les habitants du Nouveau-Brunswick contribue grandement à faire pencher l'opinion publique en faveur de la fédération, au cours des élections provinciales qui ont lieu peu de temps après. (George F.G Stanley, 1974, p. 303). Le 7 juin 1863 un groupe de 1000 *Fenians*, commandés par le Général Spier, traverse la frontière canadienne. Les *Fenians* suivent la route du Lac Champlain et prennent position à Pigeon Hill, dans le Comté du Missisquoi dans l'est canadien. La patrouille frontialière, formée de trois compagnies de miliciens non-aguerris dont certains n'ont jamais manipulé un fusil auparavant, recule devant la force supérieure de Spier. Mais, comme les renforts prévus n'arrivent pas et que les autorités américaines saisissent leurs armes et les munitions entreposées à St-Albans, les *Fenians* décident de retourner aux États-Unis, emportant avec eux le butin qu'ils ont réussi à piller. (George F.G Stanley, 1974, p.308-309).

Dans le Haut-Canada, comme le gouvernement s'attend à des problèmes, il appelle, en novembre 1865, des compagnies de volontaires de Québec, Montréal, Ottawa, Morrisburg, Toronto, Port Hope, Hamilton, Woodstock et London pour maintenir l'ordre dans les parties les plus exposées de la frontière. Le 7 mars 1866, 10000 miliciens prennent les armes pendant trois semaines, car on s'attend à des désordres le jour de la fête de la Saint Patrick. (George F.G Stanley, 1974, p.308-309). Parmi eux, il y avait les hommes le *Second Coloured Company of Chatam* composé d'Afro-Canadiens vivant dans le Sud de l'Ontario. Un de ces Noirs de l'Ontario les plus connus pour avoir fait l'armée et avoir été recruté dans la même ville de Chatham est Anderson Ruffin Abbott. Il était le fils de Wilson Abbott qui lui-même s'était engagé auprès des forces gouvernementales du Haut-Canada lors de la rébellion de 1837-1838 dirigée par Mackenzie. Il y a en effet une tradition militaire dans la famille Abbott comme ce fut le cas avec beaucoup d'autres familles d'Afro-Canadiens. Voici ce que Robin Winks dit au sujet d'Anderson Abbott :

"Anderson was of a more militant persuasion than his father. Born in Toronto in 1837, he studied at Toronto Academy, operated in conjunction with Knox's College - where Samuel Ringgold Ward was a classmate - and graduated from Oberlin College, Ohio's abolitionist center, before taking up medicine. In 1863 Abbott was appointed a surgeon in the Northern army. After the war opened a practice in Chatham where he was president of the Wilberforce Education Institute from 1837 until 1880, was a vocal opponent of the public segregated schools, became coroner for Kent County in 1874, and was associate editor of British Methodist Episcopal Church's local organ, The Messenger, as well as a writer for the Planet". (Robin Winks, 1997, p. 329).

(Traduction : Anderson était d'une persuasion plus militante que son père. Né à Toronto en 1837, il a étudié à la *Toronto Academy*, opérée conjointement avec le Knox's College - où Samuel Ringgold Ward était un camarade de classe - et a obtenu son diplôme du Oberlin College, le centre abolitionniste de l'Ohio, avant de se lancer en médecine. En 1863, Abbott fut nommé chirurgien dans l'armée du Nord. Après la guerre, il ouvre un cabinet à Chatham où il préside le Wilberforce Education Institute de 1837 à 1880, s'oppose farouchement aux écoles publiques séparées, devient coroner du comté de Kent en 1874 et rédacteur en chef adjoint du journal local de la *British Methodist Episcopal Church*, le Messager, ainsi qu'un écrivain pour planétaire.)

Le raid mené en Ontario contre la frontière du Niagara eut des conséquences beaucoup plus sérieuses. Il fait partie d'un plan de grande envergure qui prévoit des attaques simultanées en trois endroits de la frontière, très éloignés, les uns des autres. Les *Fenians* de Chicago et d'autres villes du Mid-West doivent attaquer l'ouest de l'Ontario; ceux de Buffalo et Rochester traversent la Niagara; la confrérie de New-York et des villes du littoral de l'Atlantique doit frapper le nord le long de la route du lac Champlain. Cependant, tout le plan s'écroule. Les attaques ne firent preuve de réelle détermination que dans la région de la Niagara. Là, John O'Neill, ancien officier de la cavalerie de l'armée de l'Union, à la tête d'environ 800 hommes, traversa la Niagara, à Buffalo, pendant la nuit du 31 mai. Les autorités canadiennes n'ayant pas pris les précautions nécessaires pour défendre la zone menacée, O'Neill occupa le fort Érié sans rencontrer de résistance, avant à l'intérieur du Canada et campe à Frenchman's Creek en attendant l'arrivée de renforts qui, espéra-t-il, allaient traverser la rivière en masse pour l'aider à conquérir le Canada. Il fit aussi distribuer une proclamation grandiloquente selon laquelle les *Fenians* avaient « pris le glaive pour trancher le joug des oppresseurs, afin de délivrer l'Irlande du tyran, du spoliateur et « voleur ». Dans cette prclamation, on demanda aux Canadiens d'origine irlandaise « au nom des sept siècles d'iniquité britannique et de misère irlandaise », de « tendre une main fraternelle pour la sainte cause de la mère-patrie ». En apprenant que les Canadiens se mobilisaient, O'Neill avance le long de Ridge Road. Pendant ce temps, les troupes canadiennes se mettent en route pour la frontière de la Niagara. Une partie des forces volontaires du Canada-est et du Canada-ouest est appelée les 1er et 2 juin. La milice répond beaucoup mieux qu'on s'y attendait. On estime que le 3 juin, plus de 20000 hommes s'étaient présentés. Une autre force canadienne comprenant le 13e bataillon de

Hamilton, le *Queen's Caledonia,* soit environ 850 hommes, sous les ordres du lieutenant-colonel A. Booker se rend à Port Colborne. Là, le 2 juin, Booker reçoit de Peacocke l'ordre d'aller de Port Colborne vers Stevenville, où les deux forces allaient opérer une jonction avant d'attaquer O'Neill. Mais, ce dernier qui était sur le point de se retirer du champ de bataille agressa de nouveau. Les *Fenians* tirèrent leurs volées de balles sur les Canadiens pris de panique. Booker essaya de rassembler ses hommes, mais ils furent complétement démoralisés et incapables de se grouper convenablement. Lors de ce face à face, dix Canadiens furent tués et trente-huit blessés. (George F.G Stanley, p. 304).

Dans l'ouest du pays, en Colombie-Britannique, les *Fenians* se sont fait également parler d'eux. À l'été 1866, en réaction à la peur accrue causée par leurs invasions sur la côte ouest, la *Seymour Artillery Company* fut créée à New Westminster. Voici à ce sujet un extrait d'un article tiré du *British Colonist,* daté du 4 janvier 1872. Ce document s'intitule *Féniens! Navires de guerre !! Police !!!* L'auteur y fait des observations sur la nécessité de pouvoir compter sur la *Royal Navy* pour défendre la colonie contre la menace d'une invasion des *Fenians* qui avait été portée à l'attention du gouverneur six jours auparavant :

« Il est vrai qu'il existe une compagnie de fusiliers volontaires, dont le commandement efficace est assuré par le capitaine Rosco. Il est également incontestable que la compagnie compte plusieurs bons atouts. Cependant, cela pose un problème, car on ne sait pas dans quelle mesure il est sécuritaire de se fier à cette force pour repousser une invasion des *Fenians.* Si nos renseignements sur le fait que la force est tombée dans un état de léthargie sont exacts, il serait peut-être plus avisé de ne pas s'y fier pour assurer la défense[161] ».

En octobre 1867, la compagnie reçut deux pièces de campagne en laiton de 24 livres à chargement par la bouche, et les artilleurs commencèrent à s'exercer avec leur nouvel équipement de façon hebdomadaire. (Frances M. Woodward 1974-1975, p. 19 à 21). Les raids des *Fenians* durèrent pratiquement plus de sept ans. Dès lors ils avaient créé la psychose au sein de la population britannique de l'Amérique du Nord. La dernière attaque des *Fenians* eut lieu en 1870 dans le Haut-Canada. Ils avaient encore à leur tête P. Spier. Mais la garde territoriale

---

161 Bien qu'il soit indiqué dans le présent article que le capitaine Rosco assumait le commandement du *Victoria Volunteer Rifle Corps*, l'auteur n'a pas été en mesure de corroborer ce fait.

renforcée par une compagnie du 60e bataillon de volontaires de Missisquoi et par une autre du *Victoria Rifles* de Montréal, réussit à les faire reculer. Les troupes avancent avec une telle détermination que les *Fenians*, inaccoutumés à la discipline militaire, s'éparpillent dans toutes les directions et s'enfuient pêle-mêle au-delà de la frontière, jetant leurs armes, leurs uniformes et leurs équipements dans la débandade. Les combattans irlandais sont définitivement vaincus car, les troupes américaines étant stationnées au sud de la frontière et les Canadiens étaient maîtres de la situation au nord. De 1863 à 1870, les *Fenians* à travers des raids multiples, organisés et lancés sur le long de la frontière canado-américaine d'est en ouest, faillirent remettre en cause l'existence de l'actuel Canada.

On peut retenir de cet épisode des *Fenians* que des Afro-Canadiens ont servi dans différents corps militaires chargés de combattre les envahisseurs afin de les repousser aux États-Unis. En plus du *Second Coloured Company of Chatham*, composé exclusivement de Noirs qui ont participé aux combats contre les *Fenians* dans l'actuel Ontario et contribué à les repousser vers les États-Unis, d'autres Afro-Canadiens ont servi dans les unités mises en place contre les *Fenians* en Colombie-Britannique et dans les Maritimes. Sans la création d'une force militaire déterminée au sein de laquelle on trouve des Afro-Canadiens, il aurait été impossible de venir à bout de ces immigrants irlandais qui voulaient libérer l'Irlande du joug britannique en attaquant la Grande-Bretagne sur sa partie la plus vulnérable, c'est-à-dire ses colonies en Amérique du Nord. L'histoire retiendra par conséquent que des Canadiens noirs recrutés dans l'actuel Ontario, dans les Maritimes et dans l'Ouest Canadien ont marqué de leurs empreintes ces événements en participant à défendre dignement les frontières de leur pays et à protéger les populations.

Figure 31: Bataille de Ridgeway entre les *Fenians* et les soldats canadiens

Battle of Ridgeway Charge of the Fenians under the command of Colonel O'Neill at the Battle of Ridgeway, near Niagara, Canada West, June 2, 1866 (Archives of Canada / C-18737).
Source : http://www.thecanadianencyclopedia.ca/en/article/battle-of-ridgeway-1866/

CHAPITRE III : LES NOIRS DANS LES GUERRES CANADIENNES APRÈS LA CONFÉDÉRATION (1867-1945)

Après la naissance de la Confédération, toutes les guerres qui ont nécessité la mobilisation massive de soldats au sein desquelles le Canada s'est engagé, se déroulèrent loin de ses frontières. Devenu une Confédération qui dépend de moins en moins de la Grande-Bretagne, le Canada a désormais la responsabilité presque totale de son armée et du recrutement de soldats. Par conséquent, la Grande-Bretagne elle, se retire petit à petit des affaires militaires canadiennes. Tel est le contexte canadien dans les années qui suivirent la création de la Confédération.

I. *Contexte militaire canadien après la création de la Confédération*

Au mois de février 1870, le Secrétaire d'État aux colonies avise le Gouverneur général du Canada que la *Royal Canadian Rifles* allait être dissoute, que toutes les troupes régulières britanniques en poste au Canada (à l'exception d'un petit détachement à la base de la *Royal Navy* à Halifax devraient rentrer en Angleterre). Avec cette décision, le Canada était non seulement obligé de se tourner vers sa population disponible pour monter sa propre armée, mais, il devait aussi mettre en place des écoles de formation militaire car, jusque-là, les meilleurs officiers et soldats expérimentés étaient ceux que la Grande-Bretagne avait mis à sa disposition. Le retrait des Britanniques de leur plus vaste colonie, le Canada, s'explique avant tout comme mentionné précédement par la situation qui prévalait en Europe. En effet, l'ascension fulgurante de la Prusse, devenant de plus en plus une puissance dominante en Europe, le déclin du recrutement militaire chez les jeunes en Angleterre sont des facteurs qui préoccupaient fort les dirigeants politiques britanniques. Il n'est donc guère surprenant qu'ils songent à réduire le poids des dépenses engagées pour la défense de l'Empire en diminuant l'effectif de leur garnison régulière au Canada. Les ministres canadiens ont beau invoquer la menace des *Fenians* et le bellicisme américain, le penchant impérialiste de la politique britannique vers l'Asie et l'Afrique n'était pas facile à redresser. (George F.G. Stanley, 1974, p. 325)[162]. Ainsi, il ne restait au Canada qu'à accentuer son recrutement local à travers les miliciens et à ouvrir davantage l'armée aux autres composantes du pays comme les Autochtones qui avaient toujours répondu présents dans les guerres canadiennes. On ouvrit les portes de l'armée encore plus grandes aux Afro-Canadiens qui eux étaient très motivés à s'engager en tant que soldats. Le retrait des réguliers britanniques entraina deux conséquences majeures pour l'armée canadienne. La première est celle qui poussa le Canada à former ses propres officiers capables de mener des guerres sans l'appui de Britanniques. Pour cela, il fallait mettre en place des écoles de formation militaire. C'est dans cette logique que virent le jour les premiers établissements de formation militaire dans le pays. Ainsi, pour la première fois, le Canada créa des écoles d'artillerie. (Stanley G.F, 1974, p. 327). En 1871, deux batteries sont mises en place. Elles existent encore de nos jours en tant qu'unités de la *Royal Canadian Horse Artillery*. Elles ont été les plus dignes successeurs des premiers réguliers canadiens, soit les troupes de la marine de l'Ancien Régime, les provinciaux et territoriaux de 1793 et 1812 et les corps provinciaux qui ont défendu la frontière entre 1837 et 1850. Les soldats réguliers canadiens font partie de la tradition militaire du pays presque au même titre que les miliciens à temps partiel. La deuxième conséquence fit l'ouverture de l'armée. En effet, on se tourna vers les minorités du pays comme les Autochtones et Noirs pour les utiliser soit en tant que combattants ou soit comme travailleurs pour qu'elles puissent occuper des tâches de main-d'œuvre, de conducteurs dans l'armée canadienne afin de permettre aux Canadiens d'origine européenne d'aller plus vers une formation professionnelle et d'être des gradés. C'est aussi une façon pour le Canada de diminuer ses dépenses militaires, car les miliciens étaient beaucoup moins payés que les soldats réguliers.

[162] Il parle de penchant anti-impérialiste des Britanniques, mais personnellement je pense le contraire, car vers la fin du XIXe l'Angleterre était tellement intéressée à acquérir de nouvelles colonies notamment en Afrique qu'elle finit par négliger ses territoires en Amérique du Nord Britannique.

Après la Confédération, la guerre anglo-boer est la première digne de ce nom à laquelle le Canada a participé pour apporter son soutien à la mère patrie, la Grande-Bretagne.

II. Engagement du Canada dans la guerre contre les Boers en Afrique du Sud

La guerre sud-africaine (1899-1902), aussi connue sous le nom de *guerre des Boers*, marqua la première occasion où le Canada dépêcha officiellement des troupes pour combattre dans un conflit se déroulant à l'extérieur du pays. En 1899, des combats éclatent entre la Grande-Bretagne et deux petites républiques d'Afrique du Sud, le Transvaal et l'État libre d'Orange (voir carte ci-dessous). On ne s'attendait pas à ce que celles-ci, colonisées par les Boers, les descendants des premiers colons néerlandais, des Huguenots[163] et des Allemands, tiennent bien longtemps devant la première puissance mondiale de l'époque. Des Canadiens, sympathisants de l'Empire, exhortèrent néanmoins leur gouvernement à aider la mère-patrie. À leur avis, la guerre opposait la liberté, la justice et la civilisation britanniques à l'État arriéré des Boers. Du moins, c'est ce que la propagande britannique leur a fait croire.

II.1. L'envoi de troupes canadiennes en Afrique du Sud

L'engagement du Canada auprès de la Grande-Bretagne dans son aventure sud-africaine s'explique par un certain nombre de facteurs. Le premier est celui qui repose sur l'idée selon laquelle, la défense nationale et celle de l'empire britannique devaient aller de pair et chaque colonie autonome avait des avantages à resserrer ses liens avec l'Empire par de nouveaux engagements d'assistance militaire réciproque. Ensuite, il n'était pas exclu que le Canada ait lui aussi besoin de l'appui de l'Empire s'il entre un jour en conflit avec d'autres puissances comme la Russie, le

[163] Des immigrants protestants venus de la France fuyant ce pays suite la l'intolérance religieuse de la majorité catholique après la révocation de l'Édit de Nantes par Louis XIV en 1685.

Japon dans le Pacifique ou avec les États-Unis comme on l'a vu avec les évènements de 1812. Il n'était donc pas à écarter que le Canada puisse solliciter de l'aide de tout l'Empire pour préserver sa sécurité. Enfin, il faut savoir qu'il y avait beaucoup de Canadiens d'origine britannique qui étaient enthousiastes et prêts à soutenir les guerres menées par Londres quelle que soit la raison et peu importe le lieu où se déroulent les combats. Cette population canadienne d'ascendance britannique était aussi prête à mettre la pression sur les autorités fédérales notamment lors des élections. Wilfried Laurier, Premier Ministre canadien au moment de la guerre de 1899-1902 était d'ailleurs confronté à ce problème. Si à ses débuts il était assez réticent à l'engagement du son pays dans une alliance militaire avec la Grande-Bretagne, deux ans plus tard, Laurier faisait de nouveau face à l'épineuse question de la participation du Canada à la défense de l'Empire britannique. En 1899, lorsqu'éclate la guerre, plusieurs dominions et colonies britanniques offrirent leur assistance militaire à la mère patrie. Le Premier Ministre canadien hésitait à fournir des troupes à la Grande-Bretagne. Ainsi, de nombreux Canadiens-anglais réclamaient ouvertement et à grands cris la participation officielle du Canada pour prouver sa solidarité à la Grande-Bretagne. Des membres conservateurs du Parlement, tel que le lieutenant Sam Hughes, exigent même du Premier Ministre libéral qu'il envoie des troupes ou qu'il démissionne pour être remplacé par quelqu'un d'autre prêt à aller dans le sens de leur désir. Malgré les hésitations de Laurier, le 3 octobre 1899 la *Canadian Military Gazette* révèle que le Canada a l'intention d'envoyer un contingent en Afrique du Sud. On parle de 1000 hommes. Finalement Laurier capitule et accepte l'envoi des troupes. (Stanley F.G, 1974, p. 327-328). Le premier convoi vers l'Afrique du Sud eut lieu le 30 octobre 1899. Il s'agit d'un effectif de 1061 volontaires, qui comprenait aussi quatre infirmières, quatre reporters et 23 officiers excédentaires. Tous s'entassèrent à bord du *SS Sardinian* et prirent la direction de l'Afrique du Sud. Le colonel Sam Hughes était aussi du voyage. Le chiffre global de Canadiens ayant rejoint l'Afrique du Sud est estimé à 8300 hommes. Parmi eux, seulement 3499 servaient aux frais du Canada et, une fois en Afrique du Sud, les Britanniques payeraient la plupart des factures, y compris les pensions. La mort au champ d'honneur de 242 Canadiens ne toucha qu'une minorité de foyers. Parmi ces victimes, se trouvait toutefois le fils unique de Borden[164]. Le titre de

---

[164] Borden est le premier ministre du Canada lors de la Première Guerre

chevalier qu'on lui décerna, constitua une maigre compensation comparée à la douleur pour un couple affligé. Au cours des trois années suivantes, au total plus de 7000 Canadiens servirent dans la guerre contre les Boers, loin des frontières de leur pays.

II.2. Les Canadiens sur les champs de bataille en Afrique du Sud

L'idée selon laquelle la guerre entre Anglais et Boers était une guerre de Blancs est un mythe entretenu à la fois par les Anglais et les Boers. Des Noirs vivant dans les colonies et dominions britanniques ainsi que des Noirs des Républiques Boers en Afrique du Sud participèrent et jouèrent un rôle majeur dans cette guerre :

« Black Africans living in the British colonies, the Boers republics and surronding colonies and protectorates played an active part in the war both as servant and members of the forces. Those in British service were, relatively speaking, well paid and they expected their service to be recognised when the British were victorious, through the granting of political rights after the war[165] ».

(Traduction: Les Africains noirs vivant dans les colonies britanniques, les républiques Boers et les colonies et protectorats environnants ont joué un rôle actif dans la guerre, à la fois comme serviteurs et comme membres des forces armées. Ceux qui étaient au service britannique étaient relativement bien payés et espéraient que leur service serait reconnu lors de la victoire des Britanniques, grâce à l'octroi de droits politiques après la guerre.)

En Afrique du Sud, les soldats canadiens ont participé à d'importantes batailles, dont celles de Paardeberg et de Leliefontein. Au début de la guerre, les Boers infligèrent de lourdes pertes aux Britanniques. Mais avec l'arrivée de renforts canadiens, les premiers

---

mondiale.

[165]http://www.sahistory.org.za/sites/default/files/file%20uploads%20/encyclopedia_of_the_boer_war_martin_marix_evans.pdf

Pour plus d'informations sur cette guerre et la contribution des Noirs au côté des Britanniques, lire :

Carver, Michael, *The NAM Book of the Boer War*, London Sidgwick and Jackson, 1999.

nommés subirent la défaite dans plusieurs batailles décisives. Refusant de se rendre, les Boers adoptèrent une tactique de guérilla consistant à tendre des embuscades et à se replier. Dans cette deuxième phase des combats, les Canadiens prirent part à de nombreuses interventions de petite envergure. D'exténuantes patrouilles à cheval visaient à amener l'ennemi à se battre et les conditions difficiles faisaient que tous les soldats devaient lutter contre la maladie en plus des balles des tireurs d'élite. Les troupes impériales tentaient d'empêcher les Boers d'obtenir de l'eau, de la nourriture et de profiter de l'hébergement des fermiers sympathiques à leur cause. La stratégie brutale de la Grande-Bretagne propagea le conflit au sein même de la population civile. Ainsi, les troupes canadiennes brûlèrent des maisons et des fermes boers, et entassèrent les civils dans des camps d'internement. Quelque 28000 prisonniers auraient péri dans ces lieux infects des suites de maladies. La majorité d'entre eux étaient des femmes, des enfants et des travailleurs noirs. La mort de civils provoqua une grande indignation en Grande-Bretagne et au Canada. Cette stratégie mena éventuellement à la défaite des Boers. Ce succès poussa le premier ministre canadien à accepter de s'engager un peu plus. De décembre 1899 à janvier 1900, le Ministère de la milice rassembla des hommes et du matériel nécessaires pour former deux petits bataillons de fusilleurs à cheval et trois batteries d'artillerie de campagne. Ils furent 1320 à prendre le bateau à Halifax. Le gouvernement accepta, dans un dernier geste, de remplacer les troupes britanniques de Halifax et d'Esquimalt par un 3e bataillon du *Royal Canadian Regiment*. On recruta d'autres contingents canadiens en employant des moyens que Laurier aurait certainement préférés en 1899. Parmi les recrues noires du Canada durant cette guerre, figure un homme très connu dans le Prairies canadiennes du nom de John Ware. Il faut dire que la tradition militaire est très présente dans sa famille comme dans celles de nombreux Afro-Canadiens à l'époque. Avant de prendre part à la guerre en Afrique du Sud, John Ware (ou le Cow boy noir) avait été recruté par les forces gouvernementales du Manitoba. Il participa à la lutte contre la rébellion menée par Louis Riel en 1885. En 1914, lorsqu'éclate la Première Guerre mondiale, deux de ses fils s'enrolèrent et combattirent au front en Europe. Ceci montre que des Noirs faisaient partie des troupes canadiennes à cette fin du XIXe siècle. La participation de Noirs du Canada à la guerre anglo-boer est confirmée par l'action humanitaire que le Club des femmes de Montréal, officiellement établi en 1902, mais déjà en activité à la fin du siècle précédent, réalise au profit des vétérans nécessiteux, surtout noirs, de cette guerre. (Daniel Gay, 1899, p. 67).

L'enrôlement d'Afro-Canadiens en tant que volontaires dans les armées du pays à cette époque est aussi facilité par la réticence des Canadiens-français à s'engager dans les guerres à l'étranger. En effet, selon eux, ces guerres n'engageaient personne d'autre que les Britanniques. Donc, pour cette participation du Canada en Afrique du Sud, il y eut une forte opposition de la part des Canadiens-français. Henri Bourassa et neuf députés québécois s'opposèrent farouchement au Premier Ministre Wilfried Laurier. Le réveil de l'impérialisme britannique[166] vers la fin du XIXe siècle n'a par conséquent pas touché les Canadiens-français qui, pour la plupart ne voient pas la raison pour laquelle leur pays devrait s'impliquer dans une querelle entre la Grande-Bretagne et les républiques boers d'Afrique du Sud, car selon eux cette guère ne concerne nullement les Canadiens et leurs intérêts. Telle ne fut pourtant pas la position des Afro-Canadiens, qui, de leur côté, voyaient en la multiplication des opérations militaires, un moyen de s'enrôler dans l'armée, d'être acceptés comme Canadiens à part entière et d'avoir une promotion dans la société. Durant cette guerre, seuls donc les Canadiens d'origine britannique et les Canadiens noirs étaient favorables au recrutement.

À la fin du conflit, quelques Canadiens ont eu droit à des médailles. Parmi ceux qui servirent en Afrique du Sud, 267 furent tués. Leurs noms sont inscrits dans les *Livres du Souvenir*. D'autres soldats qui s'étaient distingués dans cette guerre eurent droit à la Croix de Victoria. Après la guerre en Afrique du Sud, le gouvernement canadien soutint que cette expédition Outre-mer serait la dernière. L'histoire allait prouver le contraire. Les Canadiens allaient bientôt prendre part à deux autres guerres plus meurtrières : les deux guerres mondiales sans oublier celle de Corée et la participation à des douzaines de missions de maintien de la paix dans le monde[167].

Bien que relativement peu de Canadiens noirs aient servi dans l'armée au cours des années qui ont immédiatement suivi la

---

[166] Le fameux slogan *The Scramble for Africa* (La ruée vers l'Afrique) en dit long.

[167] La guerre de Corée et les missions de maintien de la paix dans le monde auxquelles des Afro-Canadiens ont participé, ne seront pas abordées dans ce livre qui s'arrête en 1945.

Confédération, quelques-uns firent partie du contingent canadien qui alla à l'étranger comme en Crimée, en Inde pendant la guerre d'Afrique du Sud, de 1899 à 1902. (Desmond Morton, 2007, p. 172). La participation des Noirs du Canada dans cette guerre même si elle existe, reste très faible par rapport à ce qu'on a vu pendant la guerre 1812, les rebéllions de 1837-1838 ou lors de la lutte contre les *Fenians* dans les années 1860. Un travail au niveau des archives aiderait mieux à donner un chiffre plus précis pour quantifier la participation des Afro-Canadiens dans la guerre en Afrique du Sud.

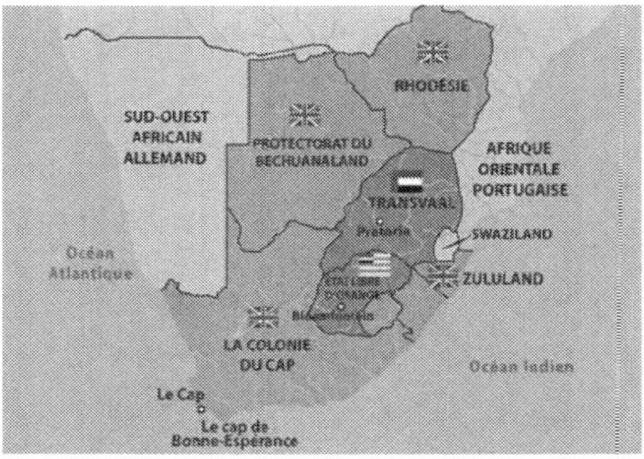

Figure 32: Carte de l'Afrique du Sud présentant les colonies britanniques et les républiques boers. Source: Musée Canadien de la guerre (Canadian War Museum): http://www.warmuseum.ca/cwm/exhibitions/boer/boerwarmaps_f.shtml#southernafrica

Figure 33: Des Canadiens dans le Veld en Afrique du Sud.
Source: Musée Canadien de la guerre (Canadian War Museum): http://www.warmuseum.ca/cwm/exhibitions/boer/boerwarhistory_f.shtml

Figure 34: Des fantassins canadiens engageant des troupes boers, 18 février 1900.
Source : Musée Canadien de la guerre (Canadian War Museum):
http://www.warmuseum.ca/cwm/exhibitions/boer/boerwarhistory_f.shtml

III. Les Afro-Canadiens et la Première Guerre mondiale

La Première Guerre mondiale, encore appelée Grande Guerre est l'une des plus désastreuses de l'histoire de l'humanité. Après des années de tensions entre les pays de la Triple Entente (Grande-Bretagne, France et Russie) et les pays de la Triple Alliance (Allemagne, Autriche-Hongrie et Empire Ottoman), la guerre est déclenchée suite à l'assassinat de l'archiduc austro-hongrois Franz Ferdinand par un jeune étudiant serbe nommé Gavrilo Princip. En 1914, après cet attentat, l'Autriche-Hongrie déclare la guerre à la Serbie et à la Russie, alliée des Serbes. Peu de temps après, la Grande-Bretagne et la France déclarent la guerre à l'Autriche-Hongrie et à l'Allemagne. Ce fut le début d'un terrible conflit qui dura plus de quatre ans. (Cook, Tim, 2007, p. 27). Pour le Canada, c'est aussi le commencement d'une aventure dans une guerre où il devait jouer un rôle non négligeable. En effet, le Canada de 1914 est encore un dominion de la couronne britannique malgré qu'il soit une Confédération depuis 1867; de ce fait, sa loyauté fut au centre des questions lors de l'implication dans ce conflit sans précédent. La Première Guerre mondiale est souvent moins traitée par rapport à la Seconde, mais pour des pays comme le Canada, elle a eu une plus grande influence que n'importe quelle autre dans son histoire du XXe siècle. Non seulement parce qu'elle a permis à ce pays de devenir plus autonome, d'avoir une place plus grande sur la scène mondiale, mais aussi, parce qu'elle a eu beaucoup d'influences sur la société canadienne actuelle. Comme dans toutes les guerres canadiennes depuis 1812, la Première Guerre mondiale fut aussi une occasion pour la communauté afro-canadienne de prouver une fois de plus son patriotisme et sa loyauté envers le pays. Bien que les Noirs ne soient pas tout à fait les bienvenus dans les forces armées à cette époque, certains d'entre eux ont tout de même servi dans plusieurs unités combattantes dès le début de la guerre. D'autres encore plus nombreux se sont engagés dans le bataillon numéro 2 exclusivement composé d'Afro-Canadiens. Celui-ci était destiné à la construction et divers ouvrages pour l'armée.

III.1. Le Canada, dominion britannique s'engage dans la guerre

Avant d'examiner la participation du Canada à la Première Guerre mondiale et d'analyser la part de la communauté noire du pays dans celle-ci, il serait important de comprendre les principaux facteurs qui justifient son engagement à ce conflit qui s'est déroulé loin de ses frontières. Le premier facteur est lié au fait que le Canada était encore un dominion britannique[168]. À ce titre, il n'avait d'autres choix que de

[168] En 1931, le Statut de Westminster, adopté par le Parlement britannique, confère, de façon plus officielle, le statut de « dominion » à ces six nations, les décrivant non pas comme des colonies, mais comme des pays indépendants, égaux à la Grande-Bretagne, tout en étant « unis dans le cadre d'une association libre en tant que membres du Commonwealth britannique des nations ». Lorsqu'en 1982, le gouvernement canadien décide de « canadianiser » sa Constitution en transférant la loi suprême qui régit le pays, *l'Acte de l'Amérique du Nord britannique*, de la compétence du Parlement britannique aux gouvernements fédéral et provinciaux du Canada, le terme « dominion » ne figure nulle part, ni dans la Loi constitutionnelle de 1982 ni dans la Charte des droits et libertés.

rejoindre la Grande-Bretagne en lui apportant l'appui nécessaire. Les décisions relevant de sa politique extérieure venaient de Londres et non d'Ottawa. Donc, le Canada ne pouvait que suivre la mère-patrie comme il l'avait déjà fait par le passé. Toutefois, le gouvernement canadien avait le pouvoir de décider du montant de l'aide financière à accorder à la Grande-Bretagne ainsi que le nombre de soldats qu'il devait mettre à sa disposition. Il avait cependant fallu un débat gouvernemental pour prendre des décisions concernant ces deux questions. Les dirigeants canadiens de l'époque comme le Premier Ministre Sir Robert Borden étaient d'accord sur le fait que leur nation devait aider financièrement la Grande-Bretagne et mobiliser des combattants en même temps pour appuyer ses forces. D'ailleurs, la population canadienne composée à l'époque en majorité d'Européens d'origine britannique, était largement favorable à cette décision. Le deuxième facteur est lié au fait que la Première Guerre mondiale était aussi un test pour le Canada. C'est une occasion à saisir pour s'affirmer sur la scène internationale et commencer à prouver sa capacité pleine et entière d'être une nation souveraine. Le désir d'obtenir son indépendance de la couronne britannique est donc un argument de taille brandi par des élites et personnalités politiques pour justifier la participation du pays à cette guerre. Le Canada, sous tutelle britannique depuis la fin de la guerre de Sept Ans en 1763, était très conscient que la Grande Guerre est une opportunité à saisir. S'il prouve sa puissance militaire aux yeux du monde, cela pourrait être un argument de taille pour devenir une nation véritablement indépendante de la couronne dans un futur proche. (Martin, Jean; 2009, p. 90-9). En fait, l'indépendance était une idée primordiale pour la plupart des Canadiens. Nombreux étaient les citoyens et citoyennes qui étaient persuadés que si leur pays sortait victorieux de cette guerre, il obtiendrait dans un avenir proche une indépendance réelle sur la scène régionale et internationale. Ce facteur incita par conséquent les Canadiens les plus persévérants à être plus désireux de s'engager comme soldats. Il y a aussi d'autres éléments d'ordre culturel. Plusieurs influences culturelles ont en effet contribué à accroître le désir de participation de beaucoup d'hommes canadiens. La notion de la guerre comme étant un phénomène masculin poussa plusieurs d'entre eux à s'enrôler dans l'armée afin de ne pas paraître faibles ou peureux. Une vue romantique d'un tel sacrifice de partir en guerre les incita à se porter volontaire. Une autre raison qui encouragea un grand nombre de Canadiens à s'engager à l'effort de guerre était la certitude que celle-ci serait de courte durée. Bon nombre de Canadiens étaient convaincus que les soldats seraient de retour avant Noël. Selon l'avis de la grande majorité des bénévoles, participer à cette guerre serait pour eux une histoire alléchante à raconter à leurs enfants plus tard dans la vie. De plus, de nombreux Canadiens trouvaient les actions des Allemands très inacceptables et voulaient par conséquent s'engager pour combattre contre l'injustice démontrée envers la Belgique[169]. Il est donc évident que le Canada avait de bonnes raisons pour rejoindre la Grande-Bretagne lors de la Première Guerre mondiale: dominion britannique, ferveur populaire et défense de valeurs humanistes, etc. Quelle que soit la raison avancée pour expliquer cette volonté des Canadiens d'aller se battre en Europe, un fait reste constant : celui de la présence d'Afro-Canadiens aux côtés de Canadiens anglophones et parfois francophones et des recrues autochtones ou encore des membres la minorité japonaise du pays.

III.2. L'effort militaire du Canada : les soldats canadiens au front en Europe

Une fois que le Canada était décidé de prendre part à la Grande Guerre, il envoya des soldats et des ressources afin de soutenir ses intérêts de l'autre côté de l'océan Atlantique. (Jean, Martin; 2009, p. 71). Plusieurs milliers de recrues furent ainsi mobilisées dont la plupart des Canadiens d'origine britannique. En effet, le Canada qui s'était engagé à mobiliser 25000 soldats au tout début de la guerre allait très vite revoir le chiffre à la hausse atteignant 33000 recrues volontaires pour aller au front en Europe. Au fur et à mesure que la guerre se prolonge, le Canada était amené à augmenter de nouveau son effectif et élargir les couches sociales du recrutement. Ainsi, en 1916, fut créé le second bataillon constitué essentiellement de Canadiens noirs. À la fin de la guerre en 1918, le Canada a mobilisé 500000 hommes largement au-dessus des 25000 prévus au début du conflit. Finalement, le chiffre global retenu est de 620000 soldats qui ont participé à la Première Guerre mondiale. De

[169] En 1914 et depuis son indépendance en 1830, la Belgique était ce que l'on appelle un pays neutre. Le 2 août 1914, l'armée allemande envahit le Luxembourg et demanda à la Belgique de laisser ses soldats traverser son territoire pour aller attaquer la France. En d'autres mots, l'Allemagne fixa un ultimatum à la Belgique.

son côté, la communauté noire a mobilisé environ 1250 personnes soit plus de 18% de l'ensemble des Noirs du Canada, presque 1 Afro-Canadien sur 5. Ce qui fait par conséquent de cette communauté, celle qui a le plus contribué humainement à la guerre de façon proportionnelle.

Si la population euro-canadienne avait consenti les mêmes sacrifices, elle allait mobiliser au moins 1,5 million de recrues. Or, elle a fourni moins de 500000 soit le tiers de ce que la communauté afro-canadienne a fait en termes de pourcentage. Les pertes sont très élevées chez les Canadiens. On a recensé 67000 morts et plus de 250000 blessés. Le ministre de la milice Sam Hughes avait la tâche de coordonner le recrutement de volontaires. Toutes les recrues faisaient le chemin jusqu'au camp d'entraînement à Val-Cartier, près de la ville de Québec. L'entrainement ne dure pas longtemps et les soldats se rendent à Salisbury en Angleterre suivre un deuxième entrainement plus rigoureux. Le général britannique Douglas Haig avait la commande des forces canadiennes. Au début de la guerre, les soldats canadiens étaient dirigés par des officiers britanniques qui sont plus expérimentés. On observe la même situation chez les troupes coloniales dans l'empire français. L'Afrique noire francophone et le Maghreb ont mobilisé un nombre aussi important de soldats que le Canada pour appuyer la puissance coloniale[170]. Sans aller jusqu'à comparer le Canada aux colonies françaises comme le Sénégal, une chose est quand même certaine, le pays manquait d'officiers expérimentés à cette époque. Malgré cela, et encore comme les soldats africains au front dans les expéditions coloniales ou au front en Europe pendant les deux guerres mondiales, les soldats canadiens se sont illustrés par leur courage et leur bravoure. Peu importe qu'ils soient anglophones, francophones (pour les rares qui ont accepté de s'enrôler), noirs ou autochtones, les soldats canadiens sont tous décrits comme d'excellents combattants ayant prouvé leur efficacité dans les moments les plus difficiles de la guerre. Leur comportement au front a apporté beaucoup de gloire et de respect pour leur pays[171]. Il existe d'ailleurs toute une littérature sur cet héroïsme

---

[170] Marc Michel dans son livre, *Les Africains et la Grande Guerre - L'appel à l'Afrique (1914-1918)*, Paris, Karthala, 2014 examine bien cette participation africaine aux côtés de la France.

[171] John, Fielding et Rosemary Evans, *Le Canada au XXe siècle: une histoire à découvrir*, Université de Laval, Québec, Beauchemin, 2001.

qu'on célèbre encore chaque année durant le mois de novembre[172] et en particulier le 11 de ce mois qui marque l'Armistice, la fin de la guerre.

Les champs de bataille où les Canadiens se sont le plus illustrés sont les suivants : Ypres, Paschendale et surtout Vimy connu comme la bataille canadienne par excellence lors de la Première Guerre mondiale. Durant la bataille d'Ypres, les soldats canadiens ont participé et marqué leurs empreintes aux opérations les plus célèbres. Cette bataille a eu lieu en avril 1915. Lors de cet épisode douloureux, les forces alliées avaient pour mission de tenir la ville d'Ypres. Ce qui permettrait de créer un saillant dans la ligne allemande. Une brigade canadienne était positionnée au nord de cette ville avec une brigade française lorsque les Allemands pour la première fois recourent au gaz moutarde dans le but de briser les défenses des alliés de la Grande-Bretagne. Les soldats français furent les plus affectés par ce gaz et se retirèrent du front d'Ypres car souffrant de douleur et d'asphyxie. Les Allemands attaquent sans tarder et le front s'affaibli derrière le gaz. Mais un effort extraordinaire des forces canadiennes qui pour se protéger des gaz utilisèrent des mouchoirs trempés d'urine permit de repousser les Allemands après avoir résisté héroïquement aux avancées de l'ennemi pendant cinq jours. Durant cette terrible bataille, les forces canadiennes perdirent 6000 hommes mais démontrèrent une détermination extraordinaire qui fut bientôt renommée au cours de la guerre. Après Ypres, les Canadiens contribuèrent activement aux batailles de Vimy, Paschendale, etc[173]. Pour remplacer les nombreuses victimes au front ainsi que les soldats gravement affectés (blessures, maladies comme la gangrène, le scorbut, la fièvre des tranchées, etc.), on recruta d'autres Canadiens notamment pour permettre des travaux nécessaires à l'avancement plus rapide des soldats. Parmi ceux-ci, le 2e Bataillon de 1916 composé exclusivement de soldats noirs canadiens recrutés dans les provinces atlantiques[174].

---

[172] Il suffit de faire attention au nombre de Canadiens et Canadiennes qui portent un coquelicot durant tout ce mois pour réaliser de l'importance accordée à la mémoire de ces héros de la Première Guerre mondiale dans le pays.

[173] Je reviendrai sur la bataille de Vimy en montrant la part des Afro-Canadiens dans cet épisode.

[174] Ce bataillon composé exclusivement de recrues afro-canadiennes sera mieux explicitée dans les pages suivantes.

III.3. Le recrutement d'Afro-Canadiens lors de la Première Guerre mondiale

Dès le début du conflit, malgré les préjugés racistes entrainant le refus d'ouvrir les portes de l'armée aux Noirs du Canada, il y eut un certain nombre d'Afro-Canadiens qui ont été recrutés. Il s'agit par exemple du 106e Bataillon du Corps Expéditionnaire Canadien (CEC), le *Nova Scotia Rifles,* autorisé le 8 novembre 1915. Dans ce bataillon, 16 volontaires noirs avaient été acceptés. Ils firent le voyage en Europe. Les recrues proviennent de la Nouvelle-Écosse, de l'Île-du-Prince-Édouard, du Nouveau-Brunswick et de Terre-Neuve. Lorsque le 106e Bataillon entama son processus de recrutement, des protestations se manifestèrent contre les volontaires noirs. Mais cela n'a pas empêché quelques Afro-Canadiens de s'enrôler. D'ailleurs cette participation de Canadiens noirs dès les premières heures de la guerre est mentionnée par Robin Winks :

« In 1914, the farmers worked as teamsters during the winter months, returned to the land each spring, and - except for those who enlisted in the army during WWI - remained to fully improve their property". (Robin Winks, 1997, p. 302).

(Traduction : En 1914, les paysans travaillaient comme membres d'équipes pendant les mois d'hiver, puis, ils retournaient dans leurs terres chaque printemps et, à l'exception de ceux qui s'étaient enrôlés dans l'armée pendant la Première Guerre mondiale, restaient pour améliorer leur propriété.)

Dans l'ouest canadien, on fait aussi état de recrutement de Noirs dès les premiers instants du conflit. Deux fils de John Ware, - un des Afro-Canadiens les plus célèbres de l'histoire des Noirs dans les Prairies – ont été recrutés et ont fait le voyage en Europe avec le Corps Expéditionnaire Canadien. En laissant ses deux fils s'enrôler, John Ware avait donné le ton pour que les responsables de la communauté noire des Prairies suivent ce bel exemple d'un Canadien très patriote. On mentionne en outre, dans Toronto et ailleurs dans le sud de l'Ontario, le recrutement de Noirs dès les premiers jours du conflit et pendant l'année 1915. Un des cas les plus connus est un jeune afro-canadien originaire de Saintes-Catherines tué au combat en Europe:

« The most important of these institutions was the army. Two months after the outbreak of war, the first contingent of Canadian troops arrived in Britain. An initial call for volunteers was expanded to a quarter of a million in 1915 and half a million in 1916, most of whom were sent to the

Western Front. A few Negro were among these troops, for individual blacks were permitted to enlist in such local regiments as would accept them. One of them Ware's sons was killed in action, and in 1918 James Grant, a Negro from St. Catherines, received the Military Cross for talking a field gun through a critical salient while under heavy shelling ». (Robin Winks, 1997, p. 314).
(Traduction : La plus importante de ces institutions était l'armée. Deux mois après le déclenchement de la guerre, le premier contingent de troupes canadiennes arrive en Grande-Bretagne. Un premier appel de volontaires a été porté à 250 000 en 1915 et à un demi-million en 1916, la plupart ayant été envoyés sur le front occidental. Quelques Noirs faisaient partie de ces troupes, car chaque Afro-Canadien était autorisé à s'enrôler dans des régiments locaux qui les accepteraient. L'un des fils de Ware est tué au combat et, en 1918, James Grant, un Noir de St. Catherines, reçoit la Croix militaire pour avoir parlé d'un pistolet blindé pendant de tirs critiques lors d'un bombardement.)

Parmi les autres unités combattantes du CEC accueillant des volontaires noirs, on trouve les 25e, 102e et 116e Bataillons ainsi que le 1er Régiment du Québec.

Mais l'engagement des Noirs canadiens le plus connu dans la Première Guerre mondiale reste à ce jour le 2e Bataillon de construction mis en place en 1916. Plusieurs minorités canadiennes s'étaient manifestées dès les premiers mois de la guerre pour s'enrôler et aller au front. Mais, face au racisme et aux préjugés de l'époque, les recruteurs n'avaient pas privilégié leur enrôlement. Il a fallu que la guerre tourne mal pour les alliés et qu'elle se prolonge; que les Canadiens-français se montrent hostiles à la conscription, pour que l'on recoure ouvertement au service de ces Canadiens de "seconde zone". En décembre 1915, le discours commence à changer. Le gouvernement fédéral déclare que l'on ne peut refuser leur enrôlement à des hommes à cause de la couleur de leur peau. Cette proclamation n'est pas très bien accueillie par de nombreux volontaires blancs, bourrés de préjugés et mal préparés à la vie avec les minorités. Ils refusent de s'engager et de combattre aux côtés de soldats noirs. Étant donné qu'il n'existe pas de politique officielle en matière de discrimination, ce sont les agents recruteurs qui exercent, au bout du compte, la responsabilité de la sélection. Par exemple, le lieutenant-colonel Allen était convaincu qu'un bataillon distinct serait la meilleure solution. Toutefois, de décembre 1915 à juillet 1916, environ 16 volontaires noirs furent acceptés dans le cadre du 106e Bataillon.

(Monière, Denis; 1977, p. 361). Le 15 juillet 1916, celui-ci quitte le Canada pour rejoindre l'Angleterre à bord du *RMS Empress of Britain*. Quelques-unes des recrues afro-canadiennes se retrouvèrent dans les batailles les plus déterminantes, comme la célèbre bataille de la Crête de Vimy. Les autres soldats noirs furent dispersés dans les quatre compagnies du bataillon. Celui-ci était alors réparti, selon la pratique courante de l'époque, en plusieurs unités afin de renforcer plusieurs corps sur la ligne de front qui avaient subi de lourdes pertes lors des combats en France. Certains soldats du bataillon 106 étaient parfois délégués à des tâches pénibles et dangereuses, comme le déminage des champs dans le *Noman's Land*. Parmi ceux-ci, de nombreux Afro-Canadiens. Leur effort a été reconnu malgré la ségrégation dans l'armée. À la même époque, on remarque aussi un regain du recrutement des Autochtones. Celui-ci n'était pas privilégié au début, mais la politique du gouvernement changea lorsque les pertes devinrent élevées en Europe.

III.3.a. Les Afro-Canadiens et la bataille de Vimy

La bataille de Vimy est considérée comme la bataille « canadienne » par excellence lors de la Première Guerre mondiale. Elle est célébrée dans la société canadienne comme le moment où le pays est devenu une nation forte militairement aux yeux du monde entier. L'épisode de Vimy est donc un élément très important qui a permis au Canada de prendre part à l'élaboration du Traité de paix de Versailles[175]. Qu'ont réellement fait les Canadiens au cours de cette bataille pour qu'elle reste dans la mémoire collective comme celle qui a propulsé le pays au rang des nations les plus fortes? En effet, en 1917, les forces canadiennes entreprennent leur première mission comme unité seule dans la bataille de la crête de Vimy. Celle-ci est une longue élévation de terrain en France qui mesure environ soixante mètres de hauteur. La crête protégeait aussi une région minière et industrielle où les Allemands s'approvisionnaient. Vimy était occupée par les Allemands. Ce qui leur donnait l'avantage stratégique d'une bonne ligne de mire sur les actions des forces alliées. Sur la côte, les Allemands avaient creusé des

[175] Mathias Joost, « Les Canadiens de peau noire et d'origine asiatique à la bataille de la crête de Vimy », *Histoire Militaire du Canada*, vol. 18, No 1, hiver 2017.

labyrinthes et des casemates où ils posaient leurs mitrailleuses et se cachaient des attaques des forces alliées. À plusieurs reprises, les forces britanniques et françaises, avaient essayé de prendre la crête, mais à chaque fois, elles ont été arrêtées par l'artillerie ennemie. Les Allemands croyaient ainsi qu'ils ne pourraient jamais être dégagés de leur position. Les régiments canadiens sous les ordres du général britannique Julian Byng et du général major canadien Arthur Currie entreprennent un plan avec un barrage d'artillerie contre les défenses allemandes. Ils continuent ensuite leur avancée derrière plusieurs barrages roulants d'artillerie, se rapprochant de plus en plus après chaque barrage. Les Britanniques et les Français confient alors la crête de Vimy aux soldats canadiens après avoir tenté de s'emparer de cette localité sans succès et perdant plus de 150000 combattants. (Pierre, Cécile, 2014, p. 7-10). C'est ainsi que les soldats canadiens se batirent avec courage et bravoure. Ils réussirent à vaincre l'ennemi et prirent le contrôle de cet endroit très stratégique. Parmi les troupes qui avaient pris la crête de Vimy, il y avait des Canadiens noirs et des Canadiens d'origine japonaise. Malgré tout cela, les récits conventionnels concernant la participation des Afro-Canadiens à la Première Guerre mondiale sont toujours axés sur la contribution du 2e Bataillon de construction, l'unité canadienne qui comptait le plus grand nombre de soldats de peau noire durant ce conflit. Oubliés sont donc les nombreux soldats afro-canadiens enrôlés dans les bataillons du Corps Expéditionnaire Canadien (CEC) dès le début de cette guerre et qui ont combattu au front jusqu'à sa fin. Certains d'entre eux sont mort en Europe. Même si selon la croyance populaire - résultat d'une ignorance d'une histoire dont on ne parlait pas- les Noirs du Canada n'ont pas participé à ces batailles, notamment celle de Vimy, on sait que la vérité est tout autre. Avec les recherches et les investigations menées dans ce travail, on est persuadé qu'il y a bien eu des Afro-Canadiens qui se sont battus comme les autres Canadiens non seulement sur la crête de Vimy mais aussi lors de toutes les autres batailles. Pour ce qui est de Vimy, on comptait environ 140 soldats Afro-Canadiens ainsi que 186 autres Canadiens d'origine japonaise au sein des bataillons de combat du CEC. Ce qui n'est pas négligeable.

La contribution des Afro-Canadiens aux champs de bataille en Europe est donc à revisiter car elle est très mal évaluée. Les Noirs du Canada se sont enrôlés dans des unités à la grandeur du CEC, de Vancouver à Halifax. À la fin de 1916, au moins 139 Canadiens noirs avaient joint les rangs des unités de combat[176]. En plus d'être présents dès le début du conflit, ils étaient présents dans plusieurs services de l'armée. Par exemple le soldat de l'infanterie Archibald Perkins était attaché au QG de la Brigade d'infanterie canadienne, et le soldat d'infanterie David Crosby, aux transmissions de la 2e Division. Au moins trois Canadiens de peau noire ont servi dans l'artillerie : d'abord Ruthen Pegus, de la 9e Batterie d'obusiers de la 3e Brigade, Artillerie de Campagne Canadienne (ACC), Raymond Vignale, de la 5e Brigade, ACC, et Lyman Hogan, de la 4e Brigade. On peut aussi mentionner des Afro-Canadiens, membres du génie à Vimy. Le sapeur Miles Dymond servait dans la 3e compagnie de campagne, et le sapeur Frank Bollen, dans le 107e Bataillon, qui avait été converti en un bataillon de prisonniers. (Mathias Joost, 2016, p. 50).

En définitive, il est important de retenir que non seulement les Canadiens noirs ont participé à la bataille de Vimy, mais ils l'ont également fait dans tous les combats canadiens au front en Europe, Paschendale, Ypres, etc. Ils ont aussi combattu bravement, et ont subi des pertes comme les autres. Les obstacles qu'ils avaient dus faire face aux combats étaient presqu'insurmontables. Ils ont constitué un microcosme de l'expérience vécue par l'infanterie canadienne dans son ensemble. Leurs expériences ne peuvent pas toutes être mentionnées ici, en raison du grand nombre de bataillons qui ont participé aux combats. L'armée canadienne a perdu plus de 3500 hommes durant l'épisode de Vimy, mais ils ont pu gagner une importante position stratégique pour les forces alliées. Des Noirs du Canada ont été recensés dans ces pertes. Par exemple Frederick Firth du 10e Bataillon a perdu la vie sur les champs de bataille. Le corps du soldat Firth n'a jamais été récupéré, mais, son nom figure sur le Monument commémoratif du Canada à Vimy. De plus, il y est fait mention de certains héros parmi les soldats noirs du Canada : Jeremiah Jones en est un bel exemple. Atteint par un éclat d'obus, il est blessé. Le soldat Jones fut l'un des combattants qui ont mené les actions possiblement les plus remarquables que pouvait accomplir un Afro-canadien dans le RCR. Avant d'être tiré du champ de bataille, il a attaqué seul une position de mitrailleuse allemande qui empêchait l'avancée de son peloton. À la suite de son attaque à la grenade, les

---

176 Sean Flynn, The Underside of Glory; *Africanadian Enlistment in the Canadian Expeditionary Force, 1914-1917*, Université D'Ottawa, 1999, Thèse de maîtrise en arts.

survivants allemands se sont rendus. Jones les a faits transporter par la mitrailleuse jusqu'au poste de commandement du bataillon. Jones qui est ensuite retourné au combat, a été blessé au bras gauche par un éclat d'obus. Par conséquent il passa un séjour de deux mois à l'hôpital. Pour ses actions, Jones a été recommandé pour la Médaille de conduite distinguée. Celle-ci est la deuxième plus haute distinction décernée pour un acte de bravoure aux soldats canadiens enrôlés à l'époque. Mais parce qu'il est Noir, cette recommandation n'a jamais été approuvée. (Mathias Joos, 2016, p. 52). Les Canadiens ont accompli une mission à laquelle les Français et les Britanniques ont failli à plusieurs reprises. Dès lors, ils apparaissent comme une force militaire aguerrie et capable de planifier et d'exécuter des stratégies victorieuses. Après ce succès grandiose, le général canadien Arthur Currie fut promu au rang de commandant des forces canadiennes. C'est la première fois qu'un non-britannique dirige les forces militaires du pays. Ce succès a aussi permis la création de l'armée canadienne moderne qui ne dépend plus de la Grande-Bretagne. Malgré toute cette participation des Noirs avec le CEC au front en Europe, la contribution la plus connue, est celle du 2e bataillon. L'historiographie militaire canadienne a choisi d'effacer leur apport et leur rôle aux combats en Europe. Elle a voulu uniquement retenir leur engagement comme travailleurs dans le bataillon de construction. Une facon de nier la contribution des Noirs à la grandeur du Canada.

III.3.b. Le 2e Bataillon de construction : celui qu'on a voulu populariser

Le 5 juillet 1916, le 2e Bataillon de construction a été formé à Pictou, en Nouvelle-Écosse - la première grande unité militaire noire de l'histoire canadienne. Le recrutement eut lieu à travers le pays et plus de 600 hommes ont finalement été acceptés. La plupart d'entre eux venaient de la Nouvelle-Écosse, d'autres du Nouveau-Brunswick, de l'Ontario, de l'Ouest, et même certains des États-Unis. L'aumônier du Bataillon noir était le révérend William White. Il avait également joué un rôle de premier plan dans la création de l'unité. Il a reçu le grade de capitaine honoraire – l'un des rares officiers noirs à avoir servi l'armée canadienne pendant la guerre. Le bataillon ségrégué a été chargé d'un rôle de soutien sans combat. Après leur service initial au Canada, les membres du bataillon montent à bord du *SS Southland* à destination de Liverpool, en Angleterre, en mars 1917. Ils sont envoyés dans la partie est de la France quelques jours plus tard. Là, ils servirent honorablement avec le Corps forestier canadien. Puis, le 2e Bataillon de construction a été utilisé au Royaume-Uni et de nouveau en France. Ses hommes ont fait plusieurs types de travaux. Le transport est parmi les principaux rôles qu'on les attribua. Leur tâche consistait à amener des rondins de la forêt, par les chemins forestiers, jusqu'aux scieries, pour ensuite acheminer les produits finis jusqu'à la gare ferroviaire. Les secteurs d'emploi de la 2e Compagnie de construction en février 1918 témoignent de la variété du travail accompli. Certains ont été affectés à des opérations de brousse, d'autres utilisés comme cuisiniers et d'autres encore à des missions moins intéressantes, mais essentielles, comme celles liées au mess ou encore les tâches de piquet à la barre principale.

Pour conclure sur la Première Guerre mondiale, on peut retenir que la contribution des Afro-Canadiens est très mal connue et sous-évaluée. Les spécialistes de l'histoire militaire du Canada ont simplement mentionné les recrues du 2e Bataillon de construction. Ils ont présenté toutes les recrues noires comme de simples travailleurs durant toute la guerre. Or le Bataillon de 1916 a été mis en place assez tardivement. Ensuite, ils ont omis de noter beaucoup d'autres soldats noirs de différentes provinces canadiennes qui se sont engagés dès le début et durant toute la guerre en allant combattre au front en Europe avec les autres bataillons du CEC. Les Afro-Canadiens ont par conséquent bien été de la partie. La communauté noire est celle qui a fourni le plus de recrues si on analyse les chiffres de manière proportionnelle, c'est-à-dire le rapport entre la population totale de chaque communauté et le nombre de soldats.

Quelques images d'Afro-canadiens qui ont pris part à la première Guerre mondiale

Figure 35: Trois soldats Afro-canadiens dans un abri allemand capturés lors d'une avance canadienne à l'est d'Arras (France), en octobre 1918 pendant la Première Guerre mondiale.

Source: Archives militaires du Canada:
http://www.veterans.gc.ca/fra/remembrance/those-who-served/black-canadians-in-uniform/history

Figure 36: Des soldats afro-canadiens du 2e Bataillon de construction, 1917.

Source: Archives militaires du Canada
http://www.veterans.gc.ca/fra/remembrance/those-who-served/black-canadians-in-uniform/history

Figure 37: Le révérend William White, aumônier du 2e Bataillon de construction pendant la Première Guerre mondiale. Le Capitaine honoraire White était un des seuls officiers commissionnés noirs de l'Armée canadienne pendant la guerre. Photo : Bibliothèque et Archives Canada

Source : Archives militaires du Canada : http://www.veterans.gc.ca/fra/remembrance/those-who-served/black-canadians-in-uniform/photo-gallery

Figure 38: Quatre soldats du Corps d'armée canadien se font photographier avec des munitions qu'ils transporteront dans des rames de tramway pour leur transport pendant la Première Guerre mondiale.
Photo : Musée canadien de la guerre, Collection d'archives George Metcalf CWM 19930012—397

http://www.veterans.gc.ca/fra/remembrance/those-who-served/black-canadians-in-uniform/photo-gallery

Figure 39: Deux soldats canadiens faisant la lessive pendant la Première Guerre mondiale.

Photo : Musée canadien de la guerre, Collection d'archives George Metcalf CWM 19920044—725

Source : http://www.veterans.gc.ca/fra/remembrance/those-who-served/black-canadians-in-uniform/photo-gallery

Figure 40: Jeune soldat canadien noir pendant la Première Guerre mondiale.

Photo : Bibliothèque et Archives Canada
http://www.veterans.gc.ca/fra/remembrance/those-who-served/black-canadians-in-uniform/photo-gallery

Figure 41: Fanfare du 2e Bataillon de construction, Truro (Nouvelle-Écosse), 1916.

Photo : Musée du Commandement maritime
http://www.veterans.gc.ca/fra/remembrance/those-who-served/black-canadians-in-uniform/photo-gallery

Figure 42: Monument commémoratif érigé en 1993 sur le front de mer de Pictou, en hommage au 2e Bataillon de construction.

Photo : Anciens Combattants Canada
http://www.veterans.gc.ca/fra/remembrance/those-who-served/black-canadians-in-uniform/photo-gallery

IV. Les Afro-Canadiens et la Seconde Guerre mondiale

Deux décennies seulement après la fin de la Grande Guerre, qui, pensait-on, allait être la dernière et mettre fin à tous les conflits graves entre les grandes nations du monde, voilà qu'éclata la Seconde Guerre mondiale (1939 à 1945). Celle-ci se propogea rapidement dans toute l'Europe puis dans le monde. La Seconde Guerre mondiale a été un événement déterminant dans l'histoire canadienne car elle transforma un pays tranquille en marge des affaires globales en un acteur crucial dans les luttes les plus importantes du XXe siècle. La contribution militaire du Canada durant cet événement a débuté par la déclaration de guerre effectuée contre l'Allemagne le 10 septembre 1939. Comme lors de la Première Guerre mondiale et d'autres conflits que la Grande-Bretagne a eu à mener dans le passé, la Seconde Guerre mondiale est encore une occasion pour le pays de prouver une fois de plus sa loyauté et son alignement politique à l'ancienne puissance coloniale. Le Premier Ministre canadien Mackenzie King lui-même est convaincu que si la Grande-Bretagne s'engage dans une telle aventure, le Canada ne pourra pas rester neutre. L'entrée de son pays dans la guerre est aussi un moyen lui permettant de s'affirmer et d'occuper une place encore plus importante sur la scène internationale. C'est dans cette perspective que le Canada s'engage aux côtés des Britanniques et de ses alliés pour apporter son soutien à la fois militaire et financier. Une fois engagé dans le conflit, le Canada a joué un rôle indispensable notamment dans la bataille de l'Atlantique. Puis, il fournit des effectifs à la campagne de l'Europe de l'Ouest au-delà de ce qui pouvait être attendu d'une petite nation qui ne comptait que 11 millions d'habitants à l'époque[177]. Lors de la guerre, les militaires canadiens ont joué un rôle non négligeable. Ils étaient déployés sur tous les fronts dont l'Italie, l'Europe du Nord, l'Afrique du Nord, Hong Kong et les îles Aléoutiennes, etc. Le Canada a été très actif dans la défense des routes maritimes de l'Atlantique Nord et sa Marine marchande a complété plus de 25000 voyages transatlantiques. Ses combattants ont également participé aux opérations dans le Pacifique pour sécuriser les frontières du pays sur la côte-ouest. Ce sont en tout quelque 1,1 million de recrues sur les 11 millions que comptait le pays qui ont servi dans l'une des trois forces armées ou avec les forces alliées

---

[177]http://www.encyclopediecanadienne.ca/fr/article/deuxieme-guerre-mondiale/

au cours des six ans que dura la Seconde Guerre mondiale. Ce qui représente 10% de la population canadienne. Comme dans toutes les guerres précédentes auxquelles a pris part le Canada, cette guerre est aussi l'occasion pour la communauté noire du pays de prouver son attachement à sa patrie et d'apporter sa contribution à l'effort militaire à l'instar des autres communautés du pays.

IV.1. L'effort de guerre canadien

L'attaque de la Pologne par l'Allemagne le 1er septembre 1939 pousse enfin la Grande-Bretagne et la France à déclarer la guerre à celle-ci. Le 10 septembre, le Canada leur emboîte le pas. L'effort de guerre canadien démarre dès la première année du conflit. En effet, en décembre 1939, les troupes canadiennes commencent à débarquer en Angleterre. Un unique escadron de l'Aviation Royale du Canada (ARC) et la première division canadienne, soigneusement organisée, cette fois d'après des plans de mobilisation élaborés avant la guerre, attendirent durant toutes les premières semaines de la Blitzkrieg. Deux escadrons de l'ARC arrivèrent la même année. C'était tout ce que le Canada pouvait offrir pour la bataille épique d'Angleterre. (Desmond Morton, 2007, p. 288). Sur les autres champs de bataille en Europe, la contribution canadienne est encore plus réelle. Ses troupes ont participé activement à la libération de l'Europe. (Desmond Morton, 2007, p. 297). Au cours des premières années de la guerre, on estime à 730625 hommes et femmes canadiens qui s'étaient enrôlés dans l'armée. Le chiffre global à la fin de la guerre dépasse 1,1 million. En Europe, les troupes canadiennes ont participé à plusieurs batailles. C'est le cas par exemple en Sicile dans le sud de l'Italie, une île qui fut envahie par les forces allemandes le 3 juillet 1943. La bataille de Sicile est décrite comme le type de baptême du feu dont les troupes canadiennes avaient sérieusement besoin. Certains parlent d'une répétition de Vimy[178] pour le Canada. Lorsque ses soldats atteignirent le détroit de Messine, le 6 août, ils s'étaient transformés en combattants agressifs, endurcis. (Desmond Morton, 2007, p. 298). Après Sicile, on peut mentionner la bataille d'Agira et de Regalbuto. Les Canadiens ont activement participé aux opérations dans ces deux villes

178 La bataille de Vimy lors de la Première Guerre mondiale est retenue comme la bataille canadienne par excellence.

italiennes décrites comme parmi les plus ardues mais au prix de sacrifices difficiles et coûteuses en soldats. Les pertes canadiennes en Italie sont en effet assez élevées. En Sicile par exemple, elles sont estimées à 2310 hommes morts et blessés confondus. À Ortona, la petite ville côtière que les Canadiens prirent maison par maison en décembre, leurs médecins militaires affrontèrent leurs premiers cas d'épuisement au combat. La victoire coûta 1372 vies à la 1re Division. Les troupes canadiennes ont également participé à la très célèbre bataille du 6 juin 1944 en Normandie en France. Dans la dernière grande campagne du nord-ouest de l'Europe, qui commence par le débarquement de Normandie (dont le nom de code est « Operation Overlord ») le 6 juin 1944, la 1re Armée canadienne dirigée par Crerar joue un rôle capital, au prix de lourdes pertes. Le 6 juin 1944, les Alliés organisent la plus grande opération combinée de l'histoire. Sous un ciel gris et hostile, 5000 navires envahissent la baie de la Seine pour débarquer 107000 soldats et 7000 véhicules en un seul jour. La nuit précédente, des milliers de soldats aéroportés aident à isoler le champ de bataille. Les Canadiens participent à tous les aspects de la bataille. Les escadrons de l'ARC et les Canadiens de la *Canadian Royal Air Force* (CRAF) volent au sein de la 2e Force aérienne tactique alliée et du *Bomber Command*. Des destroyers, des frégates et des dragueurs de mines canadiens firent partie de l'énorme flotte alliée qui protégea un large corridor de toute une menace sous-marine. Plus de 10000 marins canadiens débarquent au jour J à bord de 110 navires de guerre. Les Canadiens aident ensuite à prendre la ville de Caen le 9 juillet. Le combat leur coûte 1194 hommes. Malgré ces pertes, ils s'illustrèrent brillamment dans la bataille de Normandie. Les Allemands abandonnèrent derrière eux 400000 morts, blessés ou prisonniers, soit plus du double des pertes alliées. Les Canadiens avaient participé aux moments les plus durs de la campagne. Leurs pertes, 18500 morts, blessés ou disparus, prouvent leur engagement et présence aux moments les plus tendus. Ces morts aux combats, en plus de témoigner de leur courage et de leur détermination contre un ennemi redoutable et bien équipé, montrent qu'ils sont des soldats pleins de motivation. Sur le front est, en Russie, ils n'ont pas été de tout repos non plus. Un corps canadien fut transféré au nord de Foglia, sur l'Adriatique pour attaquer le tout dernier dispositif de défense allemand : la Ligue Gothique. Quelques mois plus tard, les Canadiens sont à la manœuvre aux Pays Bas. Au début du mois mars 1945, les 2e et 3e Divisions canadiennes entamèrent une avance brutale et opiniâtre à travers la Hochwald.

Fraîchement arrivées d'Italie, elles attaquèrent la 25e Armée allemande dans l'Ouest de la Hollande. Le 11 avril, les troupes américaines effectuèrent enfin leur jonction avec l'armée soviétique sur l'Elbe. Les Canadiens ont marqué de leur empreinte toutes les batailles qui s'étaient déroulées en Europe. Ce fut le même cas dans le Pacifique. Et dans toutes ces batailles qui ont vu leur participation. On note aussi la présence de recrues issues de la communauté noire du pays dans ces opérations.

IV.2. La part des Afro-Canadiens dans la Seconde Guerre mondiale

La Seconde Guerre mondiale a connu une croissance considérable dans la façon dont les Canadiens noirs ont servi dans l'armée. Même si certaines recrues afro-canadiennes durent faire face à la résistance lorsqu'elles essayaient de s'enrôler militairement, aucun bataillon ségrégué ne fut créé, contrairement à ce qui s'était fait au cours de la Première Guerre mondiale. En effet, plusieurs milliers d'hommes et de femmes noirs ont servi en tant que soldats ou des travailleurs pour l'armée et dans les usines. Les Afro-Canadiens ont joint les unités régulières et participé aux combats aux côtés de leurs compagnons d'arme canadiens d'origine européenne. Ils ont servi activement en Angleterre et sur tous les autres champs de bataille en Europe. Ensemble, ils ont partagé les mêmes expériences difficiles de la guerre notamment lors des combats en Italie, en France, en Belgique, aux Pays-Bas, etc.

Toutefois, au cours des premières années de la guerre, la Marine Royale et l'Aviation royale du Canada n'étaient pas aussi inclusives dans leurs politiques. Mais, cela ne signifie pas que des Afro-canadiens n'ont pas trouvé un moyen de persévérer et de servir. Certains d'entre eux ont été recrutés dans la Marine, d'autres dans l'aviation pour travailler avec l'équipe au sol ou avec l'équipage de la Force aérienne au pays ou à l'étranger. Les frères Carty font partie de ces Afro-Canadiens les plus connus suite à leur enrôlement dans l'armée lors de la Seconde Guerre mondiale. Ils étaient cinq membres de même famille originaires du Nouveau-Brunswick qui ont rejoint les rangs de l'armée. Il est bon de rappeler que le service militaire était en effet une affaire de tradition chez eux. Ils l'ont dans le sang et ils en sont venus à ce dévouement de manière « naturelle » : leur père Albert Carty avait servi dans le 2e Bataillon de construction au cours de la Première Guerre mondiale. À une époque où les règlements entourant l'enrôlement limitaient la possibilité aux gens de peau noire de servir dans l'Aviation Royale du Canada (ARC), les cinq frères Carthy ont surmonté des obstacles et sont devenus aviateurs[179]. Quatre d'entre eux se sont engagés dans des bases militaires au Canada pendant la guerre. Adolphus Carty, l'aîné, était sergent de section. Il s'était engagé en tant que mécanicien de cellules d'aéronef. Son frère William était sergent de section et a été recruté à titre d'inspecteur aéronautique. Clyde, un aviateur-chef, a servi à titre de pompier, et Donald, un aviateur deuxième classe, était magasinier adjoint. Gerald s'est enrôlé à l'âge de 18 ans et a été l'un des plus jeunes officiers commissionnés de l'ARC à 19 ans. Il a participé à plus de 35 missions de bombardiers, comme mitrailleur-radiotélégraphiste dans le ciel de l'Europe occupée. Il a été blessé au combat. Poursuivant la tradition familiale, leurs deux jeunes frères restés à la maison, Robert et Malcolm, ont été membres des Cadets de l'Air et des Cadets de l'Armée pendant la guerre.

En dehors des frères Carty, on peut citer d'autres Afro-Canadiens célèbres qui se sont illustrés durant la Seconde Guerre mondiale. Par exemple, le jeune Edwin Erwin Phillips, un natif de Montréal. Dans cette ville, il a travaillé comme apprenti imprimeur avant de se porter volontaire dans l'Aviation Royale du Canada en 1942. Âgé de 21 ans au moment de son enrôlement, il a travaillé comme mécanicien avec le 168e Escadron spécial des transporteurs lourds où il a été promu au grade de sergent. Dans le cadre de ses fonctions, il devait parfois accompagner le transport de marchandises par vols transatlantiques. Son histoire est connue principalement à cause de la tragédie qu'il a vécue avec d'autres frères d'arme canadiens. Il faisait en effet partie des soldats dont la mission était de se rendre en Pologne, une nation de l'Europe de l'Est qui avait beaucoup souffert durant la Seconde Guerre mondiale. Il y avait une grande pénurie de fournitures médicales. Pour répondre à la crise humanitaire dans ce pays à la fin de la guerre, la Société canadienne de la Croix-Rouge a fait don d'une grande quantité de pénicilline. L'armée a accepté de transporter cette cargaison Outre-

[179] http://www.veterans.gc.ca/eng/remembrance/those-who-served/black-canadians-in-uniform/profiles

mer à partir du Canada. Le 4 novembre 1945, l'avion-cargo *Flying Fortress* transportant les médicaments indispensables vers Varsovie en Pologne s'est écrasé au sommet d'une colline en Allemagne et s'est enflammé. Edwin Phillips et les quatre autres membres de l'équipage périrent dans l'accident. On les enterra au cimetière *Munster Heath* en Allemagne. Ils font partie des soldats dont on se souvient le plus durant cette guerre. Un autre Afro-Canadien très célèbre dans la communauté noire du pays par son engaement à la Seconde Guerre mondiale est Hugh Burnett dont l'histoire est relatée par John Cooper :
« Hugh whose relatives arrived in Canada in 1850s from the U.S, was born in 1919. When he was twenty, he was called up for military service and took basic training but was discharged after only a couple of months because of a stomach problem. He went back to work on the farm and, in 1941, married his longtime girlfriend Beatrice ». (John Cooper, 2005, p. 24).
(Traduction : Hugh, dont les parents sont arrivés au Canada dans les années 1850 en provenance des États-Unis, est né en 1919. À vingt ans, il a été appelé au service militaire et a suivi une formation de base. Il retourna travailler à la ferme et, en 1941, épousa Béatrice, sa petite amie de longue date.)
Dans le sud de l'Ontario notamment dans les villes de Chatham et de Dresden[180], qui abritent une forte population d'Afro-Canadiens, un recrutement intense a été fait. Beaucoup de ces soldats se sont retrouvés en Europe et même en Asie.

« The NUA also discovered that more black Dresden citizens that white fought in WWII. The only person from the area killed in the Korean War was a black man ». (John Cooper, 2005, p. 38).
(Traduction : La NUA a également découvert que plus de citoyens noirs de Dresde se sont battus plus que lels Blancs lors de la Seconde Guerre mondiale. La seule personne de la région tuée pendant la guerre de Corée était un homme noir.)

D'autres Afro-Canadiens ont manifesté leur volonté de s'enrôler dans l'armée du Canada durant la Seconde Guerre mondiale mais ils ont été victime de racisme. Un cas très connu est celui de Percy Haynes un résident de Winnipeg au Manitoba. Il s'est porté volontaire pour servir dans la Navy, mais, on refusa de l'engager tout simplement à cause de la

---

[180] La ville Dresden est mentionnée comme étant le point d'entrée des esclaves noirs en Ontario en provenance des États-Unis.

couleur de sa peau. Il lui a fallu insister pour finalement que sa candidature soit acceptée:

« During the WW II, Percy Haynes of Winnipeg volunteered to serve in the Navy. At the first, the recruitement office refused to take him because he was Black. He got a touch with his member of parliament. A short letter from an admiral of the Navy. He enlisted again and this time was accepted. He was one of only four Black men in the Canadian Navy on the Atlantic Seabord. Percy Haynes became the first Black petty officer in the Canadian Navy ». (Joseph Mensah, 2002, p. 57-58).

(Traduction : Durant la Seconde Guerre mondiale, Percy Haynes, de Winnipeg, s'est porté volontaire pour servir dans la marine. Au début, le bureau de recrutement a refusé de le prendre car il était noir. Il a contacté son député. Une courte lettre d'un amiral de la marine, puis il s'est enrôlé à nouveau et cette fois il a été accepté et devient l'un des quatre hommes noirs de la Marine canadienne sur le littoral atlantique. Percy Haynes est devenu le premier maître noir de la marine canadienne.)

Il est impossible de lister tous les Afro-Canadiens ayant servi lors de la Seconde Guerre mondiale. Les quelques cas cités sont simplement les plus connus et servent d'illustration aux propos avancés ici. Le chiffre global retenu en ce qui concerne la contribution des Afro-Canadiens dans la Seconde Guerre mondiale est de 2000 soldats. Si ce nombre ne représente pas grand-chose à côté du 1,1 million de Canadiens recrutés en tout, force est de noter que proportionnellement ce chiffre est très important pour la communauté noire du Canada qui ne dépassait pas à l'époque les 40000 personnes. C'est donc une contribution énorme que cette communauté a faite. C'est 1 Afro-Canadien sur 20 qui s'engagé dans cette guerre, c'est-à-dire 20% de la population afro-canadienne. Ce n'est donc pas du tout négligeable. Si on fait une comparaison avec la population canadienne blanche, on voit nettement que celle-ci a fourni moins de recrues que la communauté noire, car le rapport entre la population blanche du Canada et le nombre de soldats qu'elle a fourni est de 10% donc la moitié du rapport entre l'effectif total et le nombre de recrues. On voit bien que la population noire du Canada a consenti plus d'efforts, elle a fait autant sinon plus de sacrifices que la population euro-canadienne non seulement pendant cette guerre mais aussi lors de la Première, comme il a été démontré.

La participation des Canadiens noirs à la Seconde Guerre mondiale ne se limite pas seulement aux opérations et travaux qu'ils ont effectués en

Europe. Sur le front intérieur, c'est-à-dire au Canada même, les Afro-Canadiens ont contribué à nouveau de façon importante en travaillant dans des usines qui produisaient des véhicules, des armes, des munitions et d'autre matériel pour l'effort de guerre, et en prenant part à d'autres efforts patriotiques tels que les campagnes d'obligations d'emprunt de guerre. C'est dans cette logique que des femmes sont recrutées souvent pour la première fois de leur vie pour travailler dans les usines du pays et pour les services militaires domestiques. Elles accomplissent tout un travail en remplaçant des hommes partis au front. Parmi ces femmes, on retrouve des Afro-Canadiennes. Par exemple, les femmes noires en Nouvelle-Écosse travaillaient à des emplois essentiels de l'industrie de la construction navale. D'autres femmes noires ont joint l'armée, servant dans des rôles de soutien, afin qu'un nombre accru d'hommes soient libres de servir sur les lignes de front.

De nombreux anciens combattants noirs sont rentrés au pays après la guerre avec une prise de conscience de la valeur de la liberté. Ils devaient dès lors être traités de la même manière que les autres Canadiens avec qui ils avaient fait la guerre. Le service des Afro-Canadiens au cours de la Seconde Guerre mondiale demeure une source de fierté. Il constitue un élément important dans la façon dont les Canadiens noirs devaient de plus en plus être intégrés à l'ensemble de la société canadienne. L'apport des recrues noires était sans doute déterminant et plusieurs ont été récompensés pour leur bravoure. Depuis la fin de la Seconde Guerre mondiale, la tradition des Canadiens noirs au service de l'armée s'est poursuivie et a évolué. Comme ailleurs dans le monde occidental ou dans les colonies, la Seconde Guerre mondiale a été saisie par les recrues afro-canadiennes comme une occasion pour en finir avec l'injustice, le racisme, les discriminations, la domination coloniale, etc.

La participation du Canada à la Seconde Guerre mondiale a été couronnée de succès malgré les nombreuses victimes enregistrées dans ses troupes. Le pays s'est fait davantage respecter sur la scène mondiale. À la conférence de Québec en septembre 1943, une entente accorde notamment au Canada une certaine part des pouvoirs de décision. La Seconde Guerre mondiale est par conséquent une période importante de l'histoire du pays. L'économie du pays s'est renforcée après la guerre avec la reconstruction. La capacité de fabrication s'est beaucoup plus diversifiée qu'auparavant. La fierté et la confiance nationales se sont accrues, et le statut du Canada en tant que pays indépendant, encore fragile en 1919, ne fait plus de doute après 1945. Le Canada accède ainsi au rang de puissance à part entière même s'il n'a pas atteint le niveau des plus grands pays du monde comme les États-Unis, la Grande-Bretagne ou la France.

Les Afro-Canadiens font aussi partie de tous ces Canadiens et Canadiennes qui se sont sacrifiés et dont nombreux sont morts pour la grandeur de leur nation. Comme il a été démontré dans cette partie ainsi que dans celle consacrée à la Première Guerre mondiale, on retient que la communauté afro-canadienne est celle qui a le plus donné ses enfants pour répondre à l'effort de guerre demandé par le Canada. Ces efforts énormes consentis par une communauté avec un passé aussi pénible et chargé ne doivent pas être minimisés ou passés sous silence.

Quelques images d'Afro-Canadiens célèbres qui ont contribué à la Seconde Guerre mondiale.

Figure 43: Soldat afro-canadien de la Seconde Guerre mondiale, Welsford Daniels, en 1943.

Source : Archives militaires du Canada: http://www.veterans.gc.ca/fra/remembrance/those-who-served/black-canadians-in-uniform/history

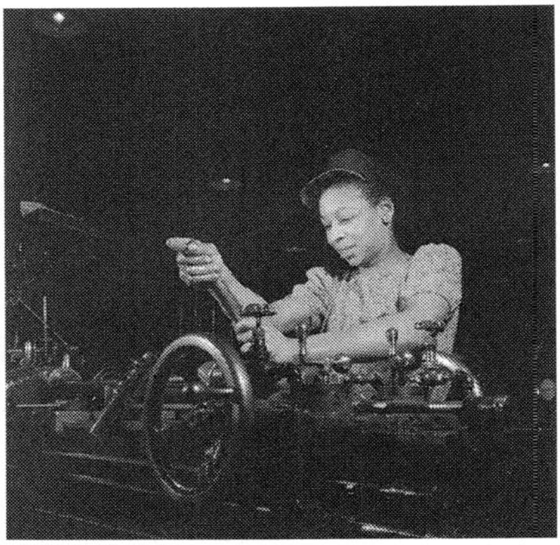

Figure 44: L'Afro-canadienne Cecilia Butler au travail à l'usine de munition de la John Inglis Company de Toronto durant la Seconde Guerre mondiale. Décembre 1943. On voit ici l'effort de guerre apportée par la femme noire du Canada au même titre que les autres femmes du pays.

Source : Archives militaires du Canada :

http://www.veterans.gc.ca/fra/remembrance/those-who-served/black-canadians-in-uniform/history

Figure 45: Soldats canadiens noirs pendant la Seconde Guerre mondiale.

Photo : Anciens Combattants Canada
http://www.veterans.gc.ca/fra/remembrance/those-who-served/black-canadians-in-uniform/photo-gallery

Figure 46: Peinture de la Seconde Guerre mondiale du Soldat Roy, Service féminin de l'armée canadienne, par Molly Bobak. L'artiste a dessiné le Soldat Roy plusieurs fois dans une cantine de Halifax (Nouvelle-Écosse) avant d'entreprendre la toile finale. Photo : Collection d'art militaire Beaverbrook, Musée canadien de la guerre, 19710261-1626

http://www.veterans.gc.ca/fra/remembrance/those-who-served/black-canadians-in-uniform/photo-gallery

Figure 47: Le sergent Edwin Erwin Phillips natif de Montréal.

http://www.veterans.gc.ca/fra/remembrance/those-who-served/black-canadians-in-uniform/profiles#hall

Figure 48: Les frères Carty du Nouveau Brunswick.
Sourrce :http://www.veterans.gc.ca/fra/remembrance/those-who-served/black-canadians-in-uniform/profiles#hall

Document annexe : Voici ce que dit un vétéran afro-canadien de la Seconde Guerre mondiale
Source : Entrevue réalisé par Kathy Grant, chercheure sur la question des Noirs au Canada, Halifax, Nouvelle-Écosse.
http://www.veterans.gc.ca/eng/video-gallery/video/8983
One time I nearly got, I nearly got taken prisoner. We were, we were on a night march, going up towards a place called Ravenna, and we were near Pan..., a place, another place called Pagannoni, and the whole regiment was there. The colonel and everybody and we were supposed to meet up with the Irish Regiment of Canada. They were going to make an assault on Ravenna. And the colonel ordered that we stop and those that wanted to smoke would go in this barn and have a cigarette. Well I didn't smoke at the time, so we were laying around outside and we could hear the Germans coming up the road. We didn't expect that there were any Germans there. So, there was an artillery officer with us, four artillery officers, that's the guy that's up front that directs the artillery that's back, you know, to let them know where their shells are falling, you know what I mean. Give them coor..., the map coordinates where the shell, and he kept telling us to go back, go back, go back, go back, because we don't know, didn't know how many Germans they were of them and they didn't know how many there was of us and eventually we got separated from the main group. And I'm gonna tell you something, that's the first night I never was so scared in my life because I thought I was going to be taken prisoner that night and at the time the Germans were always spouting about they were the master race and the hate they had for Jews and for anything other than Germans. I was fearful that if they took, I was taken prisoner, what they might do to me. And I always remember we heard in the back, we could hear the Germans in the back of us calling out to each other "Hans, Hans, Fritz". So, we started to run and I had on this webbing with, I was a Bren gunner. I had on this webbing with Bren gun magazines in the front in the pouches and we had another fella named Bailey with an 18 set, which

is a radio set and everybody, everybody started to run and I seen Bailey take off his 18 set and I had these magazines, well I took these magazines sets out and I was right up with them. And we went up into a farmer's loft up, on top of the loft and we stayed there all night very, very quiet. Luckily the chickens are asleep at night too. And the next morning when we woke up, when daylight broke, we looked out through the little thing and we seen Canadian soldiers there. We went back to our regiment and by the time, that fast, by the time we got back to regiment, they already had us listed, listed as missing.
(Traduction: Une fois j'ai failli presque me faire prisonier. Nous faisions une marche nocturne en montant vers un endroit nommé Ravenna, et nous étions prés de Pan…, un lieu, un autre lieu appelé Pagannoni, et le régiment entier était là. Le colonel et tout le monde étaient supposés rencontrer le régiment irlandais du Canada. Ils allaient faire un assaut sur Ravenna. Et le colonel a ordonné que nous nous arretions et que ceux qui voulaient fumer, pourraient aller dans la grange et avoir une cigarette. Bon, je ne fumais pas en cette période, donc nous nous étions allongés et nous entendions les Allemands venir vers la route. Nous ne nous attendions pas à leur présence dans cet endroit. Alors, il y avait un officier d'artillerie parmi nous, quatre officiers d'artillerie même. C'est le gars au devant qui dirige l'artillerie de derrière, vous savez, pour leur faire savoir où leurs obus vont tomber, vous voyez bien ce que je veux dire, c'est-à-dire leur montrer le chemin, les coordonnées sur la carte où les obus… et il ne cessait de leur dire : marche arrière, marche arrière, marche arrière… parce qu'on ne savait pas combien d'Allemands ils étaient et eux aussi ignoraient combien on était. Finalement on s'est séparé du groupe principal. Et je vais vous dire quelque chose : c'est la premiére nuit de ma vie où je n'ai jamais eu aussi peur, car je croyais que j'allais me faire capturer cette nuit là, surtout que durant cette période les Allemands déclamaient constamment qu'ils étaient de la « race » supérieure et ils ne faisaient montre de la haine qu'ils avaient pour les Juifs et pour toute autre chose à l'exception des Allemands. J'avais peur de ce qu'ils auraient pu me faire s'ils m'avaient capturé et fait prisonnier. Et je me souviens toujours que nous avons entendu par derrière les Allemands s'appelaient les uns les autres : « Frans ; Franz ; Fritz ». Ainsi nous avons commencé à courir et j'avais avec moi cette toile, j'étais un tireur de canons. J'avais sur cette sangle des magazins de pistolets Bren à l'avant dans les pochettes. Et on avait parmi nous un gars nommé Bailley qui avait un poste 18, qui est une radio de poste et tout le monde s'est mis à courir et j'ai vu Bailley enlever ces 18 postes, bien j'avais ces magazins et je leur ai sorti et j'étais juste avec eux. Ensuite nous sommes allés dans le grenier du fermier et nous sommes restés calemement en haut du grenier toute la nuit. Heureusement que les poules dorment la nuit aussi. Et le matin suivant, nous nous sommes levés quand le jour s'est levé puis nous avons regardé à travers une petite chose et nous avons vu des soldats canadiens. Alors, nous sommes rapidement retournés à notre régiment à ce moment. Et au moment de notre retour au régiment, ils nous avaient déjà marqués, oui marqués comme absents.)

CHAPITRE IV : QUELQUES GRANDES PERSONNALITÉS NOIRES QUI ONT MARQUÉ L'HISTOIRE MILITAIRE DU CANADA

Bien qu'elle ne soit pas connue dans le pays, l'histoire des Noirs du Canada regorge de personnalités très courageuses ; des patriotes qui ont contribué à la grandeur du Canada. C'est le lieu d'en énumérer quelques-unes, notamment celles qui se sont illustrées dans les armées et guerres canadiennes.

1. *Richard Pierpoint : le griot qui a sauvé le Canada*

Figure 49: Richard Pierpoint

Compte tenu de son importance et du rôle majeur qu'il a joué dans l'histoire militaire des Noirs au Canada, il vaut la peine de marquer le pas sur la vie de Richard Pierpoint depuis sa jeunesse jusqu'à sa mort. Richard Pierpoint naît au Boundou (une région située sur le territoire de l'actuel Sénégal) en Afrique de l'Ouest vers 1744. On ne mentionne pas son nom d'origine. Au début du XVIIIe siècle, les habitants du Boundou – un État au sud du Sahara, au nord-est du fleuve Gambie et légèrement à l'intérieur des terres par rapport à l'océan Atlantique – mènent une vie trépidante faite d'activités extrêmement variées. Gouvernée par des Peuls musulmans, la région s'étend sur plus de 30000 km^2 et abrite une population atteignant 30000 personnes. De la fin du XVIIe siècle au début du XVIIIe siècle, les populations de ce royaume subissent des décennies de guerres et de troubles. En 1760, des marchands d'esclaves capturent et emprisonnent un jeune homme qui était âgé de 16 ans qui allait devenir Richard Pierpoint en Amérique du Nord. Il est probable qu'il ait été vendu à Fort James, sur la côte, à des négociants anglais qui l'emmènent avec eux dans leur traversée de l'océan Atlantique pour le revendre dans les Treize colonies britanniques. Un officier anglais achète l'adolescent pour en faire un domestique. Demeuré esclave pendant près de 20 ans, il est probablement appelé par le nom de son maître. C'est dans son pays d'origine que le jeune garçon aurait appris les contes traditionnels de sa caste des griots dont il allait se servir plus tard en tant que responsable de la communauté noire du Haut-Canada.

Richard Pierpoint et la Révolution américaine

Les circonstances exactes dans lesquelles Richard Pierpoint retrouve la liberté ne sont pas connues; toutefois, il semble que la guerre d'Indépendance américaine soit à l'origine de ce bouleversement dans sa vie. En 1775, le gouverneur royal de Virginie accorde, dans toute la colonie, la liberté à tous les esclaves appartenant à des propriétaires américains. Si l'on suppose que son maître faisait partie des officiers britanniques restés fidèles à la Couronne, il est possible qu'il se soit vu accorder la liberté s'il acceptait de servir au sein des forces loyalistes. Le 30 juin 1779, le général de l'armée britannique sir Henry Clinton publie la *Philipsburg Proclamation* promettant la liberté à toutes les personnes réduites en esclavage par les rebelles américains. En 1780, Richard Pierpoint est inscrit comme pionnier dans les *Butler's Rangers*, une unité loyaliste. Cette même année, il stationne avec les *Rangers* dans la région de Niagara où l'unité est engagée dans une guérilla contre les rebelles américains. Pendant la guerre, il est lui-même probablement en poste au fort Niagara. En 1784, il se trouve toujours dans la région de Niagara. Libéré avec les honneurs, il est inscrit sur une liste de colons dans la région avec d'autres camarades de son unité dissoute. En 1791, il reçoit 200 acres de terre, soit une superficie identique à celle accordée aux officiers et deux fois supérieure à celle de simples soldats, dans le canton de Grantham (aujourd'hui St. Catharines).

Le 29 juin 1794, Richard Pierpoint signe la *Petition of Free Negroes* (pétition des Nègres libres) avec 18 autres résidents noirs du Haut-Canada. Certains chercheurs estiment qu'il aurait lui-même rédigé cette pétition. Elle est adressée au Lieutenant-gouverneur John Graves Simcoe et traduit la réalité à laquelle étaient confrontés plusieurs des premiers Noirs installés au Canada. Peut-être parce qu'ils rencontraient des difficultés à défricher seuls les terres qui leur ont été accordées et à les exploiter, les pétitionnaires, dont beaucoup sont d'anciens soldats tandis que d'autres sont nés libres, demandent aux autorités la possibilité de se regrouper en communauté afin d'être en mesure de travailler collectivement au défrichage de leur terrain respectif. Ils demandent spécifiquement la possibilité de « fournir une assistance (relativement au travail) à ceux d'entre eux qui le souhaitent le plus ».
Outre le désir de vivre en communauté, la pétition formule explicitement le souhait des signataires d'avoir l'autorisation de vivre sur un ensemble de parcelles de terrain séparées de celles des colons blancs. Cette requête donne à penser que ces hommes doivent faire face à des problèmes allant au-delà du simple isolement. Il est vraisemblable que les loyalistes et les colons noirs se soient confrontés, au Canada colonial, aux préjugés des colons blancs et à de la discrimination.
Le Conseil exécutif du Haut-Canada entend cette requête le 8 juillet 1794 et rejette la pétition, refusant de séparer la communauté noire de la majorité des colons blancs. Richard Pierpoint réussit à défricher sa terre et reçoit ses lettres de patentes le 10 mars 1804; toutefois, il vend ses parcelles deux ans plus tard, le 11 novembre 1806. Désormais, âgé de 60 ans, il demeure dans la région de Niagara où il travaille comme ouvrier ou comme agriculteur.

Pierpoint, un héros de la guerre de 1812

Lorsque la guerre éclate entre l'Angleterre et les États-Unis en 1812, Richard Pierpoint est âgé de 68 ans. Il réclame toutefois le leadership militaire pour la création d'une milice composée exclusivement de Noirs afin de combattre aux côtés des Britanniques. Peu après, il rejoint le *Corps of Coloured Men* du capitaine Robert Runchey, simplement surnommé le *Coloured Corps*, une milice comprenant uniquement des Noirs libres.

Simple soldat du 1er septembre 1812 au 24 mars 1815, Richard

Pierpoint est engagé dans l'action avec le *Coloured Corps* lors de multiples batailles de la guerre de 1812. Il combat lors de la bataille des hauteurs de Queenston au cours de laquelle le *Coloured Corps* fait partie des premiers renforts arrivés en soutien aux guerriers des Six Nations de John Norton. Après la bataille du fort George, le 27 mai 1813, le *Coloured Corps* appuie les troupes britanniques lors de la bataille de Stoney Creek à partir de Burlington à près de 13 km de là.

Vieillesse et pétition de 1821

Le 19 janvier 1820, en reconnaissance pour sa contribution au cours de la guerre de 1812, Richard Pierpoint se voit accorder 100 acres de terre le long de la rivière Grand dans le canton de Garafraxa (à proximité de la localité actuelle de Fergus, en Ontario). Alors qu'il avait plus de 70 ans, il vit toujours à Niagara et éprouve des difficultés à assurer sa subsistance en tant qu'ouvrier. Le 21 juillet 1821, il demande au gouvernement du Haut-Canada à York à être aidé pour retourner en Afrique de l'Ouest. Dans sa pétition, il dit qu'il est « avant tout désireux de retourner dans son pays natal ». Toutefois, le gouvernement colonial ne donne pas suite à sa demande et il accepte la terre qui lui est proposée à Garafraxa. Sa présence y précède la création de la colonie de Fergus. Richard Pierpoint réussit, en 1825, à remplir les conditions de colonisation pour la parcelle qui lui a été octroyée, probablement avec l'aide d'un homme plus jeune surnommé Deaf Moses. Certains récits décrivent ses terres à Garafraxa comme un endroit où les Canadiens noirs peuvent s'installer, peu importait s'ils étaient des personnes fuyant l'esclavage aux États-Unis par le Chemin de fer clandestin ou tout simplement de gens à la recherche de cette vie communautaire telle que réclamée dans la *Petition of Free Negroes* de 1794.

Importance et héritage

Richard Pierpoint décède durant l'hiver 1837-1838. Il ne laisse derrière lui ni famille ni héritier. Ses biens furent légués à Lemuel Brown du canton de Grantham. On ne connaît pas le lieu de sa sépulture. Selon la tradition orale de la communauté noire canadienne, Richard Pierpoint était un conteur de talent dans la tradition des griots de l'Afrique de l'Ouest. Il a parcouru le Haut-Canada en compagnie de Deaf Moses, racontant des histoires aux membres des communautés noires des régions de Niagara et de Garafraxa. On dit que chaque fois, il sortait un caillou d'un petit sac qu'il gardait avec lui avant de se lancer dans son récit. À la fin de sa vie, il avait amassé les expériences personnelles et bien d'autres expériences encore entendues d'autres membres de la communauté. Richard Pierpoint laisse derrière lui l'héritage d'un responsable communautaire aux premiers temps de l'installation des Noirs au Canada qui s'était battu et avait soumis des pétitions pour les causes qu'il jugeait importantes, pour sa communauté et pour le pays dans son ensemble. Ses pétitions donnent l'image d'un homme arraché à son pays et réduit en esclavage alors qu'il était encore adolescent. Un homme ayant combattu pour sa liberté lors de deux guerres et ayant travaillé sans relâche à bâtir une communauté noire dans un contexte de préjugés et de discrimination. En 2013, le gouvernement du Canada a nommé un bâtiment fédéral à London, en Ontario, « édifice Richard Pierpoint » en reconnaissance de sa contribution dans le cadre du *Coloured Corps* lors de la guerre de 1812[181].

2. Wilson Ruffin Abbott : Celui qui a choisi de lutter pour son pays par amour et non par intérêt

Figure 50: Wilson Ruffin Abbott.

Homme d'affaires, né à Richmond (Virginie) en 1801 d'un père

[181] Un des meilleurs articles retraçant la vie de Richard Pierpoint est celui fait par Robert Lochiel fraser, publié dans le Dictionnaire biographique du Canada qui est disponible en ligne :
http://www.biographi.ca/fr/bio/pierpoint_richard_7F.html

irlando-écossais et d'une mère noire affranchie. Il est décédé à Toronto, (Ontario) en 1876. Durant sa jeunesse Wilson Ruffin Abbott fut apprenti chez un charpentier, mais il quitta la maison familiale à l'âge de 15 ans pour s'engager comme steward sur un bateau à vapeur du Mississippi. Grièvement blessé par un chargement de bois qui s'était renversé sur lui, il fut soigné par la servante d'un voyageur de Boston, Ellen Toyer, qui allait devenir son épouse. Par la suite, il alla s'installer à Mobile (Alabama), où il ouvrit une épicerie. Les Abbott s'indignèrent lorsque la ville exigea de tous les Noirs affranchis qu'ils fournissent un certificat de bonne conduite signé par deux Blancs. En 1834, ayant été prévenu anonymement que son magasin allait être pillé, Wilson Ruffin retira ses économies, mit sa femme et ses deux enfants sur un bateau à vapeur à destination de la Nouvelle-Orléans et il s'esquiva seul la nuit où son magasin fut saccagé. Après un bref séjour à New York, les Abbott s'installèrent à Toronto à la fin de 1835 ou au début de 1836, comme des centaines de familles noires américaines qui, à cette époque, venaient chercher une plus grande liberté dans le Haut-Canada.

À Toronto, Abbott commença par être marchand de tabac puis, très vite, devint agent immobilier et se tailla peu à peu une solide réputation dans ce domaine. Ignorant la lecture, du moins avant de l'avoir apprise de sa femme, il était toutefois connu pour sa facilité peu commune de réussir des calculs mentaux compliqués. En 1871, il possédait 42 maisons, cinq terrains et un entrepôt, principalement à Toronto, mais aussi à Hamilton et à Owen Sound. Il contribua financièrement à l'affranchissement des esclaves "fugitifs", prit la sœur de sa femme, Mary, comme domestique à gages. Il vint en aide à une autre de ses belles-sœurs, Jane, qui épousa A. H. Judah à Toronto. Les Abbott s'enrichirent et s'intéressèrent de plus en plus aux affaires publiques.

Abbott, un héros de la lutte contre l'Insurrection de 1837-1838 dans le Haut-Canada

Très patriote et loyal envers son pays le Canada, Abbott n'hésita pas à servir dans la milice lors de l'insurrection de 1837. En 1838, il fut l'un des six fondateurs de l'Église méthodiste wesleyenne noire. Il donna des fonds pour lui permettre de fonctionner. Il soutint *l'Anti-Slavery Society of Canada* dirigée par le révérend Michael Willis. Il fut élu par le quartier St Patrick au conseil municipal de Toronto avec une majorité d'environ 40 voix. Il siégea également au comité central formé en 1859 par les réformistes du Canada-Ouest. En 1840, sa femme contribua à l'organisation de la *Queen Victoria Benevolent Society* destinée à venir en aide aux Noires indigentes ; plus tard, elle fut très active au sein de l'Église épiscopale méthodiste britannique. Les Abbott eurent cinq filles et quatre fils dont l'un, Anderson Ruffin, allait être le premier Afro-Canadien à exercer la médecine. Grâce à lui, les Abbott furent liés aux Hubbard, autre famille noire connue de Toronto. Ce fut Anderson qui poussa William Peyton Hubbard à se lancer dans la politique et à suivre ainsi l'exemple de Wilson Ruffin Abbott.

Abbott fut l'un des rares Noirs de la fin du XIXe siècle à réussir dans les affaires et dans la politique. Toronto et l'Ontario avaient eu une population d'origine africaine assez considérable qui avait toutefois diminué après la guerre de Sécession. Toronto ne comptait alors guère plus de 2000 Noirs, soit trois fois moins qu'auparavant. À la fin du XIXe siècle, les préjugés raciaux s'étaient manifestés de différentes façons dans la province et la plupart des Noirs devaient fréquenter des écoles et des églises séparées. La ville de Toronto fut toutefois moins profondément touchée par ces préjugés ; elle n'eut jamais d'écoles séparées, la *Knox Presbyterian Church* invitait volontiers un prédicateur noir et des Noirs connurent à l'occasion des succès plus que modestes dans les affaires. Abbott ne fut jamais sérieusement victime de discrimination, contrairement aux Noirs du reste de la province ; c'est pourquoi son cas n'est pas typique. Il faut sans doute attribuer à ses qualités incontestables le fait de ne pas être trop confronté à des préjugés raciaux[182].

3. William Hall : Le premier Afro-Canadien à obtenir la plus prestigieuse médaille militaire

[182] http://www.biographi.ca/fr/bio/abbott_wilson_ruffin_10E.html

Figure 51: William Neilson Hall.

William Neilson Hall est un marin né le 25 avril 1829 à Horton Bluff (aujourd'hui Lockhartville) en Nouvelle-Écosse. Il est décédé le 25 août 1904 à Horton Bluff. Hall fut le premier homme noir, le premier Néo-Écossais et le premier Canadien de la Marine à recevoir la croix de Victoria. Il est le fils de Jacob et de Lucy Hall, des esclaves qui avaient fui les États-Unis et s'étaient réfugiés à Halifax à la fin de la guerre de 1812. Ces derniers déménagèrent éventuellement à Horton Bluff, où étaient nés William et six autres enfants. Dès son jeune âge, William choisit d'être marin. Il quitta la Nouvelle-Écosse à bord d'un navire marchand en 1844. Après avoir servi trois ans dans la marine américaine, il s'enrôla dans la Marine royale britannique en février 1852.

En juin 1853, il prit part à la guerre de Crimée et en 1857, il fit partie des Canadiens envoyés en Inde pour aider les Britanniques à mettre fin à la révolte des Cipayes. Dans ce pays, il s'illustra par son courage. En effet, À Lucknow, les rebelles isolèrent une garnison britannique et l'encerclèrent. En novembre, des troupes britanniques tentèrent de percer les rangs des assiégeants. Parmi les forces qui participèrent à l'opération se trouvait la brigade navale du *HMS Shannon*, dont Hall fut l'un des canonniers. La brigade essuya le feu nourri de l'ennemi depuis le *Shah Najaf*, une grande mosquée aux murs épais. Les canonniers de la brigade navale tentèrent d'ouvrir une brèche dans le mur de la mosquée jusqu'à ce qu'il ne reste plus que Hall et un officier debout près d'un des canons. Bien que ce ne fut pas leur canon qui créa la brèche qui permettait aux Britanniques de s'emparer de la mosquée, Hall et son collègue continuèrent courageusement de tirer pendant que leurs compagnons s'écroulèrent autour d'eux. Pour sa bravoure, il fut l'un des quatre membres de la brigade navale à avoir reçu la Croix de Victoria.

Hall servit dans la Marine royale jusqu'en 1876, année au cours de laquelle il se retira dans une petite maison de campagne à Horton Bluff, près de l'endroit où il naquit et il vécut avec deux sœurs et une nièce jusqu'à sa mort. Il fut enterré sans les honneurs militaires dans un cimetière des environs. Sa tombe fut négligée. En 1945, ses restes sont exhumés et inhumés de nouveau dans un lot individuel à côté de l'église baptiste de Hantsport où, deux ans plus tard, on érigea un cairn exclusif en guise de monument commémoratif[183].

4. Anderson Ruffin Abbott : un génie afro-canadien au service de sa communauté et de son pays

Figure 52: Anderson Ruffin Abbott.

Anderson Ruffin Abbott, médecin, éducateur, journaliste, fonctionnaire et administrateur d'hôpital, est né le 7 avril 1837 à Toronto.

[183]http://encyclopediecanadienne.ca/fr/article/william-neilson-hall-1/

Il est le fils de Wilson Ruffin Abbott et d'Ellen Toyer et il eut la chance d'être membre d'une éminente famille afro-canadienne torontoise. Il épousa, à Toronto Mary Ann Casey le 9 août 1871. Le couple eut trois filles et deux fils. Anderson Ruffin Abbott décéda à Toronto le 29 décembre 1913. Après le pillage de leur magasin en Alabama, ses parents avaient rejoint les États du Nord. Ils avaient vécu un moment à New York, mais en 1835 ou en 1836, fuyant les tensions raciales, ils durent s'installer à Toronto. Quelques temps, il commença à acheter des terrains et des immeubles – dès 1871, il aurait eu 48 propriétés, la plupart à Toronto – et s'était lancé en politique.

Issu d'une famille aisée et doté d'un esprit vif, Anderson Ruffin Abbott fit d'excellentes études. Il fréquenta à la fois des écoles privées et publiques, dont celle de William King dans l'établissement noir de Buxton, près de Chatham. Puis, il entra à la *Toronto Academy*, où il se distingua par son excellence environ trois ans plus tard, il alla à l'*Oberlin College* dans l'Ohio. De retour à Toronto, il obtint, selon l'historien Daniel G. Hill, un diplôme de la *Toronto School of Medicine* en 1857. La même année, d'après son propre témoignage, il s'inscrivit en médecine à la l'université de Toronto, mais, au lieu d'y rester, il étudia quatre ans auprès d'un médecin noir, Alexander Thomas Augusta. En 1861, quand il reçut son autorisation d'exercer du *Medical Board of Upper Canada*, il devint le premier médecin noir né au Canada.

En février 1863, pendant la guerre de Sécession, il offrit ses services à l'armée de l'Union comme médecin auxiliaire. Manifestement, on lui aurait refuser cette commission. En avril, conscient des risques auxquels les Noirs s'exposaient dans l'armée, il présenta une nouvelle requête, cette fois pour être « cadet médecin » dans un régiment d'hommes de couleur. Finalement, il fut engagé par contrat en tant que médecin civil. De juin 1863 à août 1865, il servit à Washington, d'abord au *Contraband Hospital* (*camp Baker*), puis au *Freedman's Hospital*. De là, il passa sur l'autre rive du Potomac, à Arlington, où il dirigea un hôpital. Abbott reçut maints éloges et devint populaire dans la société de Washington. Il fit partie des personnes choisies qui veillèrent le président Abraham Lincoln pendant son agonie en avril 1865. Par la suite, Mary Todd Lincoln lui remit l'écharpe que son mari portait à sa première cérémonie d'investiture. Abbott démissionna en avril 1866 et retourna au Canada la même année. À l'université de Toronto, il entreprit des études de médecine en 1867. Même s'il n'avait pas eu de diplôme, il ouvrit un cabinet. Son admission au *College of Physicians and Surgeons of Ontario* eut lieu en 1871. Après avoir épousé au cours d'une cérémonie anglicane Mary Ann Casey, âgée de 18 ans et fille d'un barbier noir prospère, il s'installa avec elle à Chatham, où il continua d'exercer la médecine.

À l'instar de son père, Abbott ne tarda pas à devenir un notable dans son milieu. À titre de président du *Wilberforce Educational Institute* de 1873 à 1880, il combattit la ségrégation scolaire dans sa région. En 1874, on le nomma coroner du comté de Kent. Collaborateur du Planet de Chatham, il trouva aussi le temps d'être co-rédacteur du *Messenger*, organe local de l'Église épiscopale méthodiste britannique. En 1878, il accéda à la présidence de la *Chatham Literary and Debating Society* et de la *Chatham Medical Society*.

En 1881, Abbott installa son cabinet à Dundas, en Ontario, où il assuma encore plusieurs fonctions, dont celle d'administrateur de l'école secondaire en 1883. Puis de président du comité de gestion interne de la municipalité de 1885 à 1889. La famille s'établit à Oakville en 1889 et retourna à Toronto l'année suivante. En avril 1891, il fut élu membre du James S. Knowlton Post No. 532 de la *Grand Army of The Republic* ; devenant ainsi l'un des 273 anciens combattants de la guerre de Sécession à Toronto à porter l'insigne de cette association. On l'appelait le capitaine Abbott ; d'après certaines sources, il avait conquis ce grade dans ses années de guerre, mais plus probablement, c'était un grade honoraire que la *Grand Army of the Republic* lui avait conféré par la suite. Il eut une autre distinction en novembre 1892 : le titre d'aide de camp « de l'état-major du bureau des commandants » de New York. Il s'agissait du plus haut honneur militaire jamais conféré jusque-là à un Canadien ou à un Américain d'ascendance africaine. Abbott et sa famille en étaient très fiers.

En 1894, la carrière d'Abbott prit un nouveau tournant, car il accepta le poste de médecin-chef au *Provident Hospital* de Chicago. Fondé en 1892, celui-ci était le premier hôpital destiné à la formation des infirmières et infirmiers noirs aux États-Unis. En 1896, Abbott en devint le surintendant médical. Il démissionna l'année suivante pour se consacrer à ses affaires personnelles. Mais quelques temps après, Abbott retourna à Toronto, où il se consacra de plus en plus à la rédaction d'éditoriaux et d'articles pour des journaux et des revues tels le *Coloured American Magazine* de Boston et New York, l'*Anglo-American Magazine* de Londres et le *New York Age*. Ses écrits portaient notamment sur l'histoire des Noirs, la guerre de Sécession, le darwinisme, la biologie, la poésie et la médecine. À l'aube du XXe siècle, il participa au débat entre William

Edward Burghardt Du Bois et Booker Taliaferro Washington sur le changement social pour les Noirs. Comme Du Bois, il était convaincu de la nécessité de ne pas compromettre l'accès des Noirs aux études supérieures. Sa vie offrait un bon exemple de ce qu'une talentueuse personne de couleur pouvait accomplir si on lui en donnait la chance. Néanmoins, il croyait que les Noirs finiraient par être assimilés :
« Il est tout aussi naturel pour deux « races » vivant ensemble sur le même sol de se mélanger que pour les eaux de deux affluents puissent se confondre. » Comme la population noire du Canada diminuait alors, il ajoutait : « sous l'effet de l'absorption et de l'expatriation, la lignée des gens de couleur finira par disparaître du Canada[184] ».
En 1913, à l'âge de 76 ans, Anderson Ruffin Abbott mourut chez son gendre Frederick Langdon Hubbard, fils de son vieil ami le réformateur municipal noir William Peyton Hubbard[185].

5. Rankin Wheary : Jeune héros, symbole du sacrifice de la communauté afro-canadienne pendant la Première Guerre mondiale

Figure 53: Rankin Wheary.

Soldat, né le 10 décembre 1895 à Woodstock, Nouveau-

[184] http://www.biographi.ca/fr/bio/abbott_anderson_ruffin_14E.html

[185] La biographie de Anderson Abbott a été fournie par Owen Andrew Thomas. Elle est disponible dans le Dictionnaire biographie du Canada dans sa version en ligne :
http://www.biographi.ca/fr/bio/abbott_anderson_ruffin_14E.html

Brunswick, Rankin Wheary est le fils de Wellington Wheary et de Jessie McLaren. Il symbolise pour les Afro-Canadiens tout ce que la communauté noire a donné au Canada par sa loyauté et son patriotisme. En effet, Rankin Wheary est décédé célibataire en plein combat au front en Europe, plus précisément près de Cambrai, France le 7 octobre 1918. Il a servi dans l'infanterie canadienne au cours de la Première Guerre mondiale. Il était issu d'une famille modeste. Son père était un manœuvre dont le grand-père est venu au Nouveau-Brunswick, probablement avec les loyalistes. Sa mère, Écossaise d'origine, était domestique. Un an après la mort de son père en 1911, il quitta la *College School de Woodstock* et occupa divers emplois dans cette localité pour aider à subvenir aux besoins de sa famille. Ensuite, il partit pour la guerre.

Au début du XXe siècle, à Woodstock, l'entente régnait entre les Blancs et la petite communauté noire. Pratiquement aucun signe de ségrégation ne se voyait. Dans ce chef-lieu de comté loyaliste situé au bord de la rivière Saint-Jean, on aimait le baseball et le jeune Wheary joua à la balle à l'école, puis, en tant que lanceur et frappeur étoile dans les *Federals de Woodstock*, il participa à des matchs le long de la vallée et de l'autre côté de la frontière, dans le Maine. Comme ce sport était aussi très pratiqué dans l'armée, il joua ensuite en Angleterre dans les équipes du *104th Battalion* et du *13th Reserve Battalion*. Après avoir rejoint le *26th Battalion* en France, il occupa la position d'arrêt-court dans l'équipe régimentaire, qui remporta le championnat de la 2e division canadienne en juin 1918. Un de ses compagnons d'armes du *26th Battalion* dira plus tard qu'« il était merveilleux » sur un terrain de baseball.

On n'a guère étudié les états de service des volontaires noirs dans les unités de première ligne du Corps Expéditionnaire Canadien. La discrimination dans le processus de recrutement et la conviction maintes fois exprimée selon laquelle « c'était une guerre de Blancs » ont conduit à croire que peu de recrues afro-canadiennes servirent dans l'armée, et encore moins au front. Selon l'opinion courante, la plupart d'entre eux auraient appartenu au *No. 2 Construction Battalion*, créé expressément pour les volontaires noirs. Pourtant, le cas de Rankin Wheary et d'autres semblables, suggèrent qu'il pourrait y avoir eu beaucoup plus de Noirs dans les unités de première ligne qu'on ne le pense généralement.

L'entrée en guerre du Canada suscita une ferveur patriotique qui poussa beaucoup de gens à s'enrôler, y compris des membres de groupes minoritaires. Même si l'enrôlement des Noirs ne faisait l'objet d'aucune restriction officielle, les commandants locaux étaient libres d'imposer leurs propres critères et refusaient souvent des volontaires noirs aptes au service. Les protestations des porte-parole de la communauté noire provoquaient une réaction ambiguë de la part des autorités : l'armée déclarait qu'il n'y avait pas d'obstacles raciaux au service militaire, mais les commandants locaux restaient libres de choisir les recrues. Le problème se posa avec acuité en novembre 1915 lorsqu'on refusa à une vingtaine de Noirs l'accès au camp Sussex, au Nouveau-Brunswick, où ils allaient se joindre au *104th Battalion* après s'être enrôlés à Saint-Jean. En réponse à des protestations locales, le Conseil de la milice répéta que: « Les hommes de couleur [devaient] être autorisés à s'enrôler dans n'importe quel bataillon[186] ».

Toutefois, le problème persista et en juin 1916, l'armée finit par créer une unité pour eux, le *No. 2 Construction Bataillon.*
Des volontaires afro-canadiens s'étaient enrôlés individuellement au Nouveau-Brunswick dès le début des hostilités. Leur recrutement à Woodstock s'était déroulé sans incident ; peut-être en était-il de même ailleurs. Même à Saint-Jean, où l'on s'était plaint de discrimination avant la guerre, les officiers locaux du recrutement avaient accepté les Noirs. Il y avait de la résistance quand ils se présentaient en masse à leur unité, contrairement à ce qui se passait quand ils le faisaient individuellement.
Wheary s'était enrôlé à Woodstock le 10 janvier 1916. Il fut porté deux jours plus tard à l'effectif du *104th Battalion* au camp Sussex. Il partit en Outre-mer et suivit l'entraînement en Angleterre tout l'été et tout l'automne. Envoyé en renfort au *5th Canadian Mounted Rifles* en France en décembre, il rejoignit son nouveau régiment le 7 du mois. Il servit dans les tranchées jusqu'à la bataille de la crête de Vimy, du 9 au 14 avril 1917. À la fin de cette bataille, Wheary avait des engelures et souffrait de la fièvre des tranchées. On l'envoya se faire soigner et se reposer en Angleterre. Après avoir été affecté au *13th Reserve Battalion* en août, il retourna en France en mars 1918 et rejoignit le 26*th* Battalion. D'avril à la fin de juillet, cette unité du Nouveau-Brunswick fit sept tours de service dans les tranchées au sud d'Arras, puis participa à des engagements majeurs : la bataille d'Amiens, la deuxième bataille d'Arras dans le cadre des manœuvres d'approche de la ligne de Drocourt-Quéant et la bataille de la ligne de Hindenburg au canal du Nord. Le 7 octobre 1918, pendant

---

186 https://www.thecanadianencyclopedia.ca/fr/article/les-volontaires-noirs-et-la-premiere-guerre-mondiale

que le bataillon se préparait à avancer sur Cambrai, Wheary fut tué par un tir d'artillerie ennemi près de la localité de Raillencourt. Il repose au cimetière du bois de Bourlon, près de Cambrai.

Telle est la courte et émouvante histoire de Rankin Wheary. Populaire dans sa ville natale et dans ses régiments, il ressemblait à des milliers d'autres jeunes gens qui donnèrent leur vie pour le roi et pour la patrie au cours de la Grande Guerre. Bien qu'il ait laissé peu de traces, son séjour dans l'armée donne un aperçu des états de service des fantassins noirs qui n'appartenaient pas à des unités réservées aux hommes de couleur et illustre l'expérience des nombreux Noirs qui s'enrôlèrent de plein gré dans le Corps Expéditionnaire Canadien et y servirent sans connaître d'incident racial fâcheux[187].

6. Edwin Erwin Phillips : Un Afro-Canadien très patriote parti à la fleur de l'âge

Figure 54: Edwin Erwin Phillips.

Fils de Edwin et Racel Phillips, Edwin Erwin Phillips est né à Montréal. Au moment de la Seconde Guerre mondiale, il travaillait

[187] John M. Williamson a rédigé un article très fouillé sur la vie de ce jeune soldat symbole de la contribution des Afro-canadiens dans la Première Guerre mondiale. Son article est publié dans le Dictionnaire biographique du Canada, disponible en ligne : http://www.biographi.ca/fr/bio/wheary_rankin_14F.html

comme apprenti imprimeur. Puis, il décide de se porter volontaire dans l'Aviation Royale du Canada en 1942 pour témoigner sa loyauté envers son pays. Il était alors âgé de 21 ans. Il a exercé comme mécanicien avec le 168e Escadron spécial des transporteurs lourds où il a été promu au grade de sergent. Dans le cadre de ses fonctions, Edwin Phillips devait parfois accompagner le transport de marchandises par vols transatlantiques. La Pologne, un pays d'Europe de l'Est, avait beaucoup souffert durant la Seconde Guerre mondiale. Il y avait pénurie de fournitures médicales. Pour répondre à la crise humanitaire dans ce pays à la fin de la guerre, la Société Canadienne de la Croix-Rouge avait fait don d'une grande quantité de pénicilline. L'armée accepta de transporter cette cargaison outre-mer à partir du Canada. Le 4 novembre 1945, l'avion-cargo *Flying Fortress* transportant les médicaments indispensables vers Varsovie en Pologne s'écrase au sommet d'une colline en Allemagne et s'enflamme. Edwin Phillips et les quatre autres membres de l'équipage meurent dans l'accident. Ces militaires canadiens sont enterrés au cimetière *Munster Heath* en Allemagne. Le Sergent Phillips fait partie de tous ces Canadiens qui se sont donnés entièrement pour leur pays[188].

[188] http://www.veterans.gc.ca/fra/remembrance/memorials/canadian-virtual-war-memorial/detail/1475742

CONCLUSION GÉNÉRALE

Ce travail se termine par un une citation assez forte de Colin A. Thompson, qui résume à elle seule la contribution et la vie des Afro-Canadiens dans leur pays, parce qu'elle permet de comprendre véritablement que les Noirs ont beaucoup donné au Canada, mais ce pays ne leur a pas du tout rendu la monnaie exacte. Pour Colin A. Thompson, le reflet du Noir est une image malheureuse:

"Indeed, the history of Blacks in Canada is sad because of what it reveals about a wider society's values. But, perhaps consideration of the history can bring about positive results. Perhaps it can prompt the society to examine and evaluate its attitudes and actions so that injustices of the past might be perpetrated in the future, so that all the peoples of this nation might live and work together peacefully in a fellowship of understanding and mutual respect". (Colin A. Thompson, *Blacks in Deep Snow. Black Pioneers in Canada*, 1979).

(Traduction : En effet, l'histoire des Noirs au Canada est triste à cause de ce qu'elle révèle sur les valeurs d'une société plus large. Mais peut-être que la prise en compte de l'histoire peut apporter des résultats positifs. Cela pourrait peut-être inciter la société à examiner et à évaluer ses attitudes et ses actions afin que des injustices du passé puissent être perpétrées à l'avenir, afin que tous les peuples de cette nation puissent vivre et travailler ensemble dans la paix, dans un esprit de compréhension et de respect mutuel.)

Pour confirmer la position de Thompson, il a été démontré dans ce livre que la présence des Noirs au Canada date du début du XVIIe siècle. Elle est par conséquent très ancienne, elle est aussi vieille que celle des Français et elle précéde l'arrivée des Britanniques, puisque, les Français sont venus bien avant les Britanniques dans notre pays. La citation de Colin Thompson conforte ensuite mon point de vue, parce que j'ai examiné, analysé et montré l'énorme contribution économico-militaire des Noirs dans l'édification du Canada en tant qu'esclaves depuis les premières décennies du XVIIe siècle et comme soldats depuis au moins 1812 jusqu'à la fin de la Seconde Guerre mondiale. Les Afro-Canadiens ont en effet joué un rôle déterminant dans la création du Canada, dans son économie aux heures les plus impossibles de l'établissement des Européens au Canada mais aussi pour sa défense, sa sécurisation et dans son affirmation comme pays non seulement avant la Confédération mais aussi après celle-ci. Ils ont pris part à toutes les guerres qui se sont déroulées à l'intérieur du Canada ou sur sa longue frontière avec les États-Unis. On ne doit pas non plus oublier leur partcipation dans les guerres Outre-mer lorsqu'il s'agissait de soutenir la mère patrie, la Grande-Bretagne dans ses aventures coloniales, ses guerres stratégiques ou son désir de dominer une bonne partie du monde. Si beaucoup de Canadiens sont fiers du rôle joué par leur pays durant les conflits qu'il a eu à mener dans les siècles et décennies passés, très peu de citoyens et citoyennes du du Canada sont informés de la contribution réelle des minorités dans l'édification de ce pays notamment le rôle joué par des Noirs. Le jour du souvenir, on rappelle avec joie et fierté la participation du Canada au l'édification d'un monde plus libre et juste, à la construction d'un pays moderne et fort, les sacrifices consentis par les dignes fils de ce pays (entendons par là les Canadiens blancs), mais il est très rare qu'on souligne la part de la minorité afro-canadienne durant ces moments de souffrance, de peine et aussi de victoires et d'espoir. Il est donc grand temps, qu'on réécrive cette histoire et qu'on l'enseigne à la jeune génération. Enfin, j'abonde dans le même sens que Colin A. Thompson parce qu'il a effectivement raison quand il dit que les Noirs ont été très malheureux au Canada. Oui, les Afro-Canadiens ont souffert dans leur pays dans le passé et beaucoup d'Africains-Canadiens ou de Noirs venus plus récemment comme immigrants économiques ou des réfugiés se sentent moins acceptés que les Canadiens blancs. En effet, après avoir donné tout au Canada depuis l'économie esclavagiste des XVIIe et XVIIIe siècle, en passant par l'enrôlement dans les armées et la participation dans toutes les guerres canadiennes, jusqu'à l'apport économique plus récent en travaillant dans les usines comme main-d'œuvre sous-payée, etc., les Noirs du Canada n'ont jamais été reconnus et acceptés comme des citoyens en tant que tels. Ils ont vécu le racisme, un racisme violent comme aux États-Unis, ils ont vécu les humiliations, les abus, les rejets, les discriminations à l'emploi, etc. Aujourd'hui encore, ils sont les plus touchés par les crimes haineux, les taux élevés d'incarcération, les échecs scolaires, les discriminations aux emplois, les mises à l'écart pour les postes de cadres, de responsabilité, etc. Pour toutes ces raisons et au nom de l'équité, de la justice, de l'attachement aux valeurs humaines et humanistes dont se réclame le Canada, mais aussi au nom d'un multiculturalisme vrai et sincère dont se vante la Constitution canadienne, il est plus qu'essentiel aujourd'hui d'enseigner la part et l'implication des Afro-Canadiens dans les programmes scolaires des différentes provinces et de les ajouter dans les manuels d'histoire du pays. Il manque bien des pages à l'histoire officielle du Canada. Le moment est venu de rendre à César ce qui lui appartient.

SOURCES

J'ai utilisé différentes sources pour rédiger ce livre. En plus des ouvrages sur l'histoire du Canada, l'histoire des Noirs au Canada et en Amérique du Nord ou encore sur les questions liées à la colonisation, à l'esclavage, au racisme anti-noir en Amérique du Nord et dans le monde occidental, j'ai exploité des journaux, des Archives et périodiques disponibles en ligne ou repris dans certains des ouvrages que j'ai consultés. J'ai aussi lu plusieurs articles en ligne, des publications de Revues scientifiques très réputées comme *Érudit, Encyclopédie Canada, Historica Canada, Dictionnaire biographique du Canada* etc.

Malheureusement je n'ai pas été en mesure de réaliser des entrevues individuelles ou collectives. J'aurai souhaité me rendre en Nouvelle-Écosse pour rencontrer la descendance des Afro-Canadiens qui sont établis dans cette province depuis fort longtemps, mais par manque de temps et de moyens cela n'a pas été fait. J'aurai également pu me rendre dans le sud de l'Ontario, dans l'ouest canadien ou dans les Prairies, mais là encore les moyens et le temps ne me l'ont pas permis.

Toutefois j'ai pu obtenir une entrevue d'un Afro-Canadien de la région de Halifax en Nouvelle-Écosse qui a fait la Seconde Guerre mondiale. Cette entrevue a été réalisée par Kathy Grant, une chercheure qui travaille sur la question des Noirs au Canada depuis des années maintenant.
http://www.veterans.gc.ca/eng/video-gallery/video/8983

1.*Archives*

Archiviste à Nanaimo en Colombie-Britannique.
Bibliothèque et Archives du Canada
Lettre du 31 mai 1701, dans ANQ, Ordres du roi, série B, vol. 22, II, 74s.
Dictionnaire des esclaves et de leurs propriétaires.
Édits, ordonnance royaux, I, 330.
Registre de Notre-Dame de Québec; Sulte, "L'esclavage au Canada", dans la *Revue Canadienne*, 61, 1911, 324.
Mémoire à Denonville et à Champigny, 1er mai 1689, dans Archives nationales du Québec (ANQ), Ordres du Roi, série B, vol. 15, 108s.

Registre de Notre-Dame de Québec, 1722, 1729; AHDQ, registres des malades, 1731, 1737, 1745, Archives du Séminaire de Montréal, acte Panet, 1761. Tiré du livre de M. Trudel, op-cit.

2. *Journaux, Revues et Périodiques*

British Columbia Historical Quarterly (hereafter, BCHQ), 20 (1956, 221-39.
Census of Canada, Bulletin 1.2 -5, Population: Ethnic Groups (Ottawa, 1962), 38/17, 18.
The *Crisis, 4, 255.*
Documents *Relating to the Colonial History of New York.* Paris Documents, IX, 398.
Halifax Evening Mail, July 11, 1928.
Halifax Gazette, May 20, 1752.
Histoire Militaire du Canada, vol. 18, No 1, hiver 2017.
Historica Canada oublié le 2 juillet 2006
Historica Canada, « Black History Canada – Time Line ».
Lovell's Gazeteer of British North America (Montreal, 1873).
Nineth Census of Canada, 1951, Population (Ottawa, 1953), 1,32; 1961.
The Royal Westminster Regiment
The Victoria Colonist, June 15, 1861.
Le Soleil, 19 Juillet, 1999

3. *Ressources en ligne*

http://www.encyclopediecanadienne.ca/fr/article/abolition-de-lesclavage-loi-de-1833/
http://www.encyclopediecanadienne.ca/fr/article/revolution-americaine-invasion-au-canada/
http://www.uelac.org/PDF/loyalistes.pdf
http://www.encyclopediecanadienne.ca/fr/article/le-coloured-corps-les-afro-canadiens-et-la-guerre-de-1812/
http://www.histoiredesnoirsaucanada.com/topic.php?id=170&themeid=10
http://bibliomontreal.com/1000-vies/?p=2744&pageint=theme
http://history.howstuffworks.com/historical-events/underground-railroad.htm
http://www.archives.gov.on.ca/en/explore/online/alvin_mccurdy/settlement.aspx

http://www.cbc.ca/news/canada/british-columbia/hidden-history-of-african-american-settlers-in-wellington-b-c-uncovered-1.3114170
Stéphane Parent: http://www.rcinet.ca/fr/2016/02/17/etre-noir-au-pays-des-cowboys-et-des-amerindiens-du-canada/
https://www.canada.ca/fr/parcscanada/nouvelles/2017/05/l_immigration_despionniersnoirsenalbertaetensaskatchewan.html
http://www.encyclopediecanadienne.ca/fr/article/antillais/
http://www.understandingslavery.com/index.php-option=com_content&view=article&id=473_leonard-parkinson-captain-of-the-maroons&catid=147&Itemid=257.html
http://www.novascotia.com/explore/top-25/halifax-citadel
http://www.encyclopediecanadienne.ca/fr/article/tecumseh-1/
https://www.erudit.org/en/journals/jcha/2012-v23-n1-jcha0586/1015727ar.pdf
https://www.historicacanada.ca/fr/content/heritage-minutes/richard-pierpoint
https://www.canada.ca/en/canadian-heritage/campaigns/black-history-month/transcript-black-soldiers-fight-canada.html
http://tubman.info.yorku.ca/files/2013/05/Report-Black-Refugees-WEB-READY.pdf
http://www.nalis.gov.tt/Research/SubjectGuide/TheMerikinsFreeBlackSettlers18151816/tabid/563/Default.aspx?PageContentMode=1
http://www.thecanadianencyclopedia.ca/en/media/7255/
http://www.biographi.ca/en/bio/abbott_anderson_ruffin_14E.html
http://www.1837.qc.ca/1837.pl?out=article&pno=n0067
http://www.indiablognote.com/article-23259855.html
https://www.friends-amis.org/index.php/fr/document-repository/english/fact-sheets/29-william-hall-the-first-black-person-the-first-nova-scotian-and-the-first-canadian-sailor-to-receive-victoria-cross-award/file
http://www.veterans.gc.ca/fra/remembrance/those-who-served/black-canadians-in-uniform/profiles#hall
http://www. army.gc.ca/iaol/143000440001719/index-Fra.html
http://www.veterans.gc.ca/fra/remembrance/those-who-served/black-canadians-in-uniform/history
http://www.sahistory.org.za/sites/default/files/file%20uploads%20/encyclopedia_of_the_boer_war_martin_marix_evans.pdf
http://www.warmuseum.ca/cwm/exhibitions/boer/boerwarmaps_f.shtml#southernafrica

http://www.warmuseum.ca/cwm/exhibitions/boer/boerwarhistory_f.shtml
http://www.encyclopediecanadienne.ca/fr/article/no-2-construction-battalion/
http://www.veterans.gc.ca/fra/remembrance/those-who-served/black-canadians-in-uniform/photo-gallery
http://www.biographi.ca/fr/bio/pierpoint_richard_7F.html
http://encyclopediecanadienne.ca/fr/article/josiah-henson/
http://www.biographi.ca/fr/bio/abbott_wilson_ruffin_10E.html
http://encyclopediecanadienne.ca/fr/article/william-neilson-hall-1/
http://www.biographi.ca/fr/bio/abbott_anderson_ruffin_14E.html
http://www.thecanadianencyclopedia.ca/en/article/battle-of-ridgeway-1866/
http://www.biographi.ca/fr/bio/ware_john_13F.html
http://www.biographi.ca/fr/bio/wheary_rankin_14F.html
http://www.veterans.gc.ca/fra/remembrance/memorials/canadian-virtual-war-memorial/detail/1475742
http://www.journaldemontreal.com/2018/03/27/une-loi-pour-favoriser-la-representation-des-noirs-et-des-acadiens-en-nouvelle-ecosse
http://slideplayer.com/slide/3509031/
http://www.bbc.co.uk/history/historic_figures/seacole_mary.shtml
https://www.history.com/news/underground-railroad-mexico-escapedslaves?fbclid=IwAR0f0DjBaQmloNAAxtGOcBPaNw8vyITPSd7hB03ACRTCvvro8mYwTLT9Aw

BIBLIOGRAPHIE

Allen, Robert S. *Loyalist Literature: An annotated bibliographic guide to the writings on the Loyalists of the American Revolution*, Toronto: Dundurn Press, 1982.

Alter, Susan, *La Présentation des excuses relatives à une faute grave : considérations sociales, psychologiques et juridiques*, Rapport final pour la Commission de droit du Canada, Mai 1999.

Antoine, Yves, *Héros et rebelles du monde noir: De l'Afrique aux Amériques*, Paris, Harmattan, 2016

Ba, Amadou, *Les « Sénégalais » à Madagascar. Militaires ouest-Africains dans la conquête et la colonisation de la Grande-Île (1895-1960)*, Paris, Études Africaines Harmattan, 2012.

Bernard, carmen et Stella Alessandro (coord.), *D'esclaves à soldats. Miliciens et soldats d'origine servile XIIIe siècle-XXIe siècle*, Paris, Harmattan, 2006.

Blakey Smith Dorothy, (éd.), *Lady Franklin Visits the Pacific Northwest, February to April 1861, April to July 1870, Victoria, Colombie- Britannique*, Archives provinciales de la Colombie-Britannique, mémoire no XI, 1974.

Bouvier, Patrick, *Déserteurs et insoumis. Les Canadiens Français et la justice militaire (1914-1918)*, Québec, Éditions Athéna, 2003.

Brown, Craig, *Histoire Générale du Canada*, Montréal, Éditions, Boréale,1988.

Bonikowsky, Laura Neilson, « Les Loyalistes de 1775 à 1791 », *Historica Canada, Encyclopédie de l'Histoire et du Canada*, Janvier 2017.

Book, Michel, « Le sort de la mémoire dans la construction de l'histoire de l'identité franco-ontarienne », *Francophonies d'Amérique*, Automne 2004.

Carmen Bernardet Alessandro Stell (coord.), *D'esclaves à soldats. Miliciens et soldats d'origine servile XIIIe au XXIe siècle*, Paris, Harmattan, 2006.

Carter, Velma and Carter, Lovero (Lee), *The Black Canadians –Their History and Contributions*, Alberta, Reidmore Books, 1993.

Clairmont, Donald, *The Spirit of Africville*, Halifax, 2nd Edition, Formac Publishing Company, 2010.

Comeau, Paul-Andrée, Durocher, René et Robert, Jean Claude, *Histoire du Québec contemporain. De la Confédération à la crise (1867-1929)*, chapitre 3 « Les groupes ethniques et lingistiques », Archives de Montréal,

Montréal, 1913.
Cooper, John, *Season of Rage. Hugh Burnett and the Struggle for Civil Rights*, Toronto, Tundra Books, 2005.
Cook, Tim, *At the Sharp end: Canadian Fighting the Great War, 1914-1916*, Toronto, Viking Canada, 2007.
Cox, Olivier Cromwell, *Caste, Class and Race: A Study of in Social Dynamics*. New-York: Monthly Review, 1959.
Crawford Killian, *Go Do Some Great Thing: The Black Pioneers of British Columbia*, Vancouver, British-Columbia, Douglas & McIntyre Ltd., 1978.
Dundurn Press de Toronto, "The Refugee Narratives of Fugitive Slaves in Canada", 2008.
Echenberg, Myron, *Les Tirailleurs sénégalais en Afrique Occidentale Française (1857-1960)*, Paris, Éditions, Crepos Karthala, 2009.
Flynn, Sean, *The Underside of Glory; Africanadian Enlistment in the Canadian Expeditionary Force, 1914-1917*, Université d'Ottawa, 1999, Thèse de maîtrise en arts.
Fohlen, Claude, *Les Noirs aux États-Unis*, Paris, Presses Universitaires de France, QSJ? 1965.
Garneau, François-Xavier, *Histoire du Canada*, Paris, Ed. Félix Arcan, 1920.
Gay, Daniel, *Les Noirs du Québec*, 1629-1900, Québec, Ed. Septentrion, 1899.
Gisler, Antoine., *L'esclavage aux Antilles Françaises*, Paris, Karthala, 2000.
Goulet, Adam, *La milice coloniale sur l'île de Vancouver et en Colombie-Britannique entre 1853 et 1871*, Colombie-Britannique, Collection d'œuvres d'art de l'université Simon Fraser de Fils natifs et Filles natives de la Colombie-Britannique, numéro 2, 2004. Publié dans la Revue militaire canadienne, Vol. 14, No. 3, été 2014.
Goodspeed, D.J. (Lieutenant-colonel), *Les Forces armées du Canada*, Québec, Direction des services historiques, 1967.
Gosnell, Edward, R., *Year Book of British Columbia*, Victoria, 1904.
Grant, John N., *The Maroons in Nova Scotia*, Halifax, Formac, 2002.
Grant, John, "Subject Minorities of Great Empires: A Case Study of the Maroons of Jamaica," in Exploring Cultural Perspectives: Integration and Globalization, 2002.
Hill, Dona, *Harry Gairey, A Black Mans Toronto*, Toronto: Multicultural History of Ontario, 1981.
Hill, Lawrence, *Trials and Triumps. The Story of African-Canadians*, Toronto, Umbrella Press, 1993.

Hill, Lawrence, *Aminata*, Québec, Ed. Pleine Lune, 2008, (traduction française). Titre original: *The Book of Negroes*.
Historica Canada, Black History – Time Line 1800-1900.
Hooks, Gwen, *The Keystone Legacy: reflections of a Black Pioneer*, Edmonton: Brightest Pebble, 1997.
Houle, Françoise, « Citoyenneté, espace public et multiculturalisme », *Érudit, Sociologie et Sociétés*, vol. 31, num. 2, automne 1999.
Howay, F. W., "The Negroes Immigration into Vancouver Island in 1858", RSC, *Transactions*, 1935, sec. 2. pp. 145-56.
Joost, Mathias, "2e Bataillon de construction, historique des operations", *Revue Histoire Militaire du Canada*, Vol. 16, num. 3, été, 2016.
Julien, Suzanne, *Esclave à vendre*, Montréal, Ed. Coïncidence Jeune, 1993.
Lacoursière, Jacques, *Histoire populaire du Québec des origines à 1791*, Tome 1, Québec, Éditions Septentrion, 1995.
Lacoursière, Jacques, *Histoire populaire du Québec de 1791 à 1841*, Québec, Tome 2, Édition du Club Québec Loisirs, 1996.
Lacoursière, Jacques, *Histoire populaire du Québec de 1841 à 1896*, Québec, Tome 3, Éditions Septentrion, 1996.
Lockett, James, D., "The Deportation of the Maroons of Trelawny Town to Nova Scotia, Then Back to Africa," *Journal of Black Studies* 30, 1, 1999.
Martin, Jean., *1914-1924 et 1939-1952: Le Canada dans les deux guerres mondiales*, Paris, PUF, 2009.
Mensah, Joseph, *Black Canadians: history, expériences, social conditions*, Nova Scotia, Fernwood Publishing, 2002.
Monière, Denis; *La crise de la Conscription. Le développement de l'idéologie au Québec, des origines à nos jours*, Québec / Am, 1997.
Minot, Andrée-Paule, Lygaya, Montréal, Éditions Hurtubise inc., 2006.
Morton, Desmond, *Histoire militaire du Canada*, Montréal, Athéna Édition, 2007.
Moon, Robert, *This is Saskatchewan*, Toronto, Éd. Reyerson, 1953.
O'Brien, Robert W., "Victoria's Negro Colonist - 1858-1866,"*Phylon*, 3, 1942.
O'Riley Picart, Lennox, "The Trelawny Maroons and Sir John Wentworth: The Struggle to Maintain Their Culture, 1796–1800," *Collections of the Royal Nova Scotia Historical Society* 44, 1996.
Palmer, Gregory S., *A Bibliography of Loyalist Source Material in the United States, Canada and Great Britain*, Westport, Conn., 1982.
Pethick, Derek, *Victoria : The Fort, Vancouver, Colombie-Britannique*, Vancouver, Mitchell Press Limited, 1968.
Peytraud, Lucien, A., *L'esclavage aux Antilles françaises avant 1789*, Paris,

Hachette, 2012.
Pierre, Cécile, "La bataille de Vimy" *Histoire de Québec,* Vol. 2, num. 2, 2014, pp. 7-10.
Pilton, James William, "Early Negro Settlement in Victoria" (B.A. essay, Univ. of British Columbia, 1949.
Pipes, Daniel, « Les Soldats Noirs dans les Premières Armées Islamiques », *International Journal of African Historical Studies,* 1980. Article disponible en ligne :
http://fr.danielpipes.org/8393/soldats-noirs-premieres-armees-islamiques
Rath, Andrew C., *The Global Dimensions of Britain and France's Crimean War Naval Campaigns against Russia, 1854-1856,* Montreal, Department of History McGill University, 2011.
Schœlcher, Victor, *L'Esclavage au Sénégal en 1880,* London England, Forgotten Books Editions, 2015.
Smith, David, Le Canada : *À la découverte de notre héritage,* Saint-Lambert (Qc), Éditions Ginn et Compagnie, 1979.
Smucker, Barbara, *Underground Railroad,* Toronto, Puffin Canada, 1977.
Spray, W.A., *The Blacks in New Brunswick,* Fredericton, NB: Brunswick Press, 1972.
Spray, W.A., "The Settlement of the Black Refugees in New Brunswick, 1815-1836," *Acadiensis* 6:2, Spring 1977, pp. 64-79.
Soucoup, Dan, *Historic New Brunswick,* East Lawrenceton, Pottersfield Press, 1997.
Stanley, George F.G., *L'Histoire militaire du Canada de 1604 à nos jours,* Montréal, Les Éditions de l'Homme, 1974.
Swanton, John., *The Indian Tribes of the North America,* Smithsonian Institution Press, 1985.
Sweeny, Robert, "Esquisse de l'histoire économique du Québec anglophone », dans : Gary Cadwell et Éric Waddell, éd., *Les Anglophones du Québec. De majoritaires à minoritaires,* Éd., Québec : Institut québécois de recherche sur la culture, Québec, 1982.
Thompson, Colin A., *Blacks in Deep Snow. Black Pioneers in Canada,* Don Mills Ontario, Editions Dent and Sons, 1979.
Trudel, Marcel, *Deux siècles d'esclavage au Québec,* Québec, Bibliothèque Québécoise, 2009.
Trudel, Marcel, *L'esclavage au Canada français ; histoire et conditions de l'esclavage,* Québec, Presses universitaires Laval, 1960.
Vidal, Cécile et Havard, Gilles., *Histoire de l'Amérique française,* Paris, Flammarion, 2003.

Webb, Jonathan, *Canada's Wars*, Toronto, Madison Press Book, 2010.
Winks, Robin W., *The Blacks in Canada. A History*, 2e Édition, Montréal, McGill-Queen's University Press, 1997.

Woodward, Frances, M., « The Influence of the Royal Engineers on the Development of British Columbia », *BC Studies: The British Columbian Quarterly*, no 24, hiver 1974-1975.

POSTFACE

Les Noirs dans la société canadienne : entre racisme, discrimination et rejet

Contrairement à l'idée très répandue dans l'imaginaire collectif canadien et fortement popularisée par la littérature, que le Canada était le paradis pour tous les Noirs qui fuyaient les États-Unis pour venir s'établir dans ce pays, la réalité était tout autre. Bien qu'il y ait eu des abolitionnistes qui ont aidé des esclaves noirs à se libérer de la servitude aux États-Unis et à rejoindre le Canada, cela ne signifie pas que la vie des Noirs dans ce pays était agréable et très différente de celle qu'ils ont connu aux États-Unis. Les Noirs étaient loin d'être considérés comme des citoyens et citoyennes à part entière dans la société canadienne. Au contraire, malgré tout leur désir de s'affranchir de l'esclavage, de vivre libres et dignes, malgré toute la loyauté qu'ils ont témoignée aux Britanniques en s'engageant à leur côté durant les guerres contre les États-Unis, à l'intérieur du Canada et Outre-mer avant la Confédération et malgré tous les services qu'ils ont rendus aux autorités canadiennes après la Confédération, notamment dans les deux grandes guerres mondiales et dans d'autres domaines de développement du pays, cela n'a pas empêché les Afro-Canadiens de vivre ce qu'ils ont vécu, c'est-à-dire le racisme, le rejet, les brutalités, les humiliations, les discriminations, etc. Évoquer cet aspect sombre de la vie des Noirs dans la société canadienne pose aujourd'hui - comme c'était le cas hier - un véritable problème, car la grande majorité des habitants du pays demeurent convaincus que le Canada est une exception en Occident quand il s'agit de parler du racisme et des traitements humiliants faits aux minorités et en particuliers aux Noirs. Du moins, nombre d'entre eux croient fermement que leur pays a accueilli, aidé, protégé et donné des droits et une place aux Noirs qui s'y sont installés les siècles passés en provenance des États-Unis notamment. Ils sont persuadés qu'à l'inverse de ce pays, décrit comme l'enfer pour les Noirs, le Canada, a été et demeure encore la Terre Promise, le paradis terrestre pour les originaires d'Afrique et leurs descendants qui y vivent depuis le XVIIe siècle. Cette vision de l'histoire est très loin d'être exacte. Il est par conséquent indispensable de remettre les pendules à l'heure et de dire la vérité en réécrivant cet aspect de notre histoire commune.

Racisme envers les Noirs au Canada, une réalité occultée

Dans la première partie du livre, il a été bien expliqué que l'esclavage a été pratiqué au Canada depuis le début du XVIIe siècle. Comme ailleurs en Occident, l'asservissement des Noirs a pour cause et surtout a eu comme conséquence l'infériorisation de l'homme noir. C'est pourquoi, on note très tôt des actes de violences, de brutalités, de racisme envers les Afro-Canadiens. S'y ajoute des discriminations au travail, des réalités qui perdurent encore de nos jours malgré toutes les avancées démocratiques et sociales.

Comme aux États-Unis, les Noirs ont vécu le racisme et la ségrégation au Canada et parfois de manière institutionnalisée. Par exemple, dans le domaine de l'éducation, plusieurs provinces ou conseils scolaires leur avaient interdit de fréquenter les mêmes écoles que ceux des Canadiens d'origine européenne. Dès la fin de la première moitié du XIXe siècle, certaines provinces canadiennes légalisent la ségrégation et la discrimination raciales dans l'éducation des Noirs. Ainsi, au Haut-Canada (Ontario), le *Common School Act de 1850* permet l'établissement d'écoles séparées pour ces derniers. À Halifax en Nouvelle-Écosse, le Conseil d'administration, passe en 1870, un règlement qui exclut les Noirs des écoles publiques. (Daniel Guay, 1899, p. 119). Cette ségrégation qui a commencé au milieu du XIXe siècle a perduré en Nouvelle-Écosse jusqu'en 1954 et en Ontario jusqu'en 1964. Les Afro-Canadiens ne pouvaient pas enseigner dans les écoles pour enfants d'Euro-Canadiens non plus. La ségrégation contre les Noirs du Canada existait aussi dans le domaine ecclésiastique. Les Afro-Canadiens n'étaient pas acceptés dans les églises des Euro-canadiens. Comme les Noirs du Canada étaient des gens très spirituels et attachés à la religion[189], ils finirent par créer leurs propres églises qu'ils utilisaient aussi pour des lieux de rencontre, de retrouvailles et surtout comme lieux d'instruction et d'éducation de leurs enfants totalement exclus des écoles et de la société canadienne. Le racisme anti-noir au Canada était tellement imprégné dans la société

---

[189] Sûrement à cause des souffrances qu'on les a faits subir, parce que quand on est opprimé et qu'on n'a personne pour nous aider, on s'en remet à Dieu ou au destin et à la spiritualité pour traverser les moments difficiles.

qu'il n'a même pas épargné les soldats afro-canadiens qui se sont pourant battus pour le pays. Par exemple, à la fin de la Première Guerre mondiale, des soldats canadiens noirs rentrés au bercail et établis dans la région de Halifax en Nouvelle-Écosse, ont été pris à partie par des jeunes blancs racistes et haineux. Il y a eu des morts et plusieurs blessés. Dans l'armée canadienne, nombreux sont les Noirs qui souffraient de racisme. D'ailleurs, le fait que les unités de combattants noirs étaient séparées des autres unités composées de soldats canadiens jusqu'à la Seconde Guerre mondiale, en disait long sur ce racisme anti-noir au Canada. La liste des actes de racisme contre les Afro-canadiens est très longue et mérite une étude plus poussée.

Il a fallu la Première Guerre mondiale et surtout la Seconde pour voir émerger dans le monde occidental et donc au Canada, un mouvement de revendication des droits civils, de libération des colonies et des droits des femmes, pour enfin voir la situation des Afro-Canadiens s'améliorer un peu. Mais, ces améliorations ne veulent pas dire élimination définitive du racisme. Ce dernier, sous sa forme violente et assumée s'est transformé petit à petit en un racisme plus sournois et systémique. La discrimination à l'embauche l'a aussi remplacée en devenant un des plus graves problèmes auxquels les Noirs du Canada restent la communauté la plus exposée. Même s'il y a eu des avancées démocratiques, force est de noter qu'il reste encore beaucoup de choses à faire. Aujourd'hui, tous les chiffres indiquent que les Noirs du Canada sont les plus touchés par les crimes haineux, le racisme, la discrimination à l'embauche, de profilage raciale, l'incarcération dans les prisons, etc., si on analyse les chiffres de façon proportionnelle, c'est-dire un pourcentage entre les chiffres fournis et le total de la population afro-canadienne. Cette situation n'est pas normale, il faut donc plus d'égalité, d'équité et de justice dans notre pays.

Des réparations sont nécessaires

Le 1er février 2018, à l'occasion de l'ouverture de la cérémonie de la célébration du Mois de l'histoire des Noirs, le Premier Ministre du Canada, Justin Trudeau déclare :

« Black History is Canadian History ». (Traduction: L'histoire des Noirs est l'histoire du Canada.)

Si ces belles paroles ont provoqué des réactions positives et suscité un espoir dans la communauté afro-canadienne, je pense qu'il est véritablement temps de joindre la parole aux actes. Pour rendre à César ce qui lui appartient, les beaux discours ne suffisent pas. Il faut bien plus que cela. Il faut faire des actions fortes, visibles et palpables. Il est nécessaire de parvenir à des réparations à la fois morales, financières, politiques, etc. Le multiculturalisme et les valeurs humaines et humanistes que porte ou revendique le Canada n'ont aucun sens s'il existe encore dans ce pays une communauté veille de plus de 400 ans, forte de plus 1,1 million de personnes, qui est niée, dont l'histoire est occultée et qui vit le racisme et des discriminations sans cesse, tout simplement à cause de la couleur de peau de ses membres.

Un peu plus d'égalité au nom du multiculturalisme

En introduisant la politique du multiculturalisme au Canada le 8 octobre 1971, le gouvernement fédéral de ce pays entendait reconnaitre ce qu'il considérait un fait sociologique et surtout historique à savoir que : « le pluralisme culturel est l'essence même de l'identité canadienne » (*Chambre des Communes 1971b, p. 8580*) et ainsi consacrer une différence fondamentale entre le Canada et les États-Unis. La mosaïque ethnoculturelle canadienne recevait sa consécration; une politique affirmait que la préservation des identités ethniques, et non pas leur assimilation à un meelting pot comme aux États-Unis ou à une culture nationale hégémonique, fût-elle républicaine, était une valeur fondatrice de la citoyenneté canadienne.

Si dans ce concept de multiculturalisme à la canadienne, la question du bilinguisme et celle des cultures des minorités y occupent une place centrale, tel n'est pas le cas pour ce qui concerne la minorité afro-canadienne, culturellement très diverse certes, mais historiquement très ancienne.

Bien que la question des minorités soit de plus en plus abordée dans les espaces politiques, universitaires et dans les médias au Canada, les Afro-Canadiens, présents dans le pays depuis fort longtemps en même temps que les Européens et bien avant les autres minorités comme les Chinois, les Asiatiques de l'est ou les Latinos, restent largement les plus grands oubliés. L'immigration des Noirs au Canada, leurs différentes contributions à la création du pays, ainsi que leur apport pour le développement économique, culturel et sportif sont très méconnus non seulement par l'opinion publique canadienne, mais aussi, par le monde universitaire. Comme il a été démontré dans ce livre, sans les Noirs, le Canada ne serait pas ce qu'il est aujourd'hui. Sans eux, il serait sans doute un État ou des États intégrés dans le grand voisin du sud. Cette histoire occultée mérite en effet d'être mieux revisitée et enseignée, car si le Canada se définit comme un des pays les plus attachés à la justice, à l'égalité, au droit, dès lors il doit faire preuve d'exemplarité et de sincérité. Les Afro-Canadiens ne sont jamais sentis depuis le XVIIe siècle jusqu'à nos jours comme des Canadiens véritablement à part entière, parce qu'on leur à faire comprendre qu'ils ne l'étaient pas. Ils ont de tout temps été considérés comme les autres, les différents, les inférieurs, ceux qui n'ont rien apporté à leur pays et qui n'ont aucune utilité et donc qui ne méritent aucune reconnaissance. Pourtant, tous les historiens et chercheurs qui se sont penchés sérieusement sur l'histoire des Noirs au Canada comme ailleurs en Amérique ou dans le monde ont découvert tout le contraire de ce qu'ils pensaient. Ils ont découvert un mensonge institutionnalisé sur l'histoire des Noirs. Il est par conséquent plus que temps que le tir soit rectifié, que cette histoire soit enseignée et vulgarisée dans la société canadienne. Si ce XXIe siècle est considéré comme étant celui des réparations des torts commis dans le passé envers certains peuples, les Noirs semblent plus que jamais ignorés. Les Juifs, victimes de la haine des Nazis ont demandé et obtenu des réparations après la Seconde Guerre mondiale. Les Chinois exigent des réparations aux Japonais après l'occupation de la Mandchourie en 1931. Les peuples des premières nations en Amérique du Nord obtiennent de plus en plus des réparations financières, morales et mêmes politiques aux États-Unis et au Canada. Ce pays a présenté ses excuses aux peuples des Premières nations, aux Canadiens d'origine japonaise victimes de maltraintance après la Seconde Guerre mondiale et récemment aux Inuits dans le Nord du pays. Seuls les Noirs, - qui sont pourtant, et de loin ceux qui ont le plus souffert au monde, eux, parce qu'ayant subi l'esclavage des Arabo musulmans pendant plus 1300 ans, l'esclavage des Européens pendant plus de 350 ans, la colonisation la plus brutale des puissances capitalistes européennes et le pillage des ressources de leurs terres, puis le racisme, le rejet, les humiliations, les discriminations, etc., - demeurent les peuples omis de ces grands discours concernant les réparations véritables et sincères des siècles passés. Deux poids deux mesures! Et, ce deux poids deux mesures, n'épargne pas le Canada, pays qui malgré son multiculturalisme inscrit en lettres d'or dans sa Constitution, malgré ses beaux discours en termes de valeurs, de droit et de justice, est exactement comme les autres pays occidentaux quand il s'agit de nier l'histoire des Noirs, leur apport, leur place dans le pays et même leur avenir. Si le Canada a pour projet de construire un pays où en plus d'avoir sa place, chacun se sent bien et jouit pleinement de sa citoyenneté, il doit commencer par accepter l'évidence, c'est-à-dire faire face à son histoire et reconnaître ce que les Noirs ont représenté pour lui. Il doit ensuite enseigner l'histoire de ces derniers au même titre que celle des Francophones, Anglophones et des Autochtones, car ce sont ces quatre communautés qui ont bâti le Canada avant que les autres minorités n'arrivent très tardivement. Il faut donc vulgariser cette histoire des Noirs dans tout le pays, parce que c'est avant tout une histoire canadienne. Il n'y a aucune raison qu'elle soit absente des programmes scolaires, collégiaux ou dans les médias. En omettant l'enseignement de cette histoire, c'est une partie de notre patrimoine qu'on jette à la poubelle de l'histoire. C'est une partie de notre patrimoine historique et culturel qui se disparaît.

Une histoire à enseigner dans les écoles, collèges et universités

L'heure est grave car la situation des Noirs au Canada est véritablement critique[190]. Il faut agir contre cette injustice, contre ce silence et cette indifférence sur la vraie histoire des Noirs au Canada. Il est plus que temps de faire comprendre aux habitants de notre pays que parmi toutes les dizaines, voire la centaine de minorités que compte le Canada aujourd'hui, les Noirs sont avec les Autochtones les seuls qui ont contribué véritablement à la création de la nation canadienne à la sueur de leur front, par leur sang et leur amour pour ce pays et qui sont marginalisés. Après avoir contribué à façonner une économie canadienne du XVIIe siècle qui reposait aussi sur l'esclavage jusqu'en 1833, les Afro-Canadiens se sont engagé très tôt dans les armées et dans les guerres qui ont failli compromettre l'existence à jamais du Canada surtout avant la Confédération. Des milliers de Noirs sont morts pour ce pays, d'autres ont souffert pour lui et d'autres encore sont devenus des personnes

---

[190] Voire le livre de Robyn Maynard, *NoirEs sous surveillances, le livre coup-de-poing sur la situation des Noir.e.s au Canada*, publié aux Éditions Mémoire d'Encrier, 464 pages.

handicapées à vie. Pour cela, on ne doit jamais les oublier.

Il est donc temps que l'histoire des Noirs, leur apport militaire, économique, culturel et sportif se retrouvent dans les programmes d'histoire et en études sociales de toutes les provinces et territoires du Canada. La seule façon de vaincre le racisme anti-noir au Canada, de freiner les discriminations à l'embauche dont les Noirs sont les plus exposés, de repousser les préjugés, les imaginaires faux et négatifs, la seule façon de créer une société où les citoyens et citoyennes s'acceptent et acceptent vivre ensemble dans le respect mutuel, c'est d'enseigner la vérité historique, de reconnaitre les torts, les oublis et les silences voulues envers les communautés qui en ont été victimes. La seule façon de redonner espoir aux Noirs du Canada, de stimuler leur patriotisme, leurs talents, leur motivation et leurs capacités, c'est de leur faire comprendre qu'ils sont des Canadiens et Canadiennes comme les autres et ce, depuis plus de 400 ans et surtout de reconnaitre leur contribution à l'édification du pays et de la diffuser dans l'opinion publique à travers les écoles, les universités, les médias, etc. Sans cela, on ne fera que de beaux discours qui ne donneront aucun résultat positif et on aura perdu du temps et même de l'argent dans différentes cérémonies coûteuses.

Pour une plus grande représentativité des Noirs dans les instances de décision et dans les médias

Le 15 février 2016, le site internet de Radio Canada titrait sa *Une* : "Noire politique... une histoire encore bien pâle!" pour démontrer à quel point les Afro-Canadiens sont à la marge de la scène politique de notre pays comme ils le sont dans les autres secteurs comme celui des médias, les postes de cadre, de directions, etc. Ce constat terrible de Radio Canada fait suite à deux événements, la célébration du *Mois de l'histoire des Noirs* qui a lieu en février de chaque année et surtout la nomination trois semaines auparavant (le 28 janvier 2016), de la ministre de l'Économie du Québec, Dominique Anglade. Celle-ci entrait dans l'histoire en devenant une des premières afro-canadiennes à se hisser à une fonction ministérielle au Canada. Elle accédait du même coup à un club très restreint, le *Black Caucus* du Canada, qui ne compte que 14 députés dans tout le pays. Dès lors, on s'est mis à poser des questions, notamment la suivante : Pourquoi y a-t-il encore si peu de Noirs dans nos parlements?

La réponse est liée justement à l'occultation de l'histoire des Afro-Canadiens, au refus d'enseigner une histoire et surtout une mauvaise foi qui a consisté à nier la contribution des Noirs dans la construction du Canada. Tout cela eut pour conséquence actuelle la représentation à minima des Noirs dans la société canadienne mais aussi la perte d'estime de soi des Noirs qui pensent qu'ils n'ont rien représenté ni rien apporté à leur pays.

Si on veut changer les choses, l'une des meilleures réparations à faire c'est celle qui consiste à favoriser vigoureusement une plus forte représentativité des Noirs dans la sphère politique du pays. Les citoyens et citoyennes canadiens en ont besoin pour comprendre que les Noirs sont des Canadiens comme les autres et qu'ils sont loin d'être moins intelligents que quiconque. Contrairement aux idées transmises, répandues par des préjugés et de la mauvaise information, il demeure cependant possible de changer la situation. Mais, la solution va certainement passer par l'éducation, la justice et le droit qui sont les garants de l'égalité et de l'équité entre populations d'un pays. Si les États-Unis ont élu Barack Obama président pourquoi le Canada ne pourrait pas élire un Premier Ministre fédéral afro-canadien ou afro-canadienne? Il suffit simplement de changer les mentalités, de vaincre les préjugés, d'être juste et équitable et d'arrêter de regarder les individus en fonction de la couleur de leur peau, leur origine, leur religion ou leur différence. Il suffit au contraire de mettre en avant les compétences, les capacités et d'être juste en donnant à chaque communauté la part qu'elle mérite. Autrement, on n'a pas encore fini avec les injustices, le racisme, les discriminations et les précarités qui frappent de plein fouet la communauté afro-canadienne.

En dehors des instances de décision politique du pays, les Afro-Canadiens ont également besoin d'être plus visibles dans les médias, dans les publicités pour détruire ce mythe, cette étiquette qu'on leur colle depuis longtemps: celui de gens inférieurs, incapables d'occuper des postes de responsabilités, de cadre, etc. En effet, la mauvaise perception ainsi que la sous-représentation des Noirs et d'autres minorités dans les médias canadiens, et notamment à la télévision, est un constat largement et régulièrement avéré par la recherche depuis plus de deux décennies. Tout comme dans les médias télévisuels où ils sont peu visibles, les Afro-Canadiens souffrent tout autant de cette fausse représentation dans les médias de divertissement, ce qui a pour effet de renforcer les thèmes véhiculés dans l'actualité. Ces représentations altérées sont souvent le résultat de plusieurs facteurs. Pour les Noirs, tout cela est une conséquence entre autres de l'histoire par la négation de leur immigration et leur apport très anciens, par le racisme qu'ils ont vécu depuis des siècles et qu'ils vivent encore de façons sournoise et systémique, par des facteurs économiques parce qu'ils sont les plus discriminés à l'embauche, etc. Tous ces éléments influencent les formes de médias transmis et les types de représentations qui y sont diffusées et font que les Noirs du Canada sont loin derrière les autres communautés, même les dernières venues à savoir les Asiatiques, les Maghrébins et Européens venus récemment suite aux crises économiques des années 1930, 1970 ou de 2008.

Tout comme l'espace politique, le monde des médias doit véritablement s'ouvrir à la communauté afro-canadienne si on veut réparer les torts, rétablir la justice et permettre aux Noirs de donner leur plein potentiel pour le Canada.

La communauté afro-canadienne attend des excuses publiques !

Il faut oser le dire et espérer qu'on y arrivera un jour, les Afro-Canadiens attendent des autorités provinciales et du gouvernement fédéral des excuses publiques pour que l'ensemble de la population du pays réalise qu'ils ont vécu des souffrances, des humiliations dans ce pays, contrairement à l'image diffusée dans la littérature canadienne faisant du Canada une Terre Promise pour eux. Non, le Canada n'est pas et n'a pas été la Terre Promise pour les Noirs. C'était plutôt une terre de servitude, d'esclavagisme, de racisme, d'humiliations, de discriminations et de rejet pour eux. Que les choses soient dites et claires pour tous! Rappeler une telle réalité historique, est essentielle, cela pourrait avoir des conséquences majeures. D'abord les autres communautés pourraient en tirer une tranquillité d'esprit et de cœur. Elles prendront les Noirs plus au sérieux et les respecteront véritablement. Ces derniers, de leur côté seront apaisés dans leur cœur et dans leur conscience. Plus qu'attendues, ces excuses, si elles avaient lieu, donneraient un dynamisme, une énergie et une motivation à tous les Noirs du Canada, car, le mal et l'injustice ont plus que duré et cela les affecte beaucoup physiquement et moralement les victimes. Les Afro-Canadiens ont accumulé trop de souffrance et de choses négatives au fond d'eux. Par

conséquent, des excuses publiques des dirigeants canadiens apporteraient un gros soulagement et un déclic jamais vu jusque-là. Pour cette raison, les demandes de pardon public ne sont pas à négliger dans le lot des réparations que les Noirs attendent du Canada, car, présenter des excuses, c'est créer une nouvelle relation pacifique, apaisée et sincère. Et cela redonne de la confiance. En fait, la présentation d'excuses pour avoir causé un grave préjudice à autrui ou à une communauté, est un acte moral et éthique ainsi qu'un acte d'apaisement de la conscience et une manifestation de respect. Les excuses, surtout, si elles sont adressées à un groupe de personnes ou une communauté, ont globalement pour but de restituer la dignité et de rétablir l'harmonie sociale. Le psychiatre Aaron Lazare, qui s'est intéressé au pouvoir guérisseur des excuses après avoir étudié la honte et l'humiliation pendant plusieurs années, a identifié quatre raisons ou motifs pour lesquels les auteurs d'une faute présentent des excuses : (1) sauver ou rétablir une relation gravement compromise; (2) exprimer des regrets et des remords pour avoir fait souffrir une personne et essayer d'atténuer sa douleur, (3) échapper au châtiment ou le réduire; et (4) soulager sa conscience. Il est évident que ces motifs sont compatibles avec la justice, et dans le cas des Afro-Canadiens avec la volonté d'obtenir des réparations pour les torts et souffrances qu'ils ont subis dans le passé.
Comme on le voit bien, des excuses venant de toutes les provinces du Canada et du gouvernement fédéral en premier seraient un véritable baume mental pour la communauté afro-canadienne et sans doute un des actes les plus forts pour réparer les torts qu'ils ont subi. Nos hommes et femmes politiques, nos leaders d'opinion, nos élites, nos enseignants, professeurs et tous ceux et celles qui jouent un rôle de premier de premier plan pour la paix, la concordance et l'harmonie entre les communautés doivent savoir cela et le vulgariser auprès de la population du pays. Quand ces excuses arriveront, beaucoup de choses changeront de manière positive pour les Noirs du Canada et c'est la nation canadienne qui en sera la première gagnante.

LISTE DES ILLUSTRATIONS ET CARTES

TABLE DES MATIÈRES

Disponible sur www.editions-afrikana.com,

surwww.amazon.comet sur de nombreux autres points de vente.

Montréal - octobre 2019.

Made in the
USA
Lexington, KY

55775205R00185